인공지능 시대의 철학자들

인공지능 시대의 철학자들

정보철학이 던지는 열 가지 질문

지은이
김선희 · 김재희 · 박충식 · 석기용
송은주 · 신상규 · 이상욱 · 정성훈

사월의책

인공지능 시대의 철학자들

정보철학이 던지는 열 가지 질문

1판 1쇄 발행 2024년 6월 28일

지은이 김선희, 김재희, 박충식, 석기용, 송은주, 신상규, 이상욱, 정성훈
펴낸이 안희곤
펴낸곳 사월의책

편집 박동수
디자인 김현진

등록번호 2009년 8월 20일 제2012-118호
주소 경기도 고양시 일산서구 중앙로 1388 동관 B113호
전화 031)912-9491 | 팩스 031)913-9491
이메일 aprilbooks@aprilbooks.net
홈페이지 www.aprilbooks.net
블로그 blog.naver.com/aprilbooks

ISBN 979-11-92092-30-0 93100

* 책값은 뒤표지에 있습니다.
* 이 저서는 2019년 대한민국 교육부와 한국연구재단의 지원을 받아 수행된 연구임(NRF-2019S1A5A2A03045237).

차례

머리말 7

1부 / 정보로 이루어진 세상을 바라보는 다양한 시선들

1 루치아노 플로리디
왜 정보철학인가? | 신상규 ...17

2 질베르 시몽동
정보는 개체화의 공식이다 | 김재희 ...81

3 프레드 드레츠키
인간의 마음은 정보송수신 장치 | 석기용 ...109

4 니클라스 루만
정보는 체계마다 다르게 처리된다 | 정성훈 ...137

5 최한기
정보철학과 기의 철학 | 김선희 ...167

2부 / 정보 자동화 시대
인공지능과 더불어 살아가기

6 앨런 튜링
'낯선' 지능의 정보 시대를 열다 | 이상욱 ...207

7 클로드 섀넌
정보를 측정하다 | 박충식 ...233

8 노버트 위너
인간, 동물, 기계, 사회를 관통하는 사이버네틱스 | 송은주 ...261

9 브뤼노 라투르
인간-사물 동맹으로 정보 네트워크를 확장하다 | 이상욱 ...287

10 베르나르 스티글레르
디지털 정보기술이라는 파르마콘 | 김재희 ...315

저자 소개 346

머리말

우리는 지금 디지털 대전환(Digital Transformation)이라는 새로운 정보혁명의 과정 속에 놓여 있다. 문자와 인쇄술이 정보의 보존과 재생에 있어서 그 이전의 구술 방식이 이루지 못한 인류사적 혁명을 가져왔다면, 디지털 대전환은 우리의 산업, 교육, 문화, 쇼핑, 커뮤니케이션, 생활 전반에서 정보의 검색, 소통, 보존, 생성, 확산에 이르는 정보 처리 과정 전체를 컴퓨팅 알고리듬 기반으로 변환하여 다시 업그레이드한다. 20세기에 등장한 정보통신기술공학(Information and Communiction Technology, ICT)은 사물이든 생명체든 상관없이, 텍스트, 음성, 이미지, 동영상 등 다양한 방식으로 존재하는 실체들을 디지털 코드화된 데이터로 전환하여 컴퓨터 메모리에 저장하고 편집하고 전송할 수 있게 했다. ICT에 의한 정보혁명은 단지 정보의 저장과 전달 차원에서만이 아니라, 정보 환경 전체를 재구성하면서 우리의 삶이 의존하는 환경, 인간으로서의 우리 자신에 대한 이해, 세계와 타자에 대한 우리의 관계 방식 등을 총체적으로 변화시키고 있다. 우리의 삶은 이제 디지털 정보를 중심으로 빠르게 재편되고 있다. 지구상에서 생물이 살아가고 있는 영역이 바이오스피어(biosphere, 생명권)라면, 이제 인간은 생물학적 차원을 넘어서는 인포스피어(Infosphere, 정보권)에 거주한다. 보이지 않는 디지털 인터페이스를 통해 인간과 인간 사이만이 아니라, 인간과 사물 그리고 사물과 사물 사이에도 정보가 혈액처럼 흐르고 있다. '인터넷, 빅데이터, 인공지능'에 기초한 플랫폼 서비스가 생활에 유용한 정보를 언제 어디서나 제공하는 정보 자동화 시대, 각자의 손에서 떠나지 않는 스마트폰이 보여주듯이, 초연결 정보통신네트워크는 이제 인류 전체의 사유를 담당하는 대뇌피질이자 세계와 접촉하는 피부로서 인간 실존의 근본 환경이 되었다.

디지털 정보혁명은 단지 더 편리해진 자동화 시스템 구축에 그치는 것이 아니다. 그것은 인간을 비롯하여 물질적, 생명적, 기계적 존재자들도 동일한 데이터 집합체로 재정의하며, 자연과 인공, 생명과 비생명, 인간과 기계의 경계를 넘어서는 포스트휴먼 세상의 도래를 함축한다. 사물들은 더 이상 학습 능력이나 상호작용이 없는 '죽은' 사물들이 아니다. RFID(radio frequency identification) 마이크로칩을 부착한 사물들은 인간이 직접 개입하지 않아도 자기들끼리 정보를 주고받으며 언제 어디서나 상호작용하며 정보를 처리한다. 인공지능과 같은 비인간 존재자들의 놀라운 정보 처리 역량은 정보를 포착하고 소통하고 활용하는 인간의 고유한 존재 방식과 인간에 대한 특권적 이해의 근간을 뒤흔든다. 2016년 인간과 대국하여 승리한 알파고의 등장은 인간과 기계, 생명체와 비생명체, 자연물과 인공물, 지성과 비지성 등 기존의 휴머니즘(인간중심주의/인류중심주의)을 정초해온 사유의 범주들이 더 이상 작동하기 어려움을 보여준 사건이었다. 알파고 이후, 다시 한 번 세상을 놀라게 한 2022년의 ChatGPT-3는 기대가 실망으로 바뀔 틈을 주지 않고

2024년 GPT-4o로 진화하여 나타났다. 인간의 말을 알아듣고 실시간 대화를 나누며 필요한 정보들을 텍스트, 비디오, 오디오 차원에서 다양하게 처리하고 생성하는 방식으로 GPT-4o는 SF 영화 〈그녀〉(Her)의 AI 비서를 구현하기 시작했다. 그야말로 인간은 이제 정보를 생산하고 소통할 줄 아는 특별한 생명체가 아니라, 인포스피어에 거주하는 비인간 존재자들과 마찬가지로 여러 정보 행위자들 중 하나에 지나지 않게 된 듯하다.

인포스피어는 '정보'가 우리 삶의 모든 분야에서 지배적인 개념임을 보여준다. 정보는 자연, 물질, 생명, 인간, 기계, 언어, 사회 등 실재의 모든 영역을 통섭적으로 사유할 수 있는 인포스피어 세계상의 존재론적 기초이다. 정보에 대한 관심은 여기서 시작된다. 우리 자신과 우리의 환경을 구축하고 있는 이 '정보'란 과연 무엇인가? 정보의 역량은 물질적 정보, 생물학적 정보, 기술공학적 정보, 기호학적 정보 가운데 그 어느 하나로 환원될 수 없는 보편적인 어떤 것처럼 보인다. 그러나 '존재란 무엇인가?'라는 물음이 그렇듯이 '정보란 무엇인가?'라는 물음도 확정된 해답 없이 다양한 분야에서 상이한 방식으로 답해지고 있을 뿐이다. 정보는 물질, 데이터, 기호, 의미, 지식 등과 어떻게 다른가? 정보는 그 정보를 찾고 만들고 보존하고 전달하는 우리의 의식, 생명, 사회 등과 어떻게 연결되며 어떤 관계를 맺고 있는가? 단순한 도구에 그치지 않고 우리의 거주 환경과 존재 방식 및 우리 자신에 대한 이해마저 변화시키고 있는 정보기술의 본성과 메커니즘은 무엇인가? 정보의 본성과 존재 방식, 정보의 의미와 진위, 정보와 기술의 관계, 정보 처리 과정의 메커니즘과 그 효과 등에 대한 메타적인 이론적 분석도 없이, 우리는 이미 ICT의 방식으로 정보를 이해하고 정보 환경 구축에 박차를 가하고 있는 건 아닌가? 디지털 정보혁명은 인간중심주의로부터 인간과 비인간의 네트워크로 존재론적, 인식론적 패러다임의 전환을 야기하고 있다. 정보 행위자로서 인간을 대신할 수 있는 인공지능의 등장은 인간만이 지성적 사유 능력과 윤리적 감수성을 지닌다는 근대적 휴머니티의 위기를 가속화하는데 인간과 비인간의 상호협력을 통해 실현될 수 있는 새로운 휴머니티의 모색이 긴급하지 않은가?

'인포스피어 휴머니티를 위한 정보철학 연구단'(2019년 7월~2022년 6월, 한국연구재단 지원)은 정보에 대한 존재론적, 인식론적, 윤리적 탐구를 통해 정보 자체에 대한 이해를 분명히 하고 디지털 정보혁명이 초래하는 급진적인 변화들에 대한 실천적 대응 및 새로운 휴머니티 모색에 기여할 수 있는 정보철학을 연구하였다. 정보공학과 정보과학이 사유하지 않는 정보 자체의 본질, 의미, 가치에 대한 메타적 고찰을 비롯하여, 디지털 정보의 관점에서 존재, 자연, 인간, 의식, 지능, 인지, 지식, 사회, 윤리 등 다양한 철학적 주제들을 재조명해보고자 하였다. 그러나 정보이론이나 정보과학과 달리 국내외에서 정보철학은 아직 정상화되지 않은 신생 분야이다. '정보철학'이라는 용어 자체도 1996년 루치아노 플로리디(Luciano Floridi)에 의해 처음 거론되었다. 정보이론과 정보과학으로부터 독자적 영역을 구축하려는 정보철학은 현재 생성 중에 있으며, 그 역사적 계보를 그려내면서 구체적인 탐구 내용을 점진적으로 채워나가야 한다. 물질적, 생명적, 기호적, 사회적, 기술적 차원을 가로지르는 정보 자체의 다차원적 복잡성 때문에, 정보에 관한 철학적 연구에는 사실 철학만이 아니라 물리학, 생물학, 컴퓨터과학, 인공지능, 인지

과학, 기호학, 인류학 등 정보와 관련된 여러 학문들과의 학제적 연구도 필수적으로 뒷받침되어야 한다. 우리는 디지털 정보혁명의 한가운데에 정보철학의 깃발을 높이 세운 플로리디의 작업을 하나의 실선으로 놓고, 다양한 원천에서 출발하는 다른 색깔의 철학 노선들을 그 위에 교차시켜서 정보철학의 역사적 외연과 내용을 풍부하게 증폭시키고자 했다.

이 책은 그러한 연구 결과 중 하나로서, 디지털 정보혁명을 이끌고 정보에 대한 사유의 물길을 연 정보이론가들과 정보철학이라는 새로운 시선으로 우리의 세상을 다시 보게 만든 철학자들의 문제의식과 생각을 소개한다. 그들의 작업을 통해 정보철학의 윤곽을 그려 보이고 정보철학에 대한 이해와 접근 가능성을 높이고자 한다.

우선 1부에서는 정보로 이루어진 세상을 바라보는 다양한 시각들을 소개한다.

1) 정보란 무엇이며, 정보철학이란 무엇인가? 지금 왜 정보철학인가? 정보의 관점에서 철학의 재부팅을 촉구하는 정보혁명의 본질은 과연 무엇인가? 대표적인 정보철학자 플로리디를 통해 그 해답을 들어본다. 그는 정보의 개념적 본질과 기본 원리들에 대한 비판적 탐구만이 아니라 기존의 철학적 문제들을 정보이론적 방법론을 응용하여 새롭게 정교화하는 작업까지 정보철학의 목표로 정의한다. 인포스피어와 인포그의 개념화, 비인간을 고려하는 확장된 정보윤리의 제안 등 현대 정보철학 구축에 유용한 사유의 도구들을 플로리디는 제공한다.

2) 정보는 왜 발생하는가? 정보가 없다면 어떠한 종류의 형태나 개

체의 발생이 가능할까? 인터넷도 등장하기 이전에 정보기술의 역량에 주목했던 프랑스 철학자 시몽동은 사이버네틱스와 통신공학에서 다루는 수학적 신호로서의 정보 개념이 갖는 한계를 비판하면서 정보의 역량을 존재론적 생성의 차원으로 확장시킨다. 그는 정보를 개체발생(개체화)의 존재론적 변환 작용으로 재정의한다. 정보는 미리 정해진 형태의 메시지를 하나의 항에서 다른 항으로 전송하는 데서 성립하는 것이 아니라, 불일치하고 양립 불가능한 두 항들을 제3의 차원에서 소통시키는 새로운 개체(형태)가 발생할 때 성립한다는 것이다. 시몽동은 사이버네틱스 정보 개념의 독창적인 응용으로 새로운 존재론을 제시한다.

3) 정보는 세계에 대한 앎을 얻고자 하는 인간의 마음과 무관한 것인가? 정보는 의미나 지식과 어떤 관계에 있는가? 미국의 분석철학자 드레츠키는 인간의 마음이 세계에 관한 지식을 형성하는 과정 자체를 정보 송수신으로 설명하고, 정보를 의미가 배제된 물리적 정보량에 불과한 것이 아니라 세계에 대한 지식의 원천으로 연결시키고자 한다. 그는 정보의 의미를 참인 명제 내용으로 해석하며 정보공학이 배제했던 정보와 의미, 정보와 지식의 관계를 복원하고 정보에 관한 우리의 상식을 구제할 수 있는 정보철학을 제시한다.

4) 정보는 객관적으로 주어지는 것인가, 아니면 주관적으로 해석되는 것인가? 루만은 체계이론의 관점에서 정보를 심리적인 것도 물리적인 것도 아닌 사회적인 것으로 이해한다. 정보는 데이터와 달리 주어지거나 발견되는 것이 아니라 체계상대적인 것으로 소통되는 것이다. 법, 경제, 과학, 정치 등 각기 다른 사회적 체계들마다 정보 처리는 다르게 실행되며 각 체계 안에서 소통되는 한에서 정보는 그 의미와 가치를

부여받는다. 루만은 정보의 존재 양상을 물질이나 마음의 차원이 아니라 소통의 사회적 차원으로 옮겨 새롭게 보여준다.

5) 정보의 존재 양상은 기(氣)의 존재 양상으로 해석될 수 있을까? 정보철학의 동아시아적 버전은 가능한가? 19세기 유학자 최한기의 기학은 정보철학이라는 현대적 사유를 동아시아의 전통적 사유와 접목하여 정보로 세계를 해석하는 작업을 풍요롭게 하는 데 기여한다. 기는 시몽동의 정보처럼 물질과 생명, 사물과 사람, 우주와 개체를 막론하고 모든 존재자를 구성하고 변화시키며 형태화하는 근본 원리다. 기의 존재론적 세계가 함축하는 탈인간중심적이고 관계론적인 전통 윤리는 인간과 비인간의 상호협력으로 꾸려가야 할 인포스피어 세계에 요구되는 현대 정보윤리를 강화하는 데 기여할 수 있다.

나아가 2부에서는 정보 자동화 시대 인공지능과 더불어 사는 삶에 주목한다.

6) 정보를 계산하고 처리하며 생각하는 기계는 가능한가? 튜링은 정보를 0과 1의 두 신호로 변환하여 계산하는 튜링 머신(Turing Machine)을 고안하여 컴퓨터에 대한 기초 관념을 제공한다. 또한 그는 모방 게임이라는 튜링 테스트를 제안하여 인간처럼 대화하고 사고할 수 있는 기계의 조건을 제시했다. 오늘날 튜링 테스트를 통과한 인공지능은 있는가? 튜링 테스트를 통과하면 과연 인간처럼 사고하는 기계라고 할 수 있는가? 정보와 디지털 데이터의 관계, 정보 처리 과정과 계산, 사고와 지능의 본성 등 인공지능 시대의 원초적인 문제들을 튜링의 작업을 통해 살펴본다.

7) 정보는 과연 측정할 수 있는 것인가? 정확한 정보의 전송은 어떻게 가능한가? 섀넌은 컴퓨팅 기계가 처리할 수 있는 정보 언어를 '비트'로 양화하여 정보의 측정 가능성을 열었다. 그는 정보에서 의미와 맥락을 제거하고, 정보에 대해서는 오로지 송신자가 메시지로 선택할 수 있는 정보의 양과 송신자에서 수신자로 전달되는 신호의 정확한 전송만 고려할 수 있게 함으로써 통신의 공학적 모델을 표준화하였다. 디지털 정보환경의 뼈대를 이루고 있는 ICT의 정보 개념과 정보 처리 메커니즘의 본질이 무엇인지, 비트의 세계를 연 섀넌을 통해 다시 생각해 본다.

8) 생명체와 기계는 어떻게 정보를 처리하는가? 컴퓨터와 인간은 서로 소통할 수 있을까? 사이버네틱스의 창시자 위너는 정보의 관점에서 인간과 비인간의 존재론적 동등성을 발견한다. 사이버네틱스는 외부 환경으로부터 정보를 받아들이고 이에 대한 피드백을 산출하면서 개체의 생존과 항상성을 유지하는 정보 처리 시스템이라는 점에서 인간, 동물, 기계가 동일하다는 통찰을 제공한다. 정보를 기계와 인간의 공통된 핵심 요소로 보는 사이버네틱스의 관점은 튜링의 '생각하는 기계'에 대한 아이디어와 더불어 인공지능 개발의 토대를 제공한다.

9) 인간은 기술적 인공물과의 정보 네트워크 없이 존재할 수 있을까? 과학인류학자 라투르는 행위자-연결망 이론(ANT, Actor-Network Theory)을 통해 인간은 기술적 인공물과 같은 비인간 존재자들과의 대칭적인 결합과 번역의 네트워크 없이 존재할 수 없음을 밝힌다. 인공지능은 21세기 정보 네트워크의 대표적인 비인간 행위자이다. 인간과 인공지능의 대결 구도보다 인간과 인공지능의 혼종적 동맹이 인류의 미래에

유용한 생산적 공진화를 가져올 수 있다. 기후 위기에 대응하기 위해서 인간만이 아니라 지구상에 존재하는 다양한 비인간 행위자들의 대표자들과 더불어 정치적 협의체를 구성해야 한다는 그의 실험적 제안에 주목할 필요가 있다.

10) 자동화되고 있는 디지털 정보환경은 우리에게 독인가 약인가? 프랑스 기술철학자 스티글레르는 인포스피어에 내재하는 알고리듬 통치성의 부정적 측면과 인간의 지적·정신적 능력의 하락에 주목한다. 인공지능과 더불어 자동화된 디지털 정보환경은 정보를 검색하고 이해하고 해석하며 선별하는 데 요구되는 지성의 활동을 기계들에게 위임한 사유 무능력자들을 양산한다. 그는 디지털 기술의 이러한 독성을 치료약으로 전환하여 정보 자동화 사회의 탈자동화 가능성을 모색해야 한다고 촉구한다.

디지털 정보혁명 시대, 인포스피어 휴머니티를 위한 정보철학 연구는 철학만이 아닌 다양한 개별과학들과의 학제 간 연구를 통해 다양한 논점들에서 더 깊이 진행될 필요가 있다. 정보와 기술에 대한 정확한 이해와 충분한 검토, 인간중심주의를 넘어서는 인간과 비인간의 적합한 관계 모색은 우리 시대가 요구하는 철학의 기본 논제이다. 이 책이 정보 시대를 사유하는 길에 유용한 입문서가 될 수 있기를 기대한다.

2024년 6월

필진을 대표하여

김재희

1

루치아노 플로리디

왜 정보철학인가?

신상규
(이화여자대학교, 포스트휴먼 융합인문학 협동과정)

"

이제 인간은 다양한 정보 행위자들과
연결되어 살아가는 정보 유기체다.

"

1. 들어가며

2016년 3월 구글 딥마인드의 인공지능 알파고가 바둑의 세계 챔피언이었던 이세돌 9단을 물리친 다음에 우리 사회는 한동안 '4차 산업혁명'에 관한 이야기로 떠들썩했다.[1] 알파고는 비록 바둑 게임에 특화된 알고리듬이었지만, 그것에서 빅데이터와 기계학습을 기반으로 하는 새로운 형태의 인공지능 알고리듬이 조만간 우리 사회의 모습이나 직업, 산업구조를 크게 변화시킬 것이라는 징후를 읽어내기에는 충분했다. 그로부터 십여 년이 지난 지금, OpenAI의 ChatGPT/GPT4가 보여주는 놀라운 성능에 또다시 세상이 들썩거리고 있다.

알파고나 ChatGTP는 지금 진행되고 있는 디지털 정보혁명의 현재를 상징하는 사례들이다. 오늘날 우리가 사는 세계 혹은 시대를 규정하는 기술은 컴퓨터를 중심으로 한 디지털 기반의 정보통신기술이다. 컴퓨터나 인터넷, 스마트폰이 없는 우리의 일상은 더 이상 상상하기 어려운 일이 되었다. 플로리디의 용어를 빌리자면 개인, 사회, 국가의 유지, 발전, 번영이 정보의 생성, 처리, 관리나 활용 방식에 결정적으로 의존하는 소위 "하이퍼히스토리"의 시대가 된 것이다(Floridi, 2014: 1장). 21세기의 석유로 불리는 빅데이터의 확대와 기계학습을 기반으로 작동하는 인공지능의 눈부신 발전은 그러한 의존을 더욱 심화할 것이다.

하지만 아이러니하게도, "정보"라는 개념이 철학의 본격적인 관심사나 주요 주제로 부상한 것은 비교적 최근인 1990년대 후반을 지나서의 일이다. 물론 그 이전에도 계산 개념이나 인공지능에 관한 논의, 의미를 자연화하려는 '정보 의미론'과 같은 "정보"에 관한 철학적 논의들이 없었던 것은 아니다. 하지만 정보 개념 자체가 철학적 논의의 주인공으로 전면에 부각된 적은 거의 없었다. 그런 흐름의 중심에 이탈리아 출신으로 오랫동안 옥스퍼드에서 활동하다가 지금은 예일 대학교 디지털윤리센터 소장으로 있는 철학자 루치아노 플로리디(Luciano Floridi)가 있다.

플로리디에 따르면, 정보는 가장 흔히 사용되지만 가장 적게 이해된 개념으로서 철학사의 신데렐라 같은 존재이다. 인식론, 윤리학, 논리학, 존재론, 심리철학, 언어철학, 해석학, 생물학의 철학, 물리학의 철학 어디에서도 정보가 중요하지 않은 분과는 없다. 그런데 마치 신데렐라가 집 안에서 열심히 궂은 일만 해왔던 것처럼, 서구의 철학은 2500년 동안 늘 '정보적으로' 말해왔음에도 불구하고 정작 그런 사실을 의식하지 못했다고 플로리디는 지적한다. 그러나 이제는 그녀의 훌륭하고 널리 퍼진 봉사를 인정할 때이다(Floridi, 2019: 212).

2. 왜 정보철학인가?

플로리디는 정보철학의 과제로 다음의 두 가지를 든다. 첫째는 정보의 동역학, 활용 및 과학을 포함하여 정보의 개념적 본성과 기본 원리를 비판적으로 탐구하는 일이다. 둘째는 정보이론 및 계산적 방법론의 발전된 성과들을 전통적인 철학적 문제들에 적용하여 오랜 철학적 문제에 생기를 불어넣고, 새로운 문제를 제기하며, 우리의 세계관을 재개념화하는 일이다. 그런 점에서 정보철학은 그 자체로 고유한 토픽을 다루는 자율적인 분야인 동시에, 전통적이거나 새로운 철학적 문제에 혁신적인 방법을 제공하면서, 정보세계와 정보사회의 개념적 토대를 체계적으로 다루는 새로운 이론을 제공한다(Floridi, 2002: 124).

여기서 우리가 주목하는 부분은 특히 두 번째 부분, 정보철학이 정보사회라는 조건 속에서 우리가 마주하고 있는 도전에 대하여 개념적 이해의 토대를 제공하는 동시에 우리의 세계관을 재개념화한다는 부분이다. 정보사회의 성장이 이루어지고 우리가 거주하는 환경에 해당하는 새로운 정보권역(인포스피어)이 출현함에 따라, 정보권을 이루는 구조(직물)이자 본질에 해당하는 정보 자체와 그 동역학(통신, 흐름, 처리를 포함)에 대한 반성이 무엇보다 중요한 시대가 되었다. 그 결과 정보 개념은 존재, 지식, 생명, 지능, 의미, 선과 악 등과 동등한 수준의 근본 개념으로 부상하게 되었고, 그 자체가 독립적으로 탐구할 가치가 있는 개념으로 부상했다는 것이 플로리디의 생각이다(Floridi, 2019: 213).

이러한 생각의 연장에서 플로리디는 "정보"를 철학의 근본 개념으로 간주하는 이른바 '정보철학'을 새로운 "제일철학"(philosophia prima)으로 선언한다(Floridi, 2002: 214). 아리스토텔레스의 철학에서 사물의 근본 원리를 다루는 학문인 형이상학 혹은 존재론이 차지했던 권좌를 이제 정보철학이 계승해야 한다는 것이다. 그런데 플로리디의 정보철학은 단지 존재론이나 형이상학의 차원에 국한되는 것이 아니라, 거기서 한 걸음 더 나아가 인식론, 윤리학, 심지어 정치철학까지도 포괄하는 통합적 체계로서의 궁극적인 제일철학을 지향한다.

정보철학에 대한 이러한 요구는 오늘날 이루어지는 철학의 담론 내용이나 양상에 대한 통렬한 비판적 문제의식과 연결되어 있다. 플로리디는 오늘날의 영미 분석철학이 중세의 스콜라 철학과 마찬가지로 철학적 질문보다는 '철학자들의 질문'에 더 관심을 가지며, 지적 새로움에 대해 관용적이지 않은 정체된 철학이 되었다고 본다. 플로리디는 새로운 철학적 생각의 발전은 경제적 혁신과 유사하며, 슘페터가 혁신을 창조적 파괴로 설명하듯이, 철학 또한 창조적 파괴를 통한 리부팅을 통하여 끊임없이 번창할 수 있다고 생각한다(Floridi, 2019: 207-212). 이제는 철학이 지금의 퇴행적 정체에서 벗어나 정말로 현실에서 중요한 문제에 관심을 돌려야 할 때이며, 그 유력한 방안 중의 하나가 정보철학의 확립이라는 것이다.

이는 우리가 살고 있는 시대나 우리가 직면하고 있는 도전의 성격과 무관하지 않다. 우리는 지금 정보통신기술(ICT)에 의해 추동되는, 순수 아날로그에서 디지털 세계로 전환하는 심대한 문화적 혁명의 시작 지점에 있다. 지구적 정보사회에서 오늘날 우리가 현실에서 직면하는 대부분의 도전은 정보와 통신 기술과 연관되어 있다. 교육, 비즈니스, 오락, 정치, 문화, 사회 그리고 개인적 삶이나 관계에 이르기까지, 모든 것은 데이터의 기록, 전송, 처리와 관련된 기술에 의해 변형되고 있다. 그런 점에서 ICT는 단순한 도구가 아니며 우리 삶의 모든 측면을 빠르면서도 심층적인 방식으로 변화시키는 "환경적, 인류학적, 사회적, 해석학적 힘이 되었다. 이것들은 우리의 지적, 물리적 환경을 형성하고 조각하며, 자기 이해를 변화시키고, 서로가 관계 맺는 방식을 변화시키며, 우리가 세계를 해석하는 방식을 업그레이드시킨다."(Floridi, 2014: vi)

오늘날 우리가 긴급하게 답변해야 하는 질문은 다음과 같은 것들이다. 정보혁명의 변화가 가져다주는 혜택은 무엇이며 위험은 무엇일까? 정보기술은 우리에게 능력을 부여하고 힘을 실어주는 기술일까? 아니면, 우리의 물리적/개념적 공간을 제약하면서 조용한 적응을 강요할 뿐인가? ICT는 오늘날 가장 시급한 사회/환경 문제를 해결하는 데 도움을 줄 수 있을까 아니면 그것들을 더욱 악화시킬 뿐인가?

플로리디는 기본적으로 정보혁명이 인도할 미래에 대해 조심스럽긴 하지만 낙관론적 태도를 보인다(Floridi, 2014: vii). 물론 정보기술이나 과학이 모든 문제를 해결할 만병통치약은 아니며, 그것들 때문에 새로운 유형의 악이 산출되기도 한다. 하지만 동시에 그것들은 이러한 악들에 대항할 수단을 제공할 수 있는 잠재력 또한 지니고 있다. 관건은 결국 우리가 ICT가 가져다주는 기회나 위험을 잘 파악하고, 나쁜 결과나 위험을 피하면서 최선의 결과를 기대할 수 있는 방향으로 기술 혁신을 식별, 조정, 육성하는 일이 될 것이다.

플로리디는 이러한 일에 엄청난 책임이 동반하며, 정보 및 ICT의 윤리적 영향을 이해하고 포착할 수 있는 철학적 관점의 근본적인 갱신이 필요하다고 생각한다. 즉 정보혁명의 도래와 그것이 초래하는 급진적 변화를 이해하고 그 변화에 대응하는 인류의 미래를 책임 있게 설계하기 위해서는 우리 시대에 알맞은 우리 시대의 철학이 필요하다는 것이다. 플로리디는 정보철학이 철학의 그러한 갱신에 중요한 자원을 제공한다고 생각한다. 정보철학이 우리 시대가 요구하는 철학으로서 현실에 대한 철학적 이해의 경계를 확장하는 동시에 오늘날 우리에게 가장 중요한 문제에 접근하는 혁신적 방법을 제공한다는 것이다(Floridi, 2014: viii-ix).

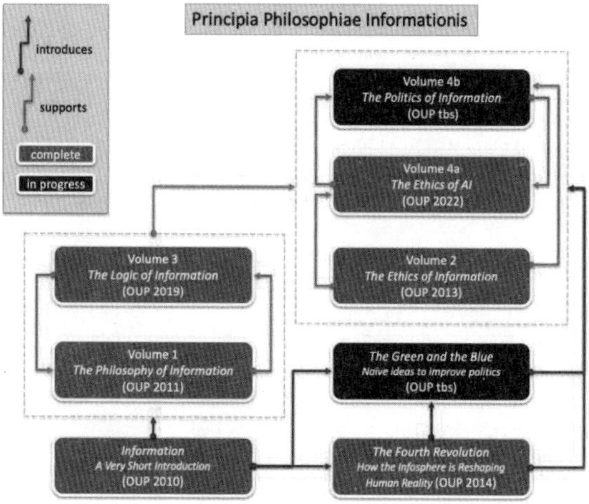

플로리디는 자신의 이러한 야심 찬 프로젝트를 '정보철학의 원리'(Principia Philosophiae Informationis)라 명명하고, 4부작(tetralogy)으로 구성된 시리즈 저서의 출간을 진행하고 있다. 위 도표는 이 프로젝트와 관련된 각 저술의 위치와 상호 관계를 보여준다. 4부작 중 1~3부에 해당하는 세 권이 『정보철학』 『정보의 윤리학』 『정보의 논리학』이란 제목으로 각각 출간되었으며, 최근에 4부의 첫 권으로 『AI의 윤리학』이 출간되었다. 이제 마지막인 4부의 둘째 권으로 『정보의 정치학』만을 남겨두고 있다. 『AI의 윤리학』은 최근에야 4부작의 한 부분으로 추가된 것인데, 알파고 이후 이어진 AI 열풍과 무관해 보이지 않는다. 그리고 전체 프로젝트의 입문 역할을 하는 책이 『정보철학 입문』(*Information: A Very Short Introduction*)과 『4차 혁명』이라는 책이다.

3. 구성주의와 추상화의 수준

플로리디는 『정보철학』의 서문에서 자신의 책은 탈-분석/대륙 철학의 구분이란 관점에서 쓰인 독일식 책이며, 자신의 예상보다 훨씬 칸트적이라고 고백한다. 이는 마치 칸트가 경험론과 합리론을 넘어선 종합을 시도했던 것처럼, 분석철학과 프랑스 중심의 대륙철학이라는 두 전통의 철학을 발전적으로 매개하려는 시도라는 말처럼 들린다. 그런데 플로리디의 글쓰기나 논증하는 방식은 전형적이라고 할 수는 없지만 상당 부분 논리나 언어에 초점을 맞추는 분석철학의 그것에 가깝다고 할 수 있다. 하지만 그가 관심을 두는 여러 문제는 대륙철학이나 최근 부상하고 있는 포스트휴머니즘의 그것과 상당 부분 겹치는 듯이 보인다. 가령, 우리가 앞으로 살펴보게 될 존재중심주의에 대한 플로리디의 제안은 '주체의 문제'와 같이 푸코나 데리다와 같은 프랑스 철학자들(혹은 포스트휴머니즘)이 중요하게 다루는 문제들에 대해 '정보'의 언어를 사용하여 훨씬 건조하고 분석적인 방식으로 접근하는 시도로 이해될 수 있다.

플로리디의 칸트적 면모는 '지식은 디자인이며 철학은 개념 디자인(conceptual design)의 학문'이란 그의 구성주의적 견해에서 더욱 잘 드러난다. '개념 디자인'이란 표현은 카르납이 사용했던 개념적 공학(conceptual engineering)이란 표현을 그가 발전적으로 계승한 것이다.

> '개념 디자인'이란 말로, 나는 우리의 의미론적 인공물을 설명(더 잘 해명)할 수 있고 우리의 새로운 인포스피어에 필요한 인공물을 설계하거나

전용(re-purpose)할 수 있는 구성주의적(constructionist) (구성주의constructivist가 아닌) 철학을 지칭한다. (…) 디자인은 발견도 발명도 아니며, 단순한 손질, 고치기 또는 개선의 문제도 아니다. 이는 특정 목표에 비추어 인공물을 만들기 위해 지능적이고 목적론적으로 요구 사항을 구현하고 제약적인 어포던스를 활용하는 기술이다. 따라서 개념 디자인으로서의 철학은, 집이 재현이 아니라 건축 자재에 의해 제약을 받고 또 그것이 유도하는 특정한 건축 설계의 결과인 것과 마찬가지로, 의미론적 인공물을 마음과 실재에 공-의존하는 것으로 취급하는 실재론적 철학이다 (Floridi, 2013: 2).

우리는 앞서 정보철학의 주요한 목표 중의 하나가 정보혁명 시대의 새로운 현상들을 근본적으로 새로운 개념과 관점으로 포착하고 설명하는 것이라 지적한 바 있다. 플로리디가 여기서 말하는 개념 디자인이 바로 그러한 문제의식을 반영한다. 플로리디에 따르면, 우리는 세계 그 자체(칸트의 본체계)에 접근할 수 없으며 언제나 특정한 (개념적) 인터페이스를 통해 실재에 다가갈 수밖에 없다. 대신에 세계는 제약적 어포던스(affordance)로 이해될 수 있는 데이터를 우리에게 제공하며, 우리 인간은 의미론적 엔진이 되어 이러한 데이터를 의미론적 정보로 변환한다. 의미론적 정보는 진리를 판단할 인식적 가치를 지닌 정보를 말한다.

무조건적인 것을 추구하려는 시도는, 분석이 수행되는 추상화 수준, 즉 특정 목적을 위해 질문이 제기되고 답이 제시되는 어떤 수준(의 특정화)과도 독립적으로 한 시스템(칸트에게는 세계 그 자체, 그러나 더 제한된 영역일 수도 있음)을 분석하려는 자연스럽지만 심오한 오류를 저지르는 노력과 동일하다(Floridi, 2011: 59).

여기서 플로리디는 세계에 대한 경험의 가능성을 묻는 칸트의 초월적 접근을 물려받아서, 특정 체계의 분석이 가능하기 위한 조건으로서 추상화의 방법 혹은 추상화의 수준(LoA; Level of Abstraction)을 제시한다. 이 측면에서 중요한 생각은 대상(시스템)에 대한 분석은 언제나 특정한 목적을 염두에 두고 이루어지며, 이를 반영하는 질문이 주어지면 그에 걸맞은 답이 제시된다는 것이다. 추상화의 수준은 바로 관찰자의 목적이나 관심을 반영하면서 관찰자와 관찰 대상 사이의 인식적 관계를 매개하는 인터페이스에 해당한다.

LoA는 "유한하지만 공집합이 아닌 관찰가능자(observables)의 집합"이라고 형식적으로 정의된다(Floridi, 2011: 50). 관찰가능자는 간단히 말해서 대상(시스템)이 가질 수 있는 특성들에 해당하는데, 우리가 어떤 대상(시스템)에 대한 이론을 구축할 때 그 이론을 구성하는 일종의 빌딩 블록에 해당한다. 여기서 '관찰가능자'라는 표현 자체만 놓고 보면 마치 '경험적으로 지각 가능한 특성'을 의미하는 것으로 오해될 수 있다. 그러나 플로리디가 의도하는 바는 그것보다는 더 넓은 의미이며, 다양한 측정 도구를 활용하는 간접적 방식을 포함하여 '측정 가능한' 혹은 '식별/확인 가능한' 특성의 의미로 이해되어야 한다. 우리는 하나의 LoA를 구성하는 일련의 관찰가능자들을 통해서 설명하고자 하는 대상 혹은 시스템에 접근하게 된다.

"관찰가능자는 해석된 유형화된 변항(an interpreted typed variable)이다."

(Floridi 2011a: 48) 즉 이는 유형을 나타내는 변항인 동시에, 거기에는 그것이 현재 고려의 대상인 시스템의 어떤 특징을 나타내는지에 대한 설명이 함께 포함되어 있다. 유형화된 변항은 어떤 주어진 유형적 특성이 취할 수 있는 일련의 값 중의 하나를 취할 수 있는 변항이며, 형식적으로는 그 값들의 집합에 해당하는 개념적 대상이다. 그리고 그 특성이 구체적으로 무엇인지는 우리가 취하는 해석을 통해 정해진다.

플로리디에 따르면, 우리 인간은 실재에 대해 성장하는 지식을 발전시킬 수 있는 우주에서 유일하게 알려진 의미론적 엔진이자 의식적인 정보 유기체(inforgs)이다. 그런데 유기체의 마음은 정보 자체를 위해서 정보를 얻고자 하지는 않는다. 유기체는 실재(현실)로부터 자신을 방어하고 생존하기 위하여 정보가 필요하며, 이를 위해서 세계(실재)를 유의미한 것으로 모형화한다. 따라서 추상화의 수준을 통해 세계가 제공하는 데이터로부터 얻어지는 정보는 세계를 재현(표상)하려는 것이 아니라, 실재를 이해하고 그 영향을 견딜 수 있는 방식으로 실재를 모형화(모델링)하는 수단이다. 여기서 모형(모델)은 대상 시스템에 대한 그림과 같은 방식의 표상이 아니라, 데이터의 정교화(elaboration)로 이해되어야 하는 해석이다. 그 결과, 진리나 지식과 같은 의미론적/인식적 개념들의 적용도 궁극적인 실재가 아니라 실재에 대한 우리의 모형에 대해서 이루어진다. 이러한 관점에 따르면, "세계는 발견되거나 발명된 것이 아니라 그것을 경험하는 인식 주체에 의해 설계된 것이다. 이는 실재론도 반실재론도 아닌 정보에 대한 구성주의적 관점이다."(Floridi, 2011: 77)

데이터의 처리를 통한 모형의 구성은 관찰자와 관찰 대상의 인식적 관계를 매개하는 인터페이스로 작용하는 특정한 LoA에서 이루어진다.

세계(대상)로부터 주어지는 제약적 어포던스로서의 데이터는 다음과 같이 정의된다.

> Dd) 데이터 = def. x가 y와 구별되는데, 여기서 x와 y는 두 개의 해석되지 않은 변항들이고 변역(domain)과 '구별됨' 관계는 추가적인 해석에 열려 있다(플로리디, 2022: 49).

플로리디에 따르면, 데이터란 "차이를 만드는 구별"이며 궁극적으로 '균일성의 결여'(lack of uniformity)로서, 일종의 관계적 대상(entity)이다. 여기서 데이터가 관계적이라는 말은 추상화의 수준과 독립적으로 그것에 접근하거나 그것을 설명할 수 없음을 의미한다. 어떠한 인지적 처리나 해석도 가해지지 않은 가장 원초적인 데이터로서, 실제 세계 속에 존재하는 균일성의 결여를 플로리디는 디도메나(dedomena)라는 이름으로 부른다. 플로리디에 따르면 이러한 데이터의 현전은 직접 경험되지 않으며, 경험을 통해 그것의 현존이 추론되고 요구된다. 말하자면 디도메나는 정보라는 것이 가능하기 위해서 반드시 세계 속에 있어야만 하는 원초적인 조건인 셈이다.

이러한 데이터는 그것을 처리하는 정보적 행위자에게 특정의 구성을 허용하거나, 어떤 구성에 대해서는 저항하거나 방해한다는 의미에서 제약적 어포던스(행위유도성)로 작용한다. 그런데 플로리디의 구성주의는 언제나 **인간의 책임**에 뿌리를 두고 있다. 정보적인 인식 주체는 수동적인 정보수신자가 아니며, 데이터는 정보를 구성하기 위해 처리되어야 하는 입력에 불과하기 때문이다. 말하자면 제약적 어포던스로 이해되는 데이터는 "관련 질문을 기다리는 답변"이고, 질문을 구성하는 것은 정보적인 인식 주체이기에 그러한 구성에는 책임이 동반한다.

모든 대상이나 과정은 그것을 파악하고자 하는 인식 주체 혹은 행위자의 관심을 반영하는 특정한 추상화의 수준에서만 기술될 수 있다.

> 경험적이든 개념적이든, 데이터는 특정 목적을 위해 주어진 LoA 수준에서 특정 범위의 정보 구성만을 가능하게 하며, 모든 구성이 똑같이 쉽게 가능해지는 것은 아니다(Floridi, 2011: 77).

가령 우리가 인간 행위자 A를 기술하면서 그것을 구성하는 주요 화학적 성분과 관련된 LoA를 통하여 접근한다면, 행위자 A는 70%의 물과 30%의 다른 물질 간의 결합으로 기술될 수 있을 것이다. 플로리디는 어떤 사람 A, B, C 세 사람이 각자의 관심을 반영하여 어떤 대상 X(자동차)에 대해 대화하는 일상적 상황을 예시로 들고 있다. 가령 A는 소유자의 관점에서, B는 정비공의 관점에서, C는 보험회사의 관점에서 X에 대해 생각하며 말할 수 있다. A는 그것이 도난 방지 장치를 장착하고 있으며, 미사용시에는 차고에 보관되고, 오직 한 명의 소유주가 있음을 관찰한다. B는 그것의 엔진이 원래의 오리지널 엔진이 아니며, 몸통을 최근에 다시 도색하였고, 가죽 부분이 모두 낡았음을 관찰한다. C는 낡은 엔진이 연료를 너무 많이 소비하며, 안정적인 시장가치를 갖지만, 예비부품의 가격이 비싸다는 것을 관찰한다. 이들은 모두 동일한 X에 대해 말하고 있지만 전혀 다른 특징들에 주목하고 있다. 이때 A, B, C는 모두가 각자의 관심에 따라서 서로 다른 개념적 인터페이스를 통

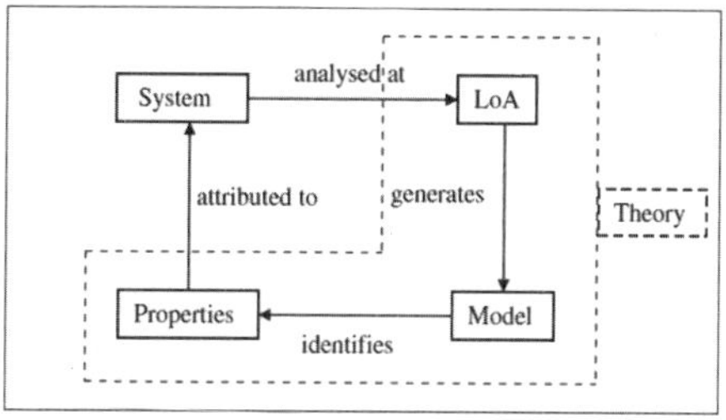

The scheme of a theory.

하여 그 대상을 바라보고 있는데, 그러한 개념적 인터페이스에 해당하는 것이 바로 LoA이다. 각각의 LoA는 그 체계(대상)에 대한 분석을 가능하게 하며, 그러한 분석의 결과가 그 시스템의 모형에 해당한다. 우리는 그러한 모형을 통하여 대상(시스템)이 어떠한 속성을 갖는지를 확인하게 된다.

위의 그림은 우리가 LoA를 사용하여 어떤 대상에 대한 이론을 구성하는 과정을 나타내는 도식이다. 그림에서 점선 안에 있는 것들, 즉 LoA와 모형, 모형을 통해 확인된 특성들의 성질이 이론을 구성하는 요소들이다.

A, B, C의 경우에서 볼 수 있듯이, 어떤 시스템은 일정한 범위에 속하는 여러 LoA를 통하여 다르게 기술될 수 있고, 그 LoA가 무엇인가에 따라 서로 다른 모형을 가질 수 있다. 플로리디는 어떤 하나의 시스템을 분석하는 데 이용되는 점진적으로 연결된 여러 LoA의 묶음(GoA; a gradient of abstractions)을 우리가 그 대상을 이해하는 개념적 인터페이스라고 부른다. 즉 하나의 인터페이스는 여러 LoA들의 묶음으로 이루어지며, 우리는 각각의 LoA가 제공하는 여러 관점을 통합하여 그 시스템을

분석하게 된다. 앞의 예에서 A의 LoA는 보안, 저장 방법, 소유자의 역사 등의 관찰가능자, B의 LoA는 엔진상태, 외부상태, 내부상태 등의 관찰가능자, C의 LoA는 운용비용, 시장가치, 유지비용 등의 관찰가능자로 구성되어 있다. 이 경우 X에 접근하는 개념적 인터페이스는 세 LoA 모두의 집합으로 이루어진다.

하나의 LoA가 특정 단계에 해당하는 추상화나 세분화의 정도에 입각한 모형을 제공한다면, 여러 LoA의 결합으로 이루어지는 GoA는 추상화나 세분화의 정도에 따라 LoA를 달리하면서 여러 추상화의 수준에서 대상을 관찰하고 분석하는 방법을 제공한다. 위의 예에서는 각각의 LoA가 겹치지 않으나, 꼭 그럴 필요는 없다. 가령 A와 B의 LoA를 포함하면서, 추가적인 새로운 관찰가능자가 포함된 구매자의 LoA인 D의 LoA를 생각해볼 수 있다. 이때 D의 LoA는 A나 B의 것과 비교하여 더 구체적이고 세분화된(fine-grained) 낮은 수준의 LoA를 갖는다. 반대로 A와 B의 LoA는 D의 것에 비해 더 추상적이고 덜 세분화(coarsely grained)된 LoA이다. A나 B의 LoA는 D의 LoA에서 여전히 볼 수 있는(visible) 관찰가능자들을 추상화하고 있는 반면에, D의 LoA는 A나 B가 가진 정보를 모두 포함하면서도 거기에는 없는 추가적인 정보를 가질 수 있다. 그런데, 플로리디에 따르면, 각각의 LoA들은 서로 포함관계이거나 겹칠 수도 있으며, 혹은 전혀 분리된(disjoint) 것일 수도 있다. 그리고 이들은 꼭 계층적 관계를 짓거나 어떤 우선성의 척도에 따라 순서 지워질 필요도 없으며, 구문적 구성성(compositionality)을 지원할 필요도 없다.

실재를 추상화의 수준(LoA)에 따라 다양한 수준에서 분석하고 접근할 수 있다는 플로리디의 주장은 일종의 인식론적 수준주의(levelism)이다. 어떤 의미에서 모든 추상화의 수준은 정보적 성격을 띠며, 인식 주체는 세계 혹은 대상을 그림처럼 표상하는 것이 아니라 정보적으로 그 모형을 구성한다. 그런데 추상화의 수준에 기반을 둔 인식론적 수준주의는 다원주의적 입장을 지지하지만, 상대주의로 귀결되는 것은 아니다. 즉 플로리디가 취하고 있는 수준주의에 따르면, 어떤 시스템에 대한 모형은 언제나 해당 LoA가 취하고 있는 사용 가능한 관찰가능자의 함수이다. 그리고 우리가 취하고 있는 LoA의 변화에 따라 시스템에 대한 다양한 모형이 생겨날 수 있다. 어떤 것이 '올바른' LoA인지는 그것이 채택된 특정한 목적을 중심으로 설정되는 질문과 대답의 집합과 결코 독립적일 수 없다. 그러므로 서로 구분되는 목적에 따라 거기에 각각 부합하는 LoA는 서로 다를 수 있다.

그렇다고 해서 어떤 LoA를 취하든 상관없다는 식의 상대주의로 귀결되는 것은 아니다. 우리는 서로 다른 LoA와 각각에 대응하는 모형들을 분석의 목적에 비추어 비교하고 평가할 수 있기 때문이다. 여기서 우리는 제약적인 어포던스로서의 데이터가 하는 역할에 주목할 필요가 있다. 데이터가 정보(혹은 정보적 대상)의 구성을 위해 처리되려면 추상화의 수준이 있어야 한다. 반면, 추상화의 수준은 정보 구성의 가능한 범위를 제한하기 위해 제약적 어포던스로서의 데이터를 필요로 한다. 그리고 우리는 실재가 부과하는 어포던스와 제약을 설명하는 방식에 있어서 특정 모델이 다른 모델보다 분명히 더 낫다고 말할 수 있다.

4. 하이퍼히스토리의 도래와 인포스피어

지금까지 우리는 플로리디가 말하는 정보철학의 전체 성격 및 그것의 구성주의적 특징에 대해 살펴보았다. 지금부터는 『4차 혁명』이란 책을 중심으로 플로리디가 오늘날의 정보혁명 시대를 어떻게 이해하고 있는지 살펴보도록 하자. 이 책에서 플로리디는 '하이퍼히스토리 관점에서의 역사철학', '인포스피어 관점에서의 자연철학', '자기 이해의 4차 혁명이란 관점에서의 철학적 인간학'에 대해서 논의하고 있다. 이는 우리가 사는 '시대', 우리가 사는 '공간', 그리고 그 속에서 거주하는 정보적 행위자로서의 '우리'에 대응한다. 먼저 하이퍼히스토리와 인포스피어의 개념이 무엇인지를 간략히 살펴보고, 이를 바탕으로 '인포그'의 개념과 함께 인간학의 4차 혁명의 핵심 주장이 무엇인지를 살펴보도록 하자.

인류는 문자 체계, 즉 쓰기나 기록의 방법을 발명함으로써 선사시대에서 역사시대로 이행하였다. 문자는 사건을 기록하고 미래 세대를 위한 정보의 축적, 전승을 가능하게 함으로써 인류 문화의 지수적 진화가 시작되도록 만들었다. 문자 체계 자체가 일종의 정보통신기술이므로, 어떤 의미에서는 역사시대를 정보시대(age of information)의 시작으로 볼 수 있다. 역사시대의 핵심적인 특징은 문자를 통한 기록과 저장을 통하여 정보가 지역이나 문화, 세대를 뛰어넘어 전달될 수 있도록 만든 것이다. 인쇄술의 발명은 정보의 전승이나 유통 방식을 획기적으로 바꾸어 놓은 중대한 분수령이었다. 플로리디에 따르면, 디지털 정보통신기술(ICT)의 발전은 기존의 기술에 정보의 디지털화를 통한 가공·처리

(processing) 능력을 더함으로써 하이퍼(과잉)역사라는 새로운 시대를 열고 있다. 정보의 디지털화는 텍스트, 사진, 음악, 비디오와 같은 다양한 매체적 정보를 모두 0과 1이라는 이진수의 조합으로 환원함으로써, 정보적 내용을 종이나 캔버스와 같은 전통적인 아날로그 매체의 물질성으로부터 분리하였을 뿐 아니라 그것들의 자유로운 조합이나 변용, 전송이 가능해지도록 만들었다.

디지털에 기초한 하이퍼히스토리 시대의 도래를 눈으로 가장 쉽게 확인하는 방법은 정보의 양을 비교해 보는 것이다. 버클리 대학 연구자들의 연구에 따르면, 컴퓨터의 상용화 이전까지 인류가 6000년에 이르는 전체 역사시대 동안 축적한 데이터의 총 양은 약 12EB(엑사바이트)이다. 그런데 디지털 시대가 열림에 따라, 2006년 한 해에 생산된 양이 180EB였으며 2010년경에는 그것이 약 2ZB에 이르러 인류는 제타바이트의 시대로 진입하였다. 바야흐로 빅데이터의 시대가 열린 것이다 (Floridi 2014: 12). 2022년 한 해 생산된 데이터의 양은 97ZB이며, 2025년에는 그 양이 181ZB에 달할 것으로 추산된다. 2023년에 생산될 데이터를 120ZB로 추정하면, 대략 한 달 정도의 기간에 12EB의 1000배가 넘는 데이터가 생산되고 있는 셈이다.[2]

또한 정보는 이제 산업이나 경제를 움직이는 근원적인 자원으로 간주된다. G7국가의 GDP 중에서 70% 이상이 손으로 만질 수 있는 유형의 상품이 아니라 정보와 관련된 통신, 금융, 보험, 엔터테인먼트, 교육, 건강관리와 같은 무형의 상품에 의존한다고 한다. 소위 "지식기반 경제"라는 표현이 이러한 현상을 나타낸다. 오늘날 세계 경제를 이끌어가고 있는 기업들도 구글, 마이크로소프트, 메타, 아마존, 애플, 삼성, 엔비디아 등 정보 자체를 상품으로 다루는 기업이거나 정보와 관련된 하드웨어를 만드는 회사들이다.

하이퍼히스토리 시대의 중요한 특징은 개인이나 사회의 안녕과 발전 혹은 유지가 ICT에 거의 전적으로 의존한다는 것이다. 정보가 산업이나 경제를 움직이는 근원적인 자원이라는 것은 말할 것도 없고, 우리 사회는 금융전산망, 교통, 통신, 전기 수도 등의 핵심적인 사회 인프라가 거의 모두 정보기술에 의해 유지 · 관리되는 사회이다. 만약 사이버 테러로 인해 ICT 기술망에 중대한 타격이 이루어진다면, 우리는 거의 전쟁 상태에 준하는 사회, 정치, 경제적 혼란을 겪을 것이며 지금 우리가 누리고 있는 일상적 삶의 기반이 순식간에 무너지게 될 것이다. 정보 검색, 이메일, 카카오톡, 소셜미디어, 원격회의, 주식 및 금융 거래, 엔터테인먼트, 창작 활동, 쇼핑, 음식 주문 및 배달, 내비게이션 등 개인의 일상이 얼마나 스마트폰이나 컴퓨터와 같은 정보 통신 장치에 의존하고 있는지를 생각해보라.

하이퍼히스토리 시대의 디지털 정보기술은 단순히 우리가 세계를 다루는 도구에 그치지 않는다. 그것은 우리가 세상을 어떻게 이해하고, 어떻게 관계를 맺고, 우리 자신을 어떻게 바라보며, 우리가 어떻게 상호작용하는지를 새롭게 규정한다. 플로리디는 다양한 신조어들을 도입하여 이러한 현상들을 해명하고 있다. 그중 가장 대표적인 개념이 우리가 사는 정보적 환경으로서 '인포스피어'(infosphere)와 정보 유기체인 '인포그'(inforg)의 개념이다.

플로리디는 정보혁명이 세계 혹은 실재(reality)에 대한 재존재화와 더불어 인포스피어의 출현을 가져왔다고 진단한다.

> 가까운 미래에 우리가 목격하고 경험할 수 있는 ICT 시나리오를 파악하기 위해 (…) '인포스피어'와 '재-존재화'라는 두 가지 핵심 개념을 소개하는 것이 유용하다. 인포스피어는 내가 몇 년 전에 만든 신조어이다. (…) 이는 모든 정보 존재자와 그 속성, 상호작용, 프로세스 및 상호 관계로 구성된 전체 정보 환경을 지시한다. 이는 사이버 공간(하위 영역 중 하나에 불과)에 비교될 수 있지만, 그것과는 다른 환경이다. 이는 오프라인 및 아날로그 정보 공간도 포함하기 때문이다. 재-존재화는 회사, 기계 또는 인공물 등의 시스템을 새롭게 설계, 구성 또는 구조화할 뿐만 아니라 그 내재적 본성을 근본적으로 변형시키는 매우 급진적인 형태의 리엔지니어링을 지칭하기 위해 내가 최근에 도입한 또 다른 신조어이다. (…) 앞의 두 가지 개념을 사용하여 이제 나의 기본 주장을 다음과 같이 정식화할 수 있다. 디지털 ICT는 인포스피어의 본성(따라서 그것으로 우리가 의미하는 것)을 재-존재화하고 있으며, 기술에 관한 한 여기에 우리 정보사회가 가까운 미래에 경험하게 될 가장 심오한 변화와 도전적인 문제의 원천이 있다(Floridi 2007: 61).

인포스피어는 생물권(biosphere)이란 표현을 변형한 신조어이다. 생물권은 지구상의 생물과 생물들이 거주할 수 있는 토양, 공기, 물 등의 환경을 모두 포함하여 가리키는 표현이다. 그와 유사하게 인포스피어는 정보적 존재자들과 그것들이 거주하는 정보적 환경을 통칭하는 표현으로, "모든 정보적 존재자들과 그 속성, 상호작용, 과정, 상호 관계 등에 의해 구성되는 공간으로서의 정보 환경"으로 정의된다(Floridi 2014: 40). 플로리디는 아날로그에서 디지털로의 전환에 따라 우리가 거주하

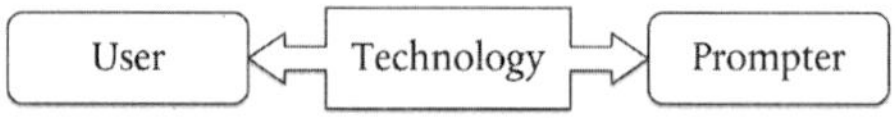

The Scheme for Technology's In-betweenness.

는 공간이 급격하게 인포스피어로 바뀌고 있다고 주장한다. 이제 인간은 인공지능과 같은 다양한 정보 행위자들과 상호 간 연결되어 살아가는, 인포스피어에 거주하는 정보 유기체인 인포그(Inforg)로 이해된다.

인포스피어는 많은 부분 인간의 개입 없이 수많은 정보 장치와 알고리듬, 인공지능의 작동을 통해서 정보의 처리가 이루어지는 공간이다. 플로리디는 기술을 그 사용자(user), 사용자에게 그 기술의 사용을 유도하거나 촉발하는 촉진자(prompter), 그리고 이 둘 사이를 매개하는 사이성(in-betweenness)의 3항 관계로 분석한다.

1차 기술은 인간 사용자와 자연의 촉진자 사이를 매개하는 기술이다. 가령 농부와 땅 사이의 관계를 매개하는 호미와 같은 도구가 1차 기술이다. 우리는 도끼를 이용하여 나무를 자른다. 도끼는 사용자인 나무꾼과 자연인 나무 사이를 매개하는 기술이다. 1차 기술은 쟁기, 우산, 안장, 활 등과 같이 주로 인간과 자연 사이를 매개하는 도구들이다. 물론 아래에서 보게 되겠지만, 모든 도구가 1차 기술인 것은 아니며, 2차 기술에 해당하는 도구도 있다. 막대기를 이용하여 개미를 잡아먹는 침팬지처럼 일부 비인간 동물들도 1차 기술을 사용한다. 기술이라는 관점에서 인간을 비인간과 구분시켜 주는 점은 인간이 2차 및 3차 기술의 발명가와 사용자라는 점이다.

2차 기술은 기술의 사용을 유도하는 촉진자가 자연이 아니라 다른 기술로 대체된다. 즉 인간 사용자를 촉진자인 다른 기술과 연결하거나 매개하는 기술이 바로 2차 기술이다. 가령 드라이버를 생각해보자. 우리는 드라이버를 사용하여 나사못(기술)을 조인다. 그런데 드라이버의 사용을 유도하는 촉진자인 나사못은 자연이 아니라 그것 자체가 또 다른 기술이다. 드라이버는 사용자와 촉진자로서의 나사못이란 기술 사이를 매개하는 2차 기술이다.

2차 기술은 다양한 1차 기술들과의 상호 의존성을 함축하며, 이는 일정한 정도의 전문화, 조직화의 표식이다. 즉 2차 기술이 함축하는 기술들의 상호 의존성은 교역과 화폐의 출현을 요구하며, 더욱 복잡한 형태의 사회화와 문명의 출현, 그에 뒤따르는 자유로운 시간과 여가, 그리고 그것들에 기반을 둔 문화의 출현과 연관되어 있다. 플로리디에 따르면, 2차 기술의 핵심적인 사례는 다른 기술에 에너지를 제공하는 엔진이다. 풍차나 물레방아가 수천 년 동안 에너지를 동력으로 바꾸어 왔지만, 내연기관과 전기모터의 출현이 산업혁명을 초래했으며, 그것들은 사용자와 다른 기술 사이에서 필요할 때마다 사용할 수 있는 '포터블' 에너지 공급기의 역할을 했다. 과학 지식의 증가와 물질 및 에너지에 대한 통제의 증가로 촉발(고무)된 근대 후기의 대부분은 2차 기술의 융성과 더불어 그 기계적인 면모를 갖게 된다. 근대 후기는 인간-기술-자연이 아니라 인간-기계-기계의 관계로 더 잘 특징화되는 장치, 시계, 축, 바퀴, 동력 메커니즘의 소란스러운 세상이었으며, 엔진은 근대를 상징하는 대표 기술로서 산업혁명과 그 뒤를 잇는 기계 문명의 동력으로 작용했다.

그런데 하이퍼히스토리 시대의 중심 기술이라고 할 수 있는 3차 기술은 촉진자뿐 아니라 사용자도 기술로 대체되며, 사이 기술인 3차 기술의 역할은 기술들 사이를 매개하는 것이 된다. 인간의 개입 없이 자동적인 컴퓨터 시스템에 의하여 작동하는 사물 인터넷이나 자율자동차, 스마트 홈, 지능형 가전이 바로 3차 기술의 대표적인 사례들이다. 근대의 기계들은 그 작동을 위해 여전히 인간의 개입이 필요했다. 하지만 3차 기술에 의존하는 하이퍼역사 시대의 기계들은 원리적으로 그것들만의 네트워크를 통해 인간 독립적으로 작동할 수 있다. 인간의 직접적인 개입이나 간섭이 필요 없는 이른바 '자율기술' 체계인 셈이다. 하이퍼히스토리 시대는 자율기술인 3차 기술에 의해 유지되는 시대이다.

2021년 기준으로 컴퓨터, 스마트폰, 태블릿, 스마트 홈 디바이스, 다양한 유형의 사물 인터넷(IoT) 디바이스 등 전 세계적으로 인터넷에 연결된 디바이스는 300억 개가 넘는 것으로 추산된다.[3] 그 숫자는 앞으로도 계속 빠르게 증가할 것이다. 그런데 ICT의 정보처리 능력은 그 대부분이 이미 기계들 사이에 일어나는 협력이나 조정을 위해 사용되고 있으며, 지구에서 발생하는 통신 대부분도 인간이 직접 개입되지 않은 기계들 사이의 상호작용을 통해 일어나고 있다.

여기서 '인포스피어'라는 개념을 통하여 플로리디가 염두에 두고 있는 것은 우리가 사는 생활세계가 본질적으로 정보적인 속성을 지닌 곳으로 변했다는 것이다. 로봇이 성공적으로 작업할 수 있는 경계를 정의하는 3차원 공간을 엔벨로프(envelope)라고 부른다. 로봇이 설계된 목적에 따라 잘 작동할 수 있는 범위를 구획하여 공간적으로 감쌌다는 은유적 표현이다. ICT 기술은 우리가 사는 환경을 정보적으로 재존재화하고 감싸는, 즉 세계를 정보적으로 엔벨로핑하는 기술이다. 수많은 온라인 사용자의 활동과 매일 축적되는 태그와 데이터, 서로 통신하는 수많은 장치와 센서들, RFID 태그, 액추에이터의 작용 등이 바로 세계를 정보적으로 감싸는 엔벨로핑의 장치들이다. ICT는 정보의 디지털화를 매개로 하여 우리가 사는 공간 전체를 인포스피어로 바꾸고 있으며, 이 순간에도 우리가 시간을 보내는 정보 공간은 지속적으로 성장하고 있다.

그런데 인포스피어는 '가상공간'의 개념과는 구분되어야 한다. 인포스피어는 진짜 '물질' 세계에 의해 유지되는 가상의 환경이 아니라, 점점 더 정보적으로 이해되어야 하는 세계 그 자체를 가리키는 표현이다. 즉 인포스피어는 단순히 온라인의 사이버 공간만을 의미하는 것이 아니라, 오프라인과 아날로그 공간 모두를 포함하며 우리가 살고 있는 실질적인 생활환경 전체를 총칭하는 표현이다. 우리가 사는 세계는 더 이상 로그인된 정보 세계와 로그아웃된 물리 세계의 경험으로 구분되지 않는다. 오늘날 우리의 물리적 몸은 오프라인 공간에 있지만, 우리는 또한 데이터의 형태로 구글이나 클라우드, SNS 공간에도 존재하며 스마트폰과 같은 모바일 기기를 통하여 언제나 연결되어 있다.

그에 따라 여기(아날로그, 탄소 기반, 오프라인)와 저기(디지털, 실리콘 기반, 온라인) 사이의 경계도 빠르게 무너지고 있다. 가령 실시간으로 위치를 계속 업데이트하는 내비게이션의 지시에 따라 자동차를 운전하거나, 배달앱이나 키오스크로 음식을 주문하는 경험을 떠올려 보자. 과거 우리는 컴퓨터의 바깥에 있으면서 제한적 공간 속에서 키보드나 스크린과 같은 인터페이스를 통하여 그것에 접속하였으며, 그 상호작용은 신체적이기보다 의미론적인 것이었다. 그러나 오늘날 우리는 인포스피어라고 불리는 거대한 컴퓨터 안으로 들어와 있으며, 인포스피어와의 상호작용 또한 터치스크린, 음성 명령, 제스처 감지, 위치 데이터 등을 통한 신체적인 방식으로 바뀌고 있다. 모니터나 키보드와 같은 전통적인 인터페이스의 중요성이 점차 줄어들고, 인터페이스가 점차 눈에 띄지 않게 되면서 디지털-온라인 세상이 아날로그-오프라인 세상으로 흘러넘쳐서 융합되고 있다. '유비쿼터스 컴퓨팅', '지능형 환경'(Ambient Intelligence), '사물 인터넷' 등이 이런 상황을 만들어가는 기술들이다. 플로리디는 인공물이나 환경의 점진적인 정보화(informatization)를 통하여 온라인과 오프라인의 구분이 무의미해지는 이런 현상을 온라이프(onlife) 경험이라고 부르고 있다.

> 앞서 우리가 온라인과 오프라인 환경의 뚜렷한 차이를 경험한 마지막 세대라고 말했다. 어떤 사람들은 이미 시간 대부분을 온라인에서 보내고 있다. 일부 사회는 이미 하이퍼히스토리적이다. 데이터가 있는 곳을 집이라고 한다면, 당신은 이미 구글 어스와 클라우드에 살고 있을 것이다. 인공 및 하이브리드 다중 행위자(에이전트), 즉 부분적으로는 인공적이고 부분적으로는 인간적인 행위자(예를 들어 은행을 생각해 보라)는 이미 디지털 행위자로서 디지털 환경과 상호 작용하고 있으며, 행위자와 환경이 동일한 본성을 공유하고 있으므로 이런 행위자는 환경 안에서 훨씬 더 자유롭고 통제력 있게 작동할 수 있다. 우리가 점점 더 인공 행위자들과 점진적으로 통합되는 방식으로, 우리는 우리의 기억, 의사 결정, 일상적인 작업 및 기타 활동을 그것들에 위임하거나 아웃소싱하고 있다(Floridi 2014: 93).

인포스피어의 세상은 이제 더 이상 외부의 물리적 힘에만 반응하는, 로그-인/로그-아웃할 수 있는 어떤 것인 근대의 뉴턴적 공간이 아니다. 인포스피어를 채우고 있는 것은 의사소통, 학습, 기억 능력이 없는 '죽어 있는' 대상들이 아니라, 스스로 상호 작용하고 반응할 수 있는 활성화된(animated) 정보적 인공물들이다. 이는 자연의 모든 측면에 모종의 힘이 깃들었다고 해석했던 애니미즘과 같은 고대적 세계관 속의 대상들과 유사한 측면이 있다. 태블릿의 스크린을 태핑하는 우리의 모습에서 볼 수 있듯이, 세계의 대상들은 'a-live'(artificially live)한 어떤 것으로 바뀌고 있다. 우리가 오프라인 세계라고 생각했던 것은 "실시간으로 언제 어디서나 작동하는, 무선의, 만연한(pervasive), 분산된 a2a(anything to anything) 정보 과정으로 이루어진, 온전하게 상호 작용하고 응답하는 환경"으로 바뀌고 있다(Floridi 2014: 48). 그에 따라 우리는 점점 더 동시적이고(synchronized), 현전하는 공간의 중요성이 줄어든다는 점에서 탈국지적(delocalized)이며, 상호 연결되어(correlated) 있는 인포스피어 속에서 온라이프의 삶을 살게 된다.

이러한 변화는 결국 세계에 대한 우리의 형이상학적 해석의 변화를 요구한다. 즉 실재의 궁극적 본성을 뉴턴식의 물리적 관점이 아니라 정보적 관점에서 이해해야 한다는 것이다. 그에 따라 정보 공간을 지칭하는 한 방식인 "인포스피어"라는 용어는 실재(존재) 그 자체와 동의어가 된다.

5. 인포그

ICT 기술은 우리의 물리적, 개념적 환경을 형태 짓고 그것에 대한 인식의 변화를 요구한다. 그런데 플로리디는 이러한 변화 속에서 더 조용하고 덜 선정적이지만, "인간이라는 존재가 무엇인지에 대한 우리의 개념화에서 더 중요하고 심원한 변화"가 일어나고 있다고 생각한다. 이것이 코페르니쿠스, 다윈, 프로이트의 뒤를 이어 인간의 자기 이해라는 측면에서 일어나고 있는 '네 번째 혁명'이다. 코페르니쿠스, 다윈, 프로이트는 각각 다른 방식으로 인간중심주의에 균열을 내고, 인간 주체를 점점 탈중심화하는 데 기여했다. 플로리디가 말하는 4차 혁명도 인간의 탈중심화라는 동일한 방향을 향하고 있으며, 이는 우리 자신을 정보적 유기체인 인포그로 이해한다는 사실과 관련되어 있다.

먼저 『4차 혁명』에 등장하는 인포그에 대한 서술부터 살펴보자.

> 우리는 상호 연결되고 정보적 환경(인포스피어)에 임베디드되어 있는 정보적 유기체이다. 우리는 자연 및 인공의 다른 정보 행위자들과 인포스피어를 공유하며, 이 정보 행위자들 또한 논리적이고 자율적으로 정보를 처리한다(Floridi 2014: 94).

> ICT는 정기적으로 우리를 능가하고 앞지른다. 그것은 우리보다 더 잘 '계산'한다. 그 때문에 ICT는 우리가 살고 있는 환경을 변경하거나 창조하고 있다. 우리는 우리 몸의 어떤 생명공학적인 변화가 아니라, 더 심각하고 현실적으로 우리의 환경과 그 안에서 작동하는 행위자(에이전

트)의 급진적인 변형을 통해 우리 자신을 인포그로 이해하기 시작했다 (Floridi 2014: 95).

그런데 인포그에 대한 플로리디의 이런 서술은 매우 불친절하며, 추가적인 설명은 인포그와 혼동되어서는 안 될 다른 개념들과의 대비를 통하여 소극적인 방식으로 이루어진다. 플로리디는 인포그와 관련하여 우리가 혼동하지 말아야 할 세 가지 오해의 소지를 다음과 같이 설명하고 있다(Floridi 2014: 94). 첫째, 인포그는 기술과 물리적으로 결합한 '사이보그' 인류를 의미하지 않는다. 가령 플로리디는 무선 헤드셋을 귀에 이식하는 방식으로 기계와 결합하는 것은 일종의 노예 상태로 빠지는 일이며, 만약 그렇게 바쁘고 중요한 사람은 대신에 개인 비서를 두어야 할 것이라고 조롱한다. 그에 따르면 (기계적) 사이보그가 되는 것은 불가피하지 않다면 오히려 피해야 할 일이다. 그는 대신에 인포그의 모습으로, 나와 나의 휴대폰이 두 정보 행위자로서 같은 환경을 공유하고 있으며, 휴대폰이 사용자인 나를 '이해'하고 있으므로 단순히 음성만으로 전화를 거는 경험을 상상해 보라고 제안한다.

둘째, 인포그를 단순히 '정신적 외주화'나 일상 기술과의 통합이라는 광범위한 현상으로 이해해서도 안 된다. 그에 따르면, 우리가 일상 업무의 처리를 위해서 다양한 장치에 점점 더 의존하고 있다는 것은 흥미로운 사실이지만, "장치, 도구, 기타 환경적 지원 또는 소품을 '확장된 마음'의 적절한 부분으로 등록할 수 있다는 관점은 시대에 뒤떨어진 것이다." 왜냐하면 "이는 여전히 종이와 연필에서 스마트폰, 일기에서 태블릿, 손수건의 매듭에서 컴퓨터에 이르는 정신적 보철물을 통해서, 통제하고 사용하는 독립적이고 인지 환경을 온전히 장악하고 있는 데카르트적인 행위자를 기반으로" 하고 있기 때문이다."(Floridi 2014: 95)

마지막 셋째는, 인포그를 유전자 변형 인류에 관한 이야기로 이해해서는 안 된다는 것이다. 플로리디는 이를 포스트휴머니즘의 생각이라 부르면서, 비록 미래에 가능할지는 모르지만 아직은 기술적으로나 윤리적으로 SF적 공상의 영역에 속하는 미래적인 전망에 불과하다고 일축한다.

첫 번째 오해와 세 번째 오해는 그 내용이 무엇인지 이해하기 어렵지 않다. 첫 번째 오해는 기계와 인간의 직접적인 결합을 말하는 '사이보그' 시나리오가 실상은 그렇게 매력적이지 않다는 것을 말하고 있다. 세 번째 오해는 소위 유전자 조작 등을 통해 향상된 인간의 출현을 상상하는 트랜스휴머니즘(플로리디의 표현으로는 포스트휴머니즘)에 대한 완곡한 비판으로 볼 수 있다. 그런데 두 번째 오해라고 지적하는 입장의 경우에, 그것이 플로리디 자신이 주장하는 바와 어떻게 구분되는 것인지 위의 언급만으로는 파악하기 힘들다.

'확장된 마음'이라는 표현으로 미루어 볼 때, 아마도 그가 염두에 두고 있는 입장은 『내추럴-본 사이보그』에서 볼 수 있는 앤디 클락(Andy Clark)의 (혹은 그와 유사한) 입장인 듯하다. 이 책에서 클락은 인간과 기술의 결합은 그 근본에서부터 인간을 인간으로 만들어 주는 본질적 특성이며, 그래서 우리는 '자연적으로 타고난 사이보그'라고 주장한다(클락, 2015). 전통적으로 도구나 기술의 범주는 그것들을 사용하는 주체와 구분되어 신체의 바깥에 있는 그 무엇을 가리키는 것으로 이해되어왔다. 그러나 클락에 따르면, 기술은 우리 인간 정신 및 신체의 확장이며, 생명과 기술의 병합은 그 근본에서부터 인간을 인간으로 만들어 주는 본질적 특성이다. 클락에 따르면, 언어가 존재하고 인간이 불이나 도구를 만들어 사용한 이래, 우리는 결코 한 번도 자연적으로 주어진 정신이나 신체만으로 규정될 수 있는 존재가 아니었다. 기술은 비록 인간에 의해 구성되고 규정되는 것이긴 하지만, 동시에 그것은 인간의 가능성이나 잠재력을 근본적인 차원에서 재규정하고 조건 지운다. 그런 점에서 인간-기술(도구)의 공생은 우리의 일상적 삶을 구성하는 조건일 뿐 아니라, 인간의 인간다움을 가능하게 하는 근본적인 조건이기도 하다. 이러한 관점에 따르면, 우리의 마음은 비-생물학적인 외부 도구를 부분으로 포함하는 탄력적이며 개방적인 확장된 시스템으로 간주될 수 있다. 그 결과 기술은 단순히 인간의 결여된 부분을 보충하는 도구나 보철이 아니라, 인간의 정체성을 구성하는 핵심적인 요소가 된다. 그러므로 기술의 발전은 단순히 도구의 발전이 아니라, 인간 정체성의 변화 즉 '나'라는 존재를 규정하는 제반 요소들의 변화로 이해되어야 한다.

이러한 입장에 대해서 플로리디는 별다른 추가적인 설명이 없이 앞서 언급한 문장들로 간략하게 비판하고 있을 뿐이다. "정신적 보철물을 통해서, 통제하고 사용하는 독립적이고 인지 환경을 온전히 장악하고 있는 데카르트적인 행위자"라는 언급으로부터 추정해 본다면, 아마도 여기서 플로리디가 불편하게 느끼는 부분은 인간 주체의 독립성 및 중심성을 전제하면서 기술을 인간 "행위주체성"(agency)의 확장이나 강화로 보는 부분인 것 같다. 클락에 따르면, 기술은 우리 인간 정신이나 신체의 확장이다. 그런데 "확장"이란 표현은 어떤 것(여기서는 우리의 마음이나 자아)을 확장이 일어나는 중심으로 상정할 수밖에 없다. 플로리디는 이러한 입장이 여전히 환경으로부터 일정한 독립성을 유지하면서 그것을 온전히 통제하는 중심인 인간 혹은 자아를 상정하고 있으며, 그 연장선상에서 기술이 그런 인간의 "행위주체성"을 확장한다고 주장하는 것으로 보는 듯하다.

그런데 플로리디는 재공학적 기술로서의 ICT의 본성을 단순히 인간 능력의 향상이나 증강의 문제가 아니라 인간 본성에 대한 정보적 이해와 결부시킨다. 그리고 이는 인간의 행위주체성에 대한 인식의 변화와 밀접하게 결부되어 있다. 인포스피어의 출현과 우리 자신에 대한 재존재화는 인간 정체성(동일성)의 본성이 내재적으로 정보적임을 드러내며, 이는 행위자가 된다는 것이 무엇을 의미하는지에 대한 인식의 변화를 동반한다.

플로리디의 의도를 조금 더 분명하게 드러내기 위하여 미국의 기술철학자 돈 아이디(Don Ihde)가 말하는 기술과 인간의 관계에 대한 구분을 참조할 수 있을 것이다. 아이디는 인간과 실재 사이의 관계를 매개하는 기술의 역할에 주목하면서 이를 체현(embodiment), 해석(hermeneutic), 배경(background) 관계로 분류한다(김성동, 2016; 돈 아이디, 1998: 1장). 먼저 체현 관계는 기술을 신체의 확장으로 이해하는 경우이다. 안경을 쓰고 세상을 보는 것처럼, 우리는 기술을 통해서 다른 대상(세계)을 경험한다. 하지만 이때 기술(여기서는 안경)은 부분적으로 투명한 상태가 되어서 직접적인 경험의 대상으로 부상하지 않는다. 여기서 우리는 안경을 신체 바깥의 어떤 것이 아니라 신체에 통합된 유사-신체로 볼 수 있는데, 이것이 아이디가 말하는 기술의 체현 관계이다.

그런데 기술은 인간 신체에 통합된 것은 아니지만, 실재에 대한 표상을 제공함으로써 실재에 대한 접근을 가능하게 할 수도 있다. 가령 우리는 온도계를 보고 우리 신체를 통하여 직접 입수가 불가능한 온도에 대한 정보를 얻는다. 이때 기술(온도계)은 우리의 직접적인 경험의 대상이 되긴 하지만, 그것의 역할은 세계에 대한 정보를 우리에게 제공하는 것이다. 그런데 그렇게 획득된 정보는 해석이 필요한 텍스트와 같다. 이렇게 기술 혹은 기술이 제공하는 정보에 대해서 인간의 적극적인 해석이 요구되는 인간-기술의 관계가 해석학적 관계이다.

마지막 세 번째는 우리가 생활하는 환경으로서의 기술과 맺는 배경 관계이다. 인간은 세계 속에서 태어나며 자신이 태어난 자연적이고 문화적인 배경을 전제로 세계를 지향한다. 그런데 아이디에 따르면, 인간은 기술권(technosphere)이라는 새로운 배경을 가지고 있다. 오늘날의 기술은 '공기 같은' 특성을 띠고서 우리 삶의 '배경'이 되고 있다. 우리는 기술과 더불어 혹은 그 속에서 살아가지만, 때로는 공기와 마찬가지로 그것이 현전하고 있음을 알아차리지 못한다. 아이디는 이처럼 배경으로 작용하게 된 도구·기술과 인간의 관계를 배경 관계라고 부른다.

클락의 서술이 상대적으로 체현이나 해석 관계에 비중을 두는 것처럼 보인다면, 플로리디의 입장에서 강조되는 것은 배경 관계인 듯이 보인다. 그러나 아이디의 논의에서 볼 수 있듯이 기술이 수행하는 다면적 역할을 고려한다면, 기술-인간의 관계에 대한 클락의 주장이 플로리디의 그것과 그렇게 대립적인지는 분명하지 않다. 그런데 여기서 우리가 주목할 흥미로운 부분은 아이디가 말하는 "기술권"의 개념이다. 플로리디의 인포스피어(정보권)가 정보기술에 초점을 맞추고 있는 점을 제외한다면, 기술권에 대한 아이디의 생각은 정보권에 대한 플로리디의 생각과 매우 유사해 보인다.

플로리디에 따르면, 인포그의 개념은 정보기술이 만들어 내는 인포스피어의 개념과 결코 분리되어 이해될 수 있는 개념이 아니다. 인포그에 대한 앞의 인용문을 다시 떠올려 보자. 우리 자신을 인포그로 이해하게 만드는 것은 우리 몸의 공학적 변화를 통해서가 아니라, 우리가 속한 환경과 더불어 그 안에서 작동하는 행위자들의 급진적인 변형을 통해서이다. 즉 우리가 인포그라는 사실은 우리가 인포스피어에 거주한다는 사실과 더불어, 그 안에서 자연 및 인공의 다른 정보 행위자들과 관계 맺고 상호 작용한다는 사실을 통해서 귀결되는 결론이다. 이러한 점을 염두에 두고 플로리디의 논의를 계속 따라가 보도록 하자.

플로리디에 따르면, 재공학 기술로서의 ICT는 현실(실재)을 만들고 재제작하는 세계의 본질을 변화시키는 힘이다. 동시에 이는 인간의 본성을 재규정 혹은 재존재화하는 기술이기도 하다. 그런데 인간을 재규정하는 ICT의 힘은 단순히 인간 능력의 향상이나 증강의 문제가 아니라, 인간의 본성을 정보적으로 이해하게 만드는 것과 관련되어 있다. "ICT는 세상을 이해하고 세상과 상호 작용하는 방식뿐만 아니라, **우리 자신에 대한 이해에서도** 정보의 생성, 관리, 활용, 커뮤니케이션, 계산적 자원을 핵심적인 문제로 만들었다."(플로리디, 2022: 22, 번역 수정) 인포스피어의 출현과 우리 자신에 대한 재존재화는 인간 정체성(동일성)의 본성이 내재적으로 정보적임을 드러낸다.

플로리디는 인포그에 대한 세 가지 오해와 관련된 논의의 연장선상에서, 재공학 기술로서의 ICT의 본성을 향상(enhancing) 기술이나 증강(augmenting) 기술의 그것과 구분한다(Floridi, 2014: 96). 플로리디가 여기서 향상과 증강이란 표현을 자신만의 매우 독특한 방식으로 정의하고 있음에 유의할 필요가 있다. 플로리디가 말하는 향상 기술은 인간과의 이음매 없는 물리적 결합 혹은 통합을 위한 (낮은 수준의 사이보그) 기술을 말한다. 이러한 기술은 도끼나 드릴의 손잡이처럼, 기기를 인체공학적으로 사용자의 신체에 맞추기 위한 인터페이스를 가지고 있다. 다른 한편으로, 증강 기술은 그것이 작동하는 환경을 국지적으로 엔벨로핑해서 (둘러싸서) 격리함으로써 효과적으로 작동하는 기술이다. 세탁기나 냉장고가 그러한 기술의 사례들이다. 이런 증강 기술 장치의 제어판은 사용자의 외부환경과 기술이 작동하는 내부환경을 이어주는, 서로 다른 환경 간의 인터페이스 역할을 담당한다.

플로리디에 따르면, ICT 기술은 이런 의미의 향상이나 증강 기술과는 구분되어야 하며, 세계 전체를 엔벨로핑하는 기술로서 뉴턴의 물리적 공간을 인포스피어라는 새로운 환경으로 재공학하는 기술이다. ICT의 인터페이스는 사용자가 인포스피어의 영역으로 진입하여 그 속에 현전할 수 있도록 하는 관문이다. 새로운 공간을 창조하고 여는 ICT 기술의 이러한 특성 때문에, 우리는 '사이버 공간', '가상현실', '온라인 상태', '웹 서핑', '게이트웨이' 등의 다양한 공간적 은유를 사용하게 된다.

인포스피어는 생명체가 살아 숨 쉬는 대기 환경처럼 인포그로서의 인간이 디지털 문명의 일상적 생활을 영위하는 기술적 생태 공간이다. X세대나 Y세대는 나이가 들면서 인터넷이나 스마트폰을 접한 디지털 이민자 세대라고 할 수 있다. 반면 1990년대 중반 이후 태어난 Z세대는 인터넷이나 스마트폰이 대중화된 다음에 태어나서 디지털이 존재하지 않는 아날로그 세상을 거의 경험해 보지 못한 세대이다. 말하자면 인포스피어의 디지털 네이티브인 것이다. 컴퓨터나 인터넷을 잘 사용할 줄 모르는 노년층과 인터넷이나 컴퓨터게임, 모바일과 더불어 성장한 젊은 세대가 살아가는 경험적 인식 공간의 모습은 서로 다르다고 말할 수 있다. 조금 과장하자면, 이들은 전혀 이질적인 서로 다른 공간 속에서 살아간다고 해도 과언은 아니다. 그 차이가 바로 인포스피어에 거주하는 인포그인지 아닌지의 여부이다.

플로리디는 Z세대와 같은 디지털 네이티브에 이르게 되면, 우리가 인포스피어와 물리적 세계 사이에 근본적인 차이가 없으며 단지 형이상학적 관점(LoA)의 변화만 있을 뿐임을 인식하게 될 것으로 생각한다. 그리고 인포스피어로의 이주가 완료되고 나면, 우리는 모두 인포스피어와 단절될 때마다 물 밖에 나온 고기처럼 박탈감, 소외감, 장애, 빈곤감을 느끼며, 인포그로 사는 것이 너무 자연스러워져서 정상적인 정보 흐름이 중단되면 마치 질병에 걸린 것처럼 아픈 상태가 될 것으로 추측한다(Floridi 2014: 97). 우리는 이미 지금도 인터넷이나 스마트폰을 사용할 수 없게 되면 그러한 단절감을 경험하고 있다.

6. 네 번째 혁명의 정체는?

우리는 앞서 코페르니쿠스, 다윈, 프로이트에 이르는 이전 세 혁명의 공통점은 인간중심주의에 균열을 내고, 인간 주체를 탈중심화한 것이라고 지적했다. 그렇다면 플로리디가 말하는 4차 혁명은 어떤 방식으로 인간을 탈중심화하는 것일까? 물론 그 대답의 출발점은 우리 자신을 정보적 본성을 갖는 정보적 유기체인 인포그로 이해한다는 점과 관련되어 있을 것이다. 그리고 이미 지적하였듯이, 이는 우리가 자연 및 인공의 다른 정보 행위자들과 상호 연결되어 인포스피어를 공유하고 있다는 사실과 더불어, 그 안에서 작동하는 다른 (자율적) 행위자들과의 상호 작용 및 관계를 통해서 이해될 필요가 있다.

4차 혁명을 이해하는 한 가지 방식은 이를 인간과 기술, 생명과 기계 혹은 자연과 인공(문화)에 대한 이원적인 범주 구분에 대한 해체의 관점에서 접근하는 것이다. 비슷한 맥락에서 미국의 역사학자 브루스 매즐리시(Bruce Mazlish)는 자신의 저서 『네 번째 불연속』에서 인간과 기계 혹은 인간과 기술 사이에 존재하는 근본적인 불연속의 해체를 주장한 바 있다(매즐리시, 2001). 인간의 특권적 지위라는 생각의 배후에는 언제나 인간과 다른 존재들 사이에 모종의 근본적인 불연속이 존재한다는 가정이 놓여 있었으며, 이제 인간과 기계 사이의 또 하나의 불연속이 해체 순서를 밟고 있다는 것이다.

인간/기계 사이의 불연속 해체는 대개 인간의 기계화와 기계의 인간화라는 두 가지 측면에서 이야기될 수 있다. 먼저 인간의 기계화는 유전공학이나 신경과학, 의학, 인지과학, 컴퓨터과학 등과 같은 첨단 과학기술을 이용하여 인간의 신체나 정신을 직접적인 조작의 대상으로 삼아서 인간이 갖는 인지나 감정적 기능, 신체적 능력, 건강 수명과 같은 기초 능력들을 개선하거나 강화하고자 하는 인간 향상 기술과 연관되어 있다. 여기에는 유전적 조작뿐 아니라 인간 신체에 다양한 보철 장치(prosthesis)를 결합하는 사이보그 기술이 포함된다. 다른 한편으로 기계의 인간화는, 인공지능의 발전에 따라 기계가 인간만의 고유한 능력으로 여겨졌던 고등한 인지 기능을 모방 혹은 획득하게 되면서 인간만이 수행할 수 있었던 많은 종류의 일이나 역할을 대체하는 현상을 가리킨다.

그런데 우리는 이미 플로리디가 사이보그 기술에 대해 비판적인 태도를 견지하면서 인포그의 개념을 사이보그의 개념과 혼동하지 말라고 경고했음을 살펴본 바 있다. 그뿐만 아니라, 플로리디는 인공지능을 포함한 ICT 기술은 진정한 '이해' 혹은 '지능'을 결여한 구문적·통계적 방식으로 작동하는 장치들이며, 실제로 무슨 일이 일어나고 있는지를 이해하고 해석하는 것은 유일한 의미론적 엔진인 인간의 역할로 파악한다(Floridi 2014: 97; Floridi 2023). 이런 점을 고려한다면, 플로리디가 말하는 4차 혁명의 정체를 단순히 인간의 기계화나 기계의 인간화라는 관점에서 이해하는 것은 부적절해 보인다.

플로리디가 말하는 4차 혁명을 이해하는 또 다른 유망한 방식은, 인포그인 인간이 인포스피어와 맺는 관계가 인간과 기술, 그리고 인간이 대상이나 세계와 맺는 관계에 대한 인식의 근본적인 전환을 요구하면서, 행위자(agent)의 개념이나 인간의 행위주체성(agency)에 대한 새로운 이해를 촉구한다고 해석하는 것이다. 통상적으로 행위자는 행위(action)를 수행할 수 있는 존재를 뜻하며, 여기서 행위란 믿음이나 욕구, 의도와 같은 심적인 상태에 의해 야기되는 움직임을 일컫는다. 행위주체성은 행위자가 가진 행위를 수행하는 능력으로 이해할 수 있다. 행위주체성에 대한 이러한 이해는 소위 지향적(intentional) 상태를 가질 수 있는 지향적 존재 혹은 시스템에만 그러한 능력을 귀속할 수 있다고 가정한다. 즉 지향적 존재만이 행위자일 수 있다는 것이다. 이런 가정하에서 행위주체성을 갖는 전형적인 행위자는 인간 혹은 더 넓게 보자면 동물이다. 그런데 인간의 경우, 행위자나 행위 주체성의 개념은 인간을 세계로부터 독립되어 이성적이고 자율적인 선택을 내리는 주체로 파악하는 인간 이해와 매우 밀접하게 연관되어 있다.

인간의 행위주체성을 이렇게 이해하는 관점에서, 기술은 통상적으로 인간(주체)이 설정한 어떤 목적을 달성하기 위하여 자연이나 외부 세계를 통제하고 조작하는 데 사용되는 도구나 수단에 불과하다. 이는 흔히 기술에 대한 도구주의적 관점으로 불리는 것이다. 이 입장에 따르면 기술은 가치중립적이고 그 자체로는 아무것도 의미하지 않으며 아무것도 (수행)하지 않는다. "총은 사람을 죽이지 않는다. 사람이 죽인다."와 같은 주장이 정확히 도구주의의 관점을 반영하고 있다. 이러한 관점에 따르면, 기술을 통해 산출한 결과가 좋거나 나쁠 때 칭송이나 비난의 대상이 되는 것은 기술이 아니라 기술을 만들거나 사용한 인간이다. 이 경우, 결과의 산출과 관련된 행위주체성은 전적으로 인간에게 귀속되며, 기술은 수동적 사물이자 도구로 남게 된다.

그런데 인포그나 인포스피어의 관점에서 보자면, 기술은 우리가 살아가는 세계 혹은 환경의 일부인 동시에 인간 정체성의 핵심 조건이기도 하다. 그런 점에서 인간과 기술의 관계가 주체와 객체(혹은 도구), 자연과 문화라는 이분적인 대립적 구도를 통해서 이해되는 것은 부적절해 보인다. 돈 아이디, 브뤼노 라투르(Bruno Latour), 피터-폴 베어벡(Peter-Paul Verbeek)과 같은 학자들이 취하고 있는 포스트-현상학(post-phenomenology)의 관점에서 보면, 기술은 우리가 인식하는 것과 할 수 있는 것 사이를 연결하는 매개물이다(Nyholm 2023: 1장). 즉 기술은 우리가 실재(세계)나 우리 자신을 경험하는 방식, 그리고 우리가 무엇을 할 수 있고, 무엇을 목표로 할 수 있는지를 근본적으로 형성(shape)하는 역할을 한다. 그런 점에서 기술은 단지 가치중립적인 도구일 수 없으며, 인식이나 행위의 형성을 넘어서 우리의 행동 규범이나 가치판단과 같은 도덕 경험에도 중대한 영향력을 행사하게 된다.

가령 돈 아이디는 기술이 때때로 "스크립트"(scripts)를 포함하며, 우리에게 무엇을 할지를 알려주거나 강제한다고 주장한다. 베어벡은 인간과 기술은, 기술 없이 인간 혼자서는 하지 않거나 할 수 없는 일을 하도록 하는 "집합체"(assemblages) 또는 단위를 형성한다고 주장한다. 총과 사람이 결합한 총잡이가 그 대표적인 사례이다. 이런 관점에서 보자면, 도구주의는 인간을 목적에 따라 행동하는 존재로, 기술은 단지 이러한 목적에 사용되는 수단으로만 묘사함으로써, 인간과 기술을 서로 완전히 분리된 어떤 것들로 잘못 재현하고 있다.

포스트-현상학적인 기술에 대한 이해의 핵심은 기술이 단지 도구적 수단에 그치는 것이 아니라, 우리 삶의 목표나 기획, 역량이나 잠재성을 확장 · 유도(affordance)하거나 혹은 제약(constraint)하는 인간 존재의 본질적 조건이라는 것이다. 인포그와 인포스피어에 대한 플로리디의 주장도, 비록 정보기술에 초점을 맞추고 있기는 하지만, 기술에 대한 포스트-현상학 관점의 도움을 받아서 이해될 수 있다. 플로리디는 "많은 측면에서, 우리는 독립적인 존재자라기보다 상호 연결된 정보적 유기체, 즉 인포그로서 생물학적 행위자들 및 공학적 인공물들과 함께 궁극적으로 정보로 이루어진 총체적 환경, 즉 인포스피어를 공유한다."라고 말하고 있다(플로리디 2022: 24). 그리고 "우리의 환경과 그 안에서 작동하는 행위자의 급진적인 변형을 통해, 우리는 우리 자신을 인포그로 이해하기 시작했다."라고 말한다. 이러한 주장에는 이미 다른 것(세계나 환경)에서 분리된 독립적인 주체로서 자신의 자율적 선택에 따라 행동한다는 인간 행위주체성의 전통적인 인식에 대한 거부가 포함되어 있다.

인포스피어에 거주하는 인포그로서 우리 인간은 정보적 환경이나 다른 행위자들과의 상호작용 속에서만 존재할 수 있다. 이는 인간의 행동을 결정하는 행위주체성이 전적으로 인간에게만 귀속될 수 없으며, 인간과 기술의 결합체라는 관점에서 재배치 혹은 재분배되어야 함을 함축한다. 인공지능에 기반을 둔 오늘날의 많은 기술은 소위 자율기계 혹은 지능적 시스템으로 불리며, 우리 인간의 전적인 이해나 통제를 허용하지 않는다. 그뿐만 아니라, 인포스피어의 환경은 많은 측면에서 우리 인간의 행동을 유도하고 제약한다. 가령 소셜 미디어나 추천알고리듬이 세상에 대한 우리의 인식이나 타자와의 교섭(커뮤니케이션) 방식을 어떻게 지배하고 있는지 생각해 보라. 이때 인포그인 인간의 모습과 도구인 기술을 전적으로 지배하고 통제하는 독립적이고 자율적인 주체의 모습 사이에는 상당한 거리가 있다.

인간과 기술의 관계에 대한 이러한 인식의 전환은 인간의 행위주체성을 새롭게 이해할 것을 요구하며, 나는 4차 혁명으로 불리는 새로운 인간학의 핵심이 바로 거기에 있다고 생각한다. 인간의 행위주체성을 이해하려 할 때, 우리는 기술과 인간 사이의 본질적인 관계에 주목할 필요가 있다. 우리는 기술을 형성하고, 또한 기술은 우리를 형성한다. 기술의 매개나 기술과 얽힘은 곧 인간 행위주체성의 본질적인 조건이다. 그런 점에서 통상적으로 우리가 인간만의 것이라고 이해하는 행위주체성은 인간의 행위주체성과 기술의 행위주체성이 결합된 공동의 행위주체성(joint agency)으로 이해되어야 한다.

7. 정보 윤리와 존재중심주의

플로리디 정보철학의 탈인간중심주의적 면모는 그의 정보 윤리에서 더욱 분명한 모습으로 드러난다. 플로리디는 존재중심주의에 입각한 정보 윤리를 주장하는데, 그 내용을 파악하기 위하여 추상화의 방법으로 다시 돌아가 보자. 추상화의 방법은 어떤 이론의 존재론적 관점이 무엇인지를 분명히 드러낸다. 이러한 점은 윤리학에서 특히 중요하다. 우리는 윤리학과 관련하여, 가령 남성중심적, 인간중심적, 생명중심적, 존재중심적 LoA를 취할 수 있다. 플로리디는 실재(reality)를 정보적으로 해석하는 정보적 LoA에 입각한 존재중심적(ontocentric) 윤리학으로서의 정보 윤리를 제안한다. 정보 윤리의 관점에서 보면, 생명 윤리는 생명이나 살아 있는 것에 경도되어 있으며, 생태근본주의는 자연과 구분되는 기술이나 인공물에 대해 편향된 태도를 가지고 있다. 플로리디에 따르면, 도덕적 존재의 범위를 살아 있는 것이나 자연적인 것에 국한하는 것은 우리 인간의 관심이나 윤리적 감수성을 반영하는 임의적인 선택에 불과하다.

정보 윤리는 그 적절한 LoA로 정보적인 추상화의 수준을 채택한다. 정보적 LoA에서, 대상(존재자)은 데이터의 클러스터(묶음) 즉 정보적 대상으로 기술된다. 정보적 대상은 적절한 데이터 구조 및 자극에 반응하는 절차의 집합을 포함하는 개별적이고 독립적으로 분리된 정보 패키지이다. 데이터의 구조는 그 대상의 본성, 즉 대상의 상태 및 고유한 정체성이나 속성을 구성한다. 자극에 반응하는 절차의 집합은 다른 대상으로부터 수신하는 메시지나 스스로의 내부 변화와 같은 다양한 상호작용이나 자극에 의해 활성화되는 일련의 조작적 절차나 함수의 집합이며, 이는 해당 대상이 변화나 자극에 어떻게 행동하고 반응하는지를 정의한다(Floridi, 2008: 46).

정보적 LoA에 입각한 정보 윤리는 존재(being)와 관련된 도덕적으로 중요한 현상의 세계를 모두 포함하는 방식으로 윤리적 담론을 확장할 수 있는 "추가적인 관점"을 제공한다. 말하자면, 정보 윤리는 인간이나 생명 등에 입각한 다른 수준의 분석이 적절하지 않을 때, 따라서 그것들이 포착하지 못하는 최소한의 규범적 안내를 행위자에게 제공할 수 있다. 존재중심적 정보 윤리에 따르면, 생명보다 더 기본적인 것은 존재이며, 고통보다 더 근본적인 것이 엔트로피이다. 플로리디에 따르면 정보적 구조로 분석될 수 있는 모든 존재는 그 자체로 내재적인 가치를 가지며, 그런 점에서 존재할 권리를 포함하여 그것의 실존 및 본질을 향상하고 풍부하게 할 번성의 권리를 갖는다.

> IE[정보 윤리]는 모든 정보 존재자가 존재의 표현인 한, 그것이 무엇인지를 구성하는 모든 기본 속성의 집합으로 정의되는, 그 실존의 양상과 본질에 의해 구성되는 존엄성을 지니고 있다고 여긴다. 이러한 존엄성은 원초적으로(prima facie) 존중받을 자격이 있으며, 따라서 상호 작용하는 모든 행위자에게 도덕적 요구를 제기할 수 있다. 이는 비록 처음에만 그리고 기각 가능한(overridable) 방식으로만 적용되더라도, 윤리적

결정과 행동의 제약과 지침에 기여해야 한다. 이러한 존재론적 평등 원칙은 (…) 모든 형태의 실재는 (…) 단지 있는 그대로 그것이 존재한다는 사실만으로도 그 본성에 적합한 방식으로 실존하고 발전할 수 있는, 처음의 기각 가능한 최소한의 권리를 누린다는 것을 의미한다(Floridi, 2013: 69).

이러한 사실은 행위자가 어떤 윤리적 판단이나 결정을 하면서 반드시 고려해야 하는 중요한 제약 조건으로 작용한다. 존재의 내재적 가치에 반하는 것이 존재의 궁핍화(impoverishment)를 의미하는 엔트로피의 증가이다. 이는 정보 질서나 구조의 붕괴를 통한 정보적 대상의 파괴나 타락을 의미한다. 도덕적 행위자의 행동은 인포스피어의 성장에 대한 기여, 즉 엔트로피 수준의 증가 여부나 그 정도에 따라서 평가될 수 있다. 플로리디에 따르면, 우리 인간도 정보적 구조로 분석될 수 있는 정보적 존재자이며, 다른 정보적 존재들과 마찬가지로 인포스피어 내에 거주하는 다양한 존재자 중의 하나일 뿐이다.

일반적으로 정보적 존재와 인포스피어에 좋은 것은 무엇일까? 이것이 바로 정보 윤리가 던지는 도덕적 질문이다. 우리는 존재가 마땅히 받아야 할 것에 대한 최소주의의 접근 방식에 의해 해답이 제공된다는 것을 보았다. (…) 정보 프로세스의 승인 또는 비승인은 해당 정보 프로세스가 관련된 정보 존재의 본질에 어떤 영향을 미치는지, 더 일반적으로는 전체 인포스피어의 안녕에 어떤 영향을 미치는지, 즉 해당 정보 존재에게 귀속시킬 수 있는 요구를 존중하는 데 얼마나 성공하거나 실패하는

> 지, 따라서 인포스피어를 풍요롭게 하거나 빈곤하게 하는지에 따라서 결정된다(Floridi, 2013: 70).

이러한 플로리디의 정보 윤리에서 우리가 탈인간중심주의 혹은 탈이원론의 관점에서 주목해야 할 핵심은 두 가지이며, 이는 또한 정보 윤리의 핵심 논제이기도 하다.

> 첫 번째 논제는 모든 존재자는 정보적 존재자로서 비록 아주 미미하고 기각될 수 있지만 내재적인 도덕적 가치를 지니며, 따라서 그것들은 어느 정도(어쩌면 똑같이 미미할 수 있는)의 도덕적 존중의 대상이 되는 도덕적 피동자의 자격이 있다고 진술한다. 두 번째 논제는 인공적인 정보 존재자도 행위자가 될 수 있는 한에 있어서, 책무성을 갖는(accounatble) 도덕적 행위자가 될 수 있다고 진술한다(Floridi, 2013: 110).

8. 피동자 중심의 윤리학

플로리디는 우선 행위자(agent)의 우선성을 가정하고 있는 윤리적 담론의 구조를 전복하는, 매우 근본적인 수준의 피동자(patient) 중심 윤리학을 제안한다. 기존의 윤리학은 발신자/행위자에 너무 많은 초점이 맞추어져 있기에, 이를 수신자/피동자 중심으로 전환할 필요가 있다는 것이다. 이는 도덕적 선함의 열쇠가 배려, 존경, 관용에 있다고 보기 때문이다. 피동자 중심의 윤리학은 윤리를 행위 주체의 관점이 아니라, 행위로 인하여 영향을 받게 되는 도덕적 이해관계를 가진 피동자의 관점에서 접근한다. 말하자면, 도덕적으로 배려해야 할 존재를 단지 '인간'으로 국한시키는 것이 아니라, 다른 비인간 존재들로 확장할 가능성을 열어 놓는 것이다.

대표적인 행위자 중심 윤리학의 하나인 칸트의 윤리학을 생각해 보자. 이러한 입장에 따르면, 도덕적 행위자는 자신의 행위에 책임을 질 수 있는 존재이며, 그 외연은 인격(person)적인 존재로 한정된다. 인격체로서의 행위자가 되기 위해서는 이성, 의식, 자유의지와 같이 책임의 귀속에 필요해 보이는 특징들을 갖추고 있어야만 한다. 칸트는 어떤 것이 갖는 가치를, 그것이 수단으로서 갖는 도구적 가치와 목적으로서 갖는 내재적 가치로 구분한다.

> 목적의 왕국에서 모든 것은 가치(값)를 매길 수 있거나 혹은 존엄성을 갖는다. 가치를 매길 수 있는 것은 그것과 동등한 것에 의해 대체될 수 있다. 반면에 모든 가치를 뛰어넘어 동등함을 허용하지 않는 것은 존엄성을 갖는다. (…) 오직 목적일 수 있는 것만이 상대적인 가치 즉 가격이 아니라, 내재적 가치 즉 존엄성을 가질 수 있다(칸트, 2002: 93).

도구적 가치는 어떤 것이 특정한 목적의 달성 수단으로서 갖게 되는 상대적 가치이며, 그것을 도구로 사용하는 행위자의 관심이나 이해관계에 의존하는 우연적인 가치이다. 이에 비해 목적으로서 갖는 내재적 가치는 그러한 외부의 평가와는 독립적으로 누리는 가치로서, 해당 존재자가 그 자체로 갖는 가치이다. 칸트는 그러한 가치를 "존엄성"이라 부르며, 사실상 인격적 존재로서의 인간만이 목적적 존재로서 그러한 존엄성을 갖는다고 생각한다. 칸트에서 존엄성은 선의지를 갖고 도덕적 표준을 제정하는 자율적 행위자만이 도덕적 선함의 원천일 수 있다는 사실과 연관되어 있다. 그런데 그런 입법자로서의 행위자는 사실상 인간밖에 없으므로, 칸트의 윤리학은 인간중심주의(혹은 인간예외주의)라는 근대적 이념을 그 바탕에 깔고 있다고 말할 수 있다.

그런데 플로리디는 행위자의 관점이 아니라, 정보적 대상으로 인식되고 해석되는 피동자의 관점을 윤리 담론의 기반으로 채택한다. 또한 플로리디는 칸트가 말하는 내재적 가치를 행위자 중심의 윤리학에서 분리하여 피동자 중심의 윤리학과 결합한다. 이제 정보적 구조로 분석될 수 있는 모든 존재자는 도덕적 피동자로서 그 자체로 내재적인 가치를 가지며, 단지 있는 그대로 그것이 존재한다는 사실만으로도 그 본성에 적합한 방식으로 실존하고 발전할 수 있는 권리를 갖는다.

물론 칸트의 경우와는 달리, 이는 결코 침해될 수 없는 절대적 가치가 아니며, 상황에 따라 기각 가능한 상대적 가치이다. 플로리디가 말하는 존재 평등 원칙은 모든 정보적 존재자가 동등한 수준의 존중을 담보한다는 것을 의미하지는 않는다. 어떤 정보 존재자가 구체적인 상황에서 실제 받는 존중의 수준은 그 존재가 누리는 정보적 지위에 따라 변화한다. 어떤 존재의 정보적 지위는 그것이 정보 대상으로서 어떤 속성을 갖는가로 파악되는가에 의존한다. 즉 존재자들은 채택된 정보적 LoA의 다양한 수준에 따라 그에 걸맞은 다양한 수준의 도덕적 관련성, 가치 및 보호를 누릴 수 있게 된다. 만약 인간이 바위보다 도덕적으로 더 관련 있고 가치 있다고 한다면, 이는 정보적 관점에서 인간이 바위보다 도덕과 관련된 가치적 속성을 훨씬 더 풍부하게 가지고 있기 때문이다. 그럼에도 불구하고 어떤 수준의 정보적 LoA를 취하건 간에, 그리고 그것이 존재론적으로 아무리 빈곤하더라도, 정보적 대상이라면 최소한의 내재적 가치를 갖는다는 것이 플로리디의 생각이다. 그리고 이는 행위자/피동자를 아우르는 모두의 복지를 고려할 때, 좀 더 세분화되고 구체적인 LoA의 분석에 입각하여 기각될 수 있다.

> 어떤 존재자의 최소 내재적 가치는 더 이상 축소될 수 없고, 내재적 가치를 가질 수 있는 모든 존재자가 보편적으로 반드시 공유해야 하며, 다른 조건이 모두 같다면 기본적으로 존중되어야 한다는 점에서 고유하다는 의미에서 비교 불가능한 것이다. 이는 더 낮은 LoA에서의 도덕적 가치의 정도를 고려할 때 기각될 수 있다(Floridi, 2013: 122).

그런데 여기서 우리가 주목해야 할 것은 전통적으로 객체의 자리에 배치되었던 비인간 존재자들이 이제 더 이상 (인간) 주체의 관심이나 이해관계를 반영하는 운반자로만 인식되지 않는다는 점이다. 이들은 도덕적 피동자로서 비록 상대적일지라도 최소한의 존중과 보호를 받을 자격을 갖게 되며, 이러한 가치는 더 이상 행위자의 이해관계에 우연적으로 의존하지 않는 최소한의 보편적 가치이다.

피동자를 도덕적 담론의 관점과 평가 기준으로 선택하는 것은 또한 도덕성의 본성에 대한 이해의 변화와 연관되어 있다. 이제 도덕은 도덕적 책임을 질 수 있는 행위자의 관점이 아니라, 도덕적 책임을 물을 수 있는(책임을 질 수는 없어도) 피동자의 관점에서 해명된다. 마시모 두란테(Massimo Durante)는 이러한 전환을 다음과 같이 요약하고 있다.

> 정의의 가능성은 누군가 나에게 내 자신의 행동에 대해 설명해 달라고 요구할 때 시작한다. 레비나스와 마찬가지로, 플로리디에서도 질문하기가 중심이다. 하지만 질문을 제기하는 쪽은 판단하는 입법자로 이해되는 행위자가 아니라 행위의 피동자이다. 도덕적 주체(subject)는 자유롭고 자율적인 행위자 즉 모든 것의 도덕적 입법자로 인식될 필요가 없으며, 고발당하고 설명을 요구받은 논쟁의 주체로서 인식될 필요가 있다. 이것은 가해자가 아닌 피해자의 철학이다. 이러한 관점에서 도덕적 담론의 토대는 더 이상 행위자로 이해되는 주체의 자발성이 아니라 피동자의 수동성 또는 달리 말하면 취약성에 있다. 이러한 취약성은 그 자체가, 레비나스나 버틀러 (…) 와 같은 다른 철학자들에 의해 확인된 것처럼, 행위자에게 직간접적으로 제기된 피동자의 요구의 근원(origin)이다 (Durante, 2017: 117).

타자성의 권리를 요구할 수 있는 주체를 인간에게만 한정시킨 레비나스와 달리, 플로리디는 그러한 요구의 주체가 반드시 인간일 필요는 없다고 본다. 이는 도덕적 주체의 집합을 책임을 질 수 있는 인간으로 제한하는 인간중심적 관점에서 벗어나, 도덕적 책임을 물을 수 있는 존재의 집합인 비-인간에게로 확장한다. 피동자 중심의 관점에서, 도덕성은 피동자의 설명 요구에서 비롯된다. 물론 이 요구는 항상 피동자 자신의 입을 통해 이루어지지는 않으며, 누군가가 대신 말해 줄 수 있다.

> 이러한 요구는 나에게 의문을 제기하고 피동자에게 응답하도록 강요한다. 이는 내가 나의 행동에 책임을 지고 정의로워야 한다고 촉구한다.

> 내가 피동자에게 노출되는 이러한 책임 관계에서는 그 누구도 나를 대신할 수 없다. 내가 피동자의 부름에 응답하도록 요청받는 곳에서 역설적이게도 나는 나 자신을 자유롭고 대체할 수 없는 자율적인 존재로 인식할 수 있다(Durante, 2017: 118).

이러한 관점에서 도덕적 주체가 지닌 자율성의 근거가 되는 것은 피동자의 요청이다. 자율성은 더 이상 자기 결정이나 자기 부과에 근거한 것이 아니라 책임의 도덕적 긴장에 근거한다. 도덕적 주체성은 언제나 피동자의 부름에 대한 반응이다. 그리고 여기서 책임을 지는 것도 더 이상 행위자의 주관적 조건에 달린 것이 아니라 피동자의 내재적 가치와 객관적 지위에 근거한다.

피동자 중심 윤리의 의의는 자연 세계에서 인간의 검증되지 않은 특권적 위치를 문제 삼고 윤리학의 인간중심주의적 전통에 도전한다는 것이다. 달리 말해서, 도덕적으로 유의미하고 중요한 존재를 단지 다른 '인간'들로만 국한하는 것이 아니라, 지금까지 도덕적 공동체에서 배제되어 있던 모든 종류의 존재들로 확장할 가능성을 열어 놓는다는 것이다. 정보적 추상화의 수준은 도덕적 주장의 중심으로 간주될 수 있는 것(주체)의 집합을 최대한 확장하는 LoA로서, "그것을 넘어 도덕적으로 의미 있는 어떤 것도 실제로 일어나지 않는 (최저의) 임계값"을 나타낸다(Floridi, 2013: 109). 말하자면, 이는 가능한 한 비인간중심적이고 중립적인 대상적 관점을 취함으로써, 도덕적 고려의 대상이 충족해야 할 최소 자격 요건을 최대로 낮춘 윤리적 관점이라고 말할 수 있다. 플로리디의 존재중심주의에 따르면, 존재의 어떤 사례도 정보적 대상으로서의 도덕적 주체이며, 이는 윤리의 최소의, 보편적인, 포괄적 조건이다. 그런 점에서, "인간이라는 도덕적 주체가 스스로를 존재의 집에 온 손님으로 여기는 세상이라면, 더 나은 세상이 될 것이다."(Floridi, 2013: 133)

9. 행위자 개념의 확장: 인공 행위자의 가능성

존재중심주의 채택의 일차적 귀결은 우리가 도덕적 책임을 져야 할 도덕적 피동자 집합의 확장이다. 이제 도덕적 고려의 대상이 되어야 할 도덕적 존재의 범위는 인포스피어를 구성하는 일원으로서 정보체계로 이해할 수 있는 모든 존재를 포괄하도록 확장된다. 그런데 플로리디는 피동자의 외연뿐 아니라 도덕적 행위자의 외연도 확장하려고 한다. 여기서 플로리디가 주목하는 것은 지능적인 인공 도덕 행위자의 가능성이다. 그는 지향적 상태나 자유의지, 도덕적 책임과 결부되지 않은 도덕 행위자의 가능성을 모색한다.

여기서도 먼저 적절한 "추상화의 수준"을 채택하는 것이 중요하다. 도덕적 판단과 관련된 우리의 일상적 직관의 상당 부분은 전통적인 인격체로서의 도덕적 행위자 개념이나 그것에 연루된 책임 개념과 밀접히 연관되어 있다. 하지만 이는 서구 근대 휴머니즘(인간주의)이라는 특정 시대의 유산이며, 그러한 정의 자체가 이미 이런 행위자 개념이 그 역할을 수행하는 특정한 맥락에 맞도록 채택된 특정 LoA에 의해 '매개변수화'(parameterised) 되어 있는 것이다.

> 실제로, 추상화는 정확한 정의 뒤에 '숨겨진 매개변수'로 작용하며 중요

> 한 차이를 만들어낸다. 따라서 각 정의항(definiens)은 암묵적 LoA에 의해 미리 형식화되어 있으며(preformatted), 말하자면, 적절한 정의를 허용하기 위해 안정화되어 있다. 어떤 *x*도 칸트적인 '물-그-자체'로서 절대적으로(즉 LoA와 독립적으로) *y*로 정의되거나 식별되는 것이 아니며, 유클리드 기하학, 양자 물리학, 상식적 지각의 영역에서든 언제나 주어진 LoA의 함수로서 맥락적으로 정의되거나 식별된다. 특정의 LoA가 충분히 일반적이고, 중요하며, 지배적이거나, 사실상 그것이 피정의항(definiendum)을 구성하는 바로 그 틀이 될 때, 그것은 사용자에게 '투명'(transplant)해지며, 우리는 일종의 개념적 진공 상태에서 *x*가 적절한 정의의 대상이 될 수 있다는 즐거운 인상을 갖게 된다(Floridi, 2013: 139).

말하자면, 인격성을 전제한 도덕적 행위자에 대한 이해, 그리고 지향적 상태나 책임의 귀속 가능성에 입각한 도덕 행위자에 대한 우리의 이해도 사실은 특정한 LoA를 채택한 결과이다. 그런데 그것이 너무나 친숙하고 지배적이기에, 우리는 마치 그에 따른 이해가 어떤 LoA도 결부되지 않은 독립적인 무엇인 것처럼 착각하고 있을 뿐이다.

플로리디와 샌더스는 도덕 행위자 집합의 확장을 시도하며, 먼저 행위자성을 설명하기 위한 적절한 LoA로서 상호작용성(interactive), 자율성(autonomous), 적응성(adaptable)의 세 가지 기준을 제시한다(Floridi and Sanders, 2004). 첫 번째 상호작용성의 조건은, 어떤 것이 행위자로 인정되려면 행위자와 그 환경은 서로 영향을 끼치며 작용할 수 있어야 한다는 것이다. 두 번째 기준인 자율성은 행위자가 환경에 대한 직접적인 반응이 아니면서 스스로의 상태를 변화시킬 수 있어야 한다고 요구한다. 즉 외부적인 자극이 없이 스스로의 상태를 변화시키는 내적인 이행(transition)을 수행할 수 있어야 한다. 이는 행위자에게 어느 정도의 복잡성(최소한 둘 이상의 상태)과 더불어 환경으로부터의 독립성을 부여한다. 세 번째 적응성은 행위자가 상호작용의 결과로서 자신의 내적 상태를 변화시키는 이행규칙을 변화시킬 수 있어야 한다는 것을 의미한다. 이에 따르면, 특정의 주어진 LoA에서 평가할 때, 행위자는 그것의 경험에 의존하는 방식으로 학습을 통해 스스로의 동작 모드를 변화시킬 수 있어야 한다.

플로리디는 행위자에 대한 이런 정의를 바탕으로 도덕 행위자에 대해서 다음과 같은 대안적 정의를 제시한다.

> 어떤 행동이 도덕적 선이나 악을 야기할 수 있다면 그리고 오직 그 경우에만 그 행동은 도덕적으로 인정될 수 있다(qualifiable)고 말해진다. 어떤 행위자는 도덕적으로 인정될 수 있는 행동을 할 능력이 있는 경우에 그리고 오직 그 경우에만 도덕적 행위자라고 말해진다(Floridi and Sanders, 2004: 364).

즉 도덕 행위자는 상호작용적이고, 자율적이며, 적응적인, 도덕적이라 인정될 수 있는 행동을 수행할 수 있는 전이(이행) 시스템이다. 여기서 전이는 한 상태에서 다른 상태로의 변화를 의미하며, 따라서 전이 시스템은 상태가 변화하는 시스템 일반을 가리키는 말이다. 우리는 앞서 플로리디의 시도가 지향적 상태나 자유의지, 도덕적 책임과 결부되지 않은 도덕 행위자의 가능성을 모색하는 것이라고 지적한 바 있다.

그리고 지금 그들의 제안은 도덕적 행위자성이 "도덕적으로 인정될 수 있는 행동을 할 능력"의 측면에서 적절하게 이해될 수 있다는 것이다.

이런 기준에 따르면, 인공지능과 같은 기술적 존재자도 도덕적 행위자로 인정될 수 있다. 이 말은 인공지능이 도덕적 결과를 야기하는 행위자성을 가진 중요한 원천으로 간주될 수 있다는 것이다. 그런데 그러한 인정이 곧 그 행동의 결과에 대한 책임이 인공지능에게 귀속된다는 의미는 아니다. 또한 인공지능에게 도덕 행위자 자격을 부여하는 것이 인간과 똑같은 정도의 행위자임을 인정한다는 말도 아니다. 플로리디의 정의는 지향적 상태나 책임의 능력과 개념적으로 분리된 행위자의 개념을 제안하고 있다. 이는 결코 도덕이나 도덕적 행위와 관련하여 "책임"의 개념이 쓸모없다는 주장은 아니다. 그가 말하고자 하는 바는 도덕의 모든 논의가 "책임" 논의로 환원 혹은 축소될 수 없다는 것이다. 오히려 그는 책임 개념을 도덕 행위자 개념과 분리함으로써, 도덕에서 책임이 실제로 수행하는 역할을 명확히 할 뿐 아니라, 그것으로 환원될 수 없는 더욱 풍부한 도덕 논의의 공간이 열릴 수 있다고 생각한다.

결국 여기서 관건은 오늘날의 도덕적 상황에서 어떤 LoA가 더 적절한가의 문제이다. 플로리디의 제안은 도덕 행위자나 책임에 대한 전통적인 이해가 지금의 기술적, 도덕적 조건에서 벌어지고 있는 윤리적 현상들을 평가하고 해결하는 데 부적절한 측면이 있다는 반성에서 나온 것이다. 도덕적 책임을 질 수 있는 존재로서의 행위자란 개념은 불가피하게 의도나 의식과 같은 심성상태의 존재를 요구할 수밖에 없으며, 이는 결국 모종의 인간중심주의를 전제할 수밖에 없다.

> '책임'이라는 개념적 어휘와 그와 연관된 용어 전체가 인간중심주의에 완전히 젖어 있다. (…) 인간중심주의는 그러한 어휘가 (…) 심리적, 교육적 필요에 맞춰져 있다는 사실에 의해 정당화된다. 우리는 행동의 목적과 더 나은 삶 그리고 내세를 고려하여 칭찬하고 비난한다(Floridi, 2013: 150).

그런데 오늘날 도덕적 선이나 악을 유발하는 행위의 원천은 더 이상 개인이나 집단으로서의 인간 주체만이 아니다. 거기에는 비단 개인으로서의 인간 행위자뿐 아니라, 인공지능과 같은 기술적 존재, 국가 그리고 여러 인간이나 기술이 결합한 기업이나 국제단체와 같은 복수행위자시스템(MAS) 등이 포함된다. 도덕적 선이나 악으로 평가될 수 있는 결과도 이러한 여러 행위자의 선택이나 행동의 복잡한 상호작용으로부터 기인하기에, 그 결과를 하나의 중심적이고 단일한 자율적인 행위의 원천으로 추적하는 것은 거의 불가능하다. 따라서 그 책임이나 개선의 의무도 특정 개인이나 집단에게 귀속시키기 어렵다. 이른바 플로리디가 "분산된 도덕"(distributed morality)이라고 명명한 상황이다. 플로리디의 의도는 이러한 도덕 현상을 적절히 이해하고 그에 대응하기 위해서는 윤리나 도덕에 대한 새로운 관점이 필요하다는 것이다.

도덕 행위자의 집합에 인공적 행위자를 포함시켜야 하는 까닭은 무엇보다도 그것들이 인간의 개입 없이 도덕적으로 평가될 수 있는 결과를 산출하는 행위를 수행할 능력을 갖추고 있기 때문이다. 그런 상황이라면, 지향적 태도나 자유의지 등의 문제와는 별개로, 이들을 도덕적 행위의 주체로 간주하고 도덕적 현상의 분석에서 중요한 한 당사자로 간주하는 것이 온당해 보인다. 이는 오늘날의 복잡한 도덕 현상 속에서 인공적 행위자가 수행하는 역할이 무엇인지에 대해 정당한 관심을 유도하는 효과를 가질 뿐 아니라 그 행위자성에 걸맞은 도덕적 평가를 가능하도록 만든다.

플로리디는 이런 맥락에서 책임과 책무성(설명책임; accountability)을 구분한다. 어떤 것이 도덕적 행위자라는 것은 그것이 어떤 결과에 대해 설명책임이 있는 행위의 원천임을 식별하는(identification) 일이다. 그리고 책임을 귀속시키는 일은 거기서 더 나아가 그렇게 파악된 행위의 원천이 얼마나 도덕적 책임이 있는지를(즉 칭찬 혹은 비난받을 자격이 있는지를) 따지는 규제적인(prescriptively) 평가이다. 그런데 도덕적 행위자를 책임의 주체로 정의하는 것은 이 두 차원을 동일시하면서 모든 규제(규범)적 담론을 책임의 분석으로 환원하는 오류이다.

> 책임 할당과 무관하면서도 도덕적 행위자를 명확하게 식별해야 하는 규범적 담론의 여지는 충분히 많이 있다. 예를 들어, 좋은 부모는 자녀가 아직 책임을 지는 행위자가 되지 않은 나이에도, 자녀와 상호작용할 때 도덕적 평가와 관련된 실천에 일반적으로 관여하며, 이는 완벽하게 허용될 뿐만 아니라 예상되는 것이기도 하다. 이것은 부모가 자녀를 도덕적 행위자로서 도덕적 행위의 도덕적 원천으로 자녀를 식별한다는 것을 의미하지만, 그들은 아직 (책임을 따지는) 도덕적 평가 과정의 대상이 되지는 않는다(Floridi, 2013: 151).

여기서 말하는 바는, 도덕적 행위 및 그 행위의 원천으로 어떤 행위자를 식별하는 일과, 그 행위자에게 도덕적 책임을 묻는 평가는 논리적으로 별개의 사항이라는 것이다. 이러한 구분이 중요한 이유는, 책임의 분석과 배분이 대부분 규범적 측면에서 칭찬할 만한지 비난할 만한지에 대한 평가, 즉 칭찬과 비난이 보상과 처벌로 이어지는 귀속으로 해석되어 왔기 때문이다. 그러나 어떤 행위자를 도덕적 행위의 원천으로 지목하는 일은 그러한 책임의 귀속이나 교화의 문제와 분리하여 설명책임의 관점에서 사안에 접근할 가능성을 열어 놓는다.

인공적 행위자에게 귀속되는 설명책임을 엄격한 의미의 책임 개념과 구분하기 위하여 책무성이라 불러보자. 이러한 책무성은 인간 행위자의 처벌에서처럼 행위의 직접적 결과에 대해 사후적으로 묻는 책임이라기보다, 어떤 존재가 가진 행위 능력의 크기에 비례하여 그 행동을 조절하고 통제해야만 한다는 의미에서 폭넓은 범위에 걸쳐 부과되는 예방적 의무로 더 잘 이해될 수 있다. 달리 말해서, 여기서 말하는 책무성은 어떤 존재의 행위가 가질 도덕적 파장이나 결과에 대한 최선의 정보에 기반을 두고 그 대상이 가능한 최선의 규범적 행동을 하도록 조치할 예방적 의무를 의미한다.

그리고 그러한 의무의 담지자는 반드시 인격적 존재로 한정되지 않으며, 우리는 인공지능을 포함한 다양한 기술적 존재들에게도 그것들의 행위 능력에 비례하여 부과되는 그러한 책무성 혹은 설명책임을 요구할 수 있다. 앞으로 중요한 도덕적 귀결을 초래할 수 있는 행위의 원천이 더 이상 인간만이 아니라는 점을 감안한다면 그 필요성은 더욱 절실해 보인다. 그것을 현실에서 구현하는 것은 인공지능과 같은 기술적 대상의 설계자나 제작자 혹은 사용자에게 이러한 책무성에 해당하는 예방적 조치를 취하도록 요구하는 방식으로 이루어질 수 있다. 이는 기존의 공산품의 경우보다 훨씬 더 엄격한 수준의 사전예방원칙(precautionary principle)의 준수를 요구하는 일이 될 것이다.

10. 호모 포이에티쿠스

기존의 윤리학은 행위의 결과에 대한 행위자 중심의 사후적인 처벌과 보상의 윤리학이다. 그런데 지금 우리에게 필요한 것은 행위자의 보편적 설명책임과 그에 입각한 사전적인 예방적 점검의 윤리학이다. 첨단기술의 급속한 발전 덕분에 자연 세계에 대한 인간의 개입 능력이 그 어느 때보다도 강력해졌기 때문이다. 지금은 인간이 지구의 생태환경을 급격하게 뒤바꾸어 놓고 있다는 의미에서 새로운 지질시대로서의 인류세(anthropocene)가 논의되는 시기이다. 과학기술이 현재와 같은 발전 추세를 지속할수록 인간의 힘과 능력은 더욱더 커질 것이고, 그 가능한 부정적 결과에 대해서는 그 누구도 자신 있게 예측할 수 없다. 이러한 현실은 우리에게 도덕과 윤리를 새롭게 상상할 것을 요구한다.

> 윤리는 단지 주어진 세계를 도덕적으로 잘 다루는 문제만이 아니다. 윤리는 또한 세계를 구성하고, 그 본성을 개선하고, 올바른 방식으로 그 발전을 형성하는 문제이다. 이러한 선제적(사전예방적; proactive) 접근 방식은 행위자를 세계의 소유자, 게임 디자이너 또는 심판, 도덕적 선과 악의 생산자, 공급자 또는 크리에이터로 취급한다(Floridi, 2013: 162).

선제적/예방적 접근에 대조되는 것은, 윤리를 도덕적으로 문제가 있는 상황이 발생한 후에 사후적인 반응(reactive)의 관점에서 접근하는 것이다. 이는 행위자를 "세계 사용자, 게임플레이어, 도덕적 선과 악의 소비자, 브라우저, 미리 설정된 조건, 시나리오 및 선택에 반응하는 고객"으로 취급한다. 이에 반하여, 선제적 접근은 예방의학과 유사하게 예상되는 문제나 어려움을 적어도 부분적으로 통제하고 예방하기 위하여 미리 효과적인 조치를 취하고자 한다. 또한 단순히 긍정적인 일이 일어나기를 기다리는 것이 아니라, 좋은 변화를 촉진하기 위하여 적극적으로 책임감 있게 행동을 계획하고 시작하기를 촉구한다.

플로리디의 정보 윤리가 갖는 이러한 사전예방적 접근 방식을 가장 잘 나타내고 있는 개념이 바로 "호모 포이에티쿠스"(homo poieticus)라는 새로운 인간상의 이념이다. 호모 포이에티쿠스는 플로리디의 인식론적 구성주의의 인식 주체에 대응하는, 실천의 영역에서의 상대역이다. 플로리디는 인간의 역할을 전체 인포스피어에 대해 에코포이에틱(ecopoietic)한 책임을 지고 있는 호모 포이에티쿠스로 규정한다.

> 인류는 분명히 매우 특별한 도덕적 행위자이다. 데미우르고스처럼, 인류는 인포스피어에 대한 생태학적 책임이 있다. '에코포이에시스'라는 용어는 피동자 또는 생태학적 관점에 기반을 둔 도덕적 정보에 입각한 환경의 구성을 의미한다. (…) 인류가 행위자로서 더 강력한 힘을 갖게 될수록, 인류는 자신의 본성과 습관의 발전뿐 아니라 전체 인포스피어를 포함하여 끊임없이 확장되는 각 영향력 영역의 안녕과 번영을 감독해야 할 의무와 책임이 더욱 커진다. 개인의 덕 윤리에서 글로벌 가치

로 나아가기 위해서는, 환경(현재와 미래의 주민 포함)에 대한 인류의 책임을 단순히 선량한 사용자나 소비자로서의 책임이 아니라 계몽된 창조자, 관리인 또는 감독자로서 인식하는 생태주의적 접근 방식이 필요하다. 따라서 정보윤리(IE)는 세상의 '사용자'뿐 아니라 세상의 창조와 안녕에 '신성한' 책임이 있는 생산자 또는 데미우르고스를 대상으로 하는 윤리이다. 그것은 존재의 전체 영역, 즉 전체 인포스피어에 대한 책임이 중요한 역할을 하는 창조적 관리자(stewardship)의 윤리이다(Floridi, 2013: 168).

플로리디는 정보적 관점을 통하여 인간중심주의의 기초를 이루는 주체와 객체의 구분을 극복하고, 존재 중심, 피동자 중심의 접근을 통해 도덕적 주체의 집합을 보편화하려고 시도하였다. 그러나 이것은 인간 역할의 축소나 전치가 아니라 오히려 책임 있는 건설자(구성자), 세계의 관리자로서 인간이 져야 하는 책임의 강조로 이어진다. 인포스피어의 한 부분인 인간은 도덕적으로 더욱 많은 정보를 가짐에 따라(informed) 그 힘도 증가하며 전체를 향한 그 책임은 더욱 커진다는 것이다. 이제 호모 포이에티쿠스인 인간은 인포스피어에 속하는 실재를 보호하고 번성하도록 관리하는 데미우르고스이다.

지금 우리는 미래 세대가 살게 될 새로운 물리적/지적 환경(인포스피어)을 건설하고 있으며, 그 안에서 다른 생물학적/인공적 행위자들과 ICT의 매개를 통한 상호작용을 한다. 플로리디는 이러한 작업과 관련된 다양한 윤리적 도전에 접근하는 유망한 방식으로서, 자연적인 것을 특권화하지 않으며 인공/합성/혼종을 망라하는 모든 형태의 존재와 행위를 진정한 것으로 대우하는 e-환경적(e-nvironmental) 접근을 제안한다.

> 이러한 종류의 종합적(전체적 또는 포괄적 의미와, 인공적 의미의 모두에서) 환경주의는 실재와 관련하여 우리 자신과 우리의 역할을 인식하는 방식, 우리가 존중하고 돌볼 가치가 있다고 생각하는 것, 자연과 인공 사이의 새로운 동맹을 협상하는 방식에 변화를 요구할 것이다. 이는 인간 프로젝트에 대한 진지한 성찰 및 개인적, 사회적, 정치적 차원에서 현재 우리의 내러티브에 대한 비판적 검토를 요구한다(Floridi, 2014: 219).

여기서 플로리디는 정보 윤리의 성격이 "생태학적"인 것임을 분명히 하고 있다. 이는 인간을 포함한 모든 존재자를 서로 분리된 독립적인 어떤 것이 아니라 인포스피어라는 생태적 환경에 속하는 구성원으로서 관계적인 방식으로 다룸을 의미한다. 물론 인포스피어는 더 이상 자연적인 것에 국한되지 않으며, 기술적이거나 인공적인 존재를 포함하도록 확장된 생태계이다. 생태적 접근으로서의 정보 윤리는 정보의 전체 사이클(생성, 정교화, 배포, 저장, 보호, 파괴 가능성)을 고려해야 하며, 도덕적 행위자를 포함한 모든 관련 대상(주체)을 정보시스템으로 보고, 인포스피어의 일원으로서 이들이 만들어내는 변화, 행동 및 상호작용을 유기적이고 관계적인 관점에서 정보적으로 분석한다.

피동자 또는 생태학적 관점에 기반에 둔 도덕적 정보에 입각한 환경의 구성을 의미하는 "에코포이에시스"의 개념은 인포스피어의 공간이 그냥 주어지거나 저절로 발전하는 것이 아니라 우리가 만들어 가는 공간임을 분명히 한다. 오늘날 우리가 정보사회에서 당면하고 있는 도전들은 인공지능의 확산에 따른 일자리 문제, 프라이버시 침해나 해킹과 같은 정보적 일탈, 정보격차에 따른 불평등과 디지털 디바이드의 문제, 알고리듬의 투명성이나 공정성, 알고리듬 의존도의 증가에 따른 인간 자율성의 축소와 같은 것들이다. 이들은 모두 정보와 통신 기술, 즉 데이터의 기록, 전송, 처리 기술과 연관되어 있거나 그로부터 파생되는 문제들이다. 이런 문제들에 우리가 얼마나 효과적으로 대처하는지에 따라 미래 인포스피어의 모습이 결정될 것이다.

오늘날 필요한 윤리는 인간과 기술의 분리가 아니라, 인간과 기술의 얽힘에 대한 동반(accompaniment)의 윤리학이다. 인공지능과 같은 디지털 기술은 과거 산업혁명 시대의 증기기관이 그랬던 것처럼, 우리 인간이 하는 활동의 본성을 근본적으로 변형시킬 것이다. 산업의 변화는 말할 것도 없고, 직업, 연구, 교육, 예술, 정치, 놀이의 본성이나 수행 양식도 변화할 것이다. 이때 인문학이나 윤리학의 과제는 그러한 본성이나 실천적 수행의 변화를 진단하고 기술이 가져다주는 제약적 어포던스(affordance)에 맞춘 적절한 동반 관계를 모색하는 것이다. 그런 점에서 인포스피어의 구축과 관리에 따른 책임과 의무에 대한 윤리적, 정치적 고민이 절실히 필요한 시점이다. 미래는 그냥 도래하는 것이 아니라, 우리의 선택과 개입을 통해 직조되기 때문이다.

주

1 본 글은 필자가 그동안 플로리디에 관해 쓴 글들을 하나로 모으고 내용을 보충하여 재구성한 것이다.

2 https://www.statista.com/statistics/871513/worldwide-data-created/

3 https://www.statista.com/statistics/471264/iot-number-of-connected-devices-worldwide/

참고문헌

김성동, 『돈 아이디』, 커뮤니케이션북스, 2016.

돈 아이디, 『기술철학』, 김성동 옮김, 철학과현실사, 1998.

루치아노 플로리디, 『정보철학 입문』, 석기용 옮김, 필로소픽, 2022 [*Information. A Very Short Introduction*, Oxford University Press, 2010]

브루스 매즐리시, 『네번째 불연속: 인간과 기계의 공진화』, 김희봉 옮김, 사이언스북스, 2001.

신상규, 「자율기술과 플로리디의 정보윤리」, 『철학논집』 45집, 2016.5.

신상규, 「포스트휴먼의 조건과 인간-기계의 공존」, 『쓺』 8호, 2019.

신상규, 「포스트휴먼 담론과 SF의 포스트휴먼 서사」, 『교양교육과 시민』 4호, 2021.7.

신상규 외, 『포스트휴먼이 몰려온다』, 아카넷, 2020.

신상규, 「플로리디의 정보철학과 포스트휴머니즘」, 『탈경계인문학』 Vol. 16-1, 33집, 2023.4.

신상규, "Infosphere, Humans as Inforgs, and Human Agency", *International Journal of Diaspora & Cultural Criticism*, Vol. 13, No. 2, 2023.8.

앤디 클락, 『내추럴-본 사이보그: 마음, 기술, 그리고 인간 지능의 미래』, 신상규 옮김, 아카넷, 2015.

임마누엘 칸트, 『도덕 형이상학을 위한 기초 놓기』, 이원봉 옮김, 책세상, 2002.

프란체스카 페란도, 『철학적 포스트휴머니즘』, 이지선 옮김, 아카넷, 2021.

Allo, P., ed. *Putting Information First: Luciano Floridi and the Philosophy of Information*, Wiley-Blackwell, 2010.

Demir, Hilmi., (eds.) *Luciano Floridi's Philosophy of Technology: Critical Reflections*, Springer, 2012.

Durante, M., *Ethics, Law and the Politics of Information: A Guide to the Philosophy of Luciano Floridi*, Springer, 2017.

Floridi, L., "What is the philosophy of information?", *Metaphilosophy*, Vol. 33, Nos. 1/2, 2002.

Floridi, L., "Open Problems in the Philosophy of Information", *Metaphilosophy*, Vol. 35, No. 4, 2004.

Floridi, L., "A Look into the Future Impact of ICT on Our Lives", *The Information Society*, 23 (1), 2007, pp. 59-64.

Floridi, L., "Information Ethics: Its Nature and Scope", in Jerome Van Den Hoven and John Weckert, (eds.), *Information Technology and Moral Philosophy*, Cambridge Univ. Press, 2008.

Floridi, L., *The Philosophy of Information*, Oxford University Press, 2011.

Floridi, L., *The Ethics of Information*, Oxford University Press, 2013.

Floridi, L., *The Fourth Revolution: How the Infosphere is Reshaping Human Reality*, Oxford University Press, 2014.

Floridi, L., *The Logic of Information*, Oxford University Press, 2019.

Floridi, L., and J. W. Sanders, "On the Morality of Artificial Agents", *Minds and Machine*, 14, 2004, pp. 349-379.

Nyholm, Sven, *This is Technology Ethics: An Introduction*, Wiley Blackwell, 2023.

2

질베르 시몽동

정보는 개체화의 공식이다

김재희
(을지대학교, 교양학부)

“

정보는 하나의 사물이 아니라
사물의 변화를 산출하는 관계적 작용이다.

”

1. 정보 네트워크 시대를 앞서간 철학자

질베르 시몽동(Gilbert Simondon, 1924-1989)은 생전에 크게 주목받지 못하다가 1990년대 이후 정보 네트워크 시대의 본격화와 더불어 뒤늦게 그 중요성이 발굴된 철학자다. 시몽동은 프랑스 중동부 지방의 공업도시 생테티엔(Saint-Étienne)에서 태어났다. 공과대학에 진학하길 권했던 아버지의 기대를 저버리고 일찌감치 철학자의 길을 택했지만, 여러 분야의 장인(匠人)들과 스스럼없이 대화를 나누며 그들의 의견에 귀 기울이곤 했다. 그의 지적 호기심과 사유 스펙트럼은 매우 폭넓어서 철학적 사유에 국한되지 않고 물리학, 광물학, 생물학, 의학, 정신생리학, 심리학, 사회학, 기술공학에 이르는 백과사전적 관심으로 자연과 사회를 관통하는 '전체에 대한 통찰'을 지향했다. 책의 여백이나 빈 공책에 건축물 스케치하기, 눈이 부시지 않는 자동차 전조등 발명하기, 정기적인 저널 구독하기 등 과학과 기술에 대한 관심과 지식을 평생토록 놓지 않았다. 그는 대학 연구실에서만이 아니라 가정에서도 다양한 실험을 진행했고, 그와 그의 아내 사이에는 일상적 관찰과 다양한 실험 및 연구에 자연스럽게 파트너로 참여하게 된 일곱 명의 자녀가 있었다.

파리 고등사범학교를 졸업하고 1948년 철학교수자격시험에 합격한 이후, 시몽동은 잠시 투르(Tours)의 고등학교에서 철학을 가르쳤는데[1], 이 학교 지하실에 '기술공학 실험실'을 만들어 교실에 텔레비전 수상기를 설치하는 작업을 직접 하기도 했다. 그는 그 고등학교에서 질환으로 수업을 못하게 된 물리교사를 대신해 물리학 수업을 맡은 적이 있는데 그 수업은 명료하고 정확한 내용으로 높이 평가받았다. 1958년 철학 박사학위를 취득했으나, 인문-사회와 과학-기술을 가로지르는 학제적 특성의 사유가 당시의 보수적인 철학계에서는 수용되기 어려웠는지, 시몽동은 푸아티에 대학교와 소르본 대학교를 거쳐 파리5대학교에 자리 잡을 때까지 철학부가 아닌 심리학부 교수로 재직하였다. 파리5대학교에서도 '일반심리학과 기술공학 연구소'를 만들어 기술철학적 연구를 계속해 나갔으나, 1970년대 중반, 50대에 접어들면서 건강이 안 좋았던 시몽동은 결국 1983년 대학에서 은퇴하고, 1989년 65세라는 이른 나이에 풍부하고 활동적인 생을 마감하게 된다.

비교적 화려할 것 없는 평범한 이력의 시몽동에 대한 관심이 '시몽동 르네상스'라 할 정도로 급증하게 된 것은, 그의 사후, 21세기 정보기술 혁명 시대에 들어와서다. 왜 시몽동인가? 바로 인간 삶의 필수 조건을 형성하게 된 '정보'와 '기술'이 그의 철학을 관통하는 핵심 키워드이기 때문이다. 시몽동 철학은 급속하게 성장하는 정보 네트워크 시대에 인간과 기술의 관계에 대해 공학적 사유를 넘어서 설명할 수 있는 새로운 철학의 원천으로 조명된다.

놀라운 것은 시몽동이 생전에 출간한 저서는 단 두 권뿐이라는 점이다. 시몽동은 1958년 국가박사학위로 주논문 『형태와 정보 개념에 비추어 본 개체화』와 부논문 『기술적 대상들의 존재 양식에 대하여』를 제출했다. 그중 부논문인 『기술적 대상들의 존재 양식에 대하여』가 1958년 바로 출간되었고, 주논문의 전반부인 『개체와 그 물리-생물학적 발생』이 1964년 출간된 것이 전부이다. 그의 사후, 2000년대 들어서야 『동물과 인간에 대한 두 강좌』(2004), 『기술에서의 발명』(2005), 『지각에 대한 강의』(2006), 『상상력과 발명』(2008), 『커뮤니케이션과 정보』(2010), 『기술에 대하여』(2014), 『심리학에 대하여』(2015) 등 강의록을 중심으로 미간행 저서들이 쏟아져 나오고 있는 실정이다.

인터넷도 등장하기 전에 출간된 『기술적 대상들의 존재 양식에 대하여』는 생태주의적 기술공포증이나 테크노크라트적 기술만능주의의 양극단을 벗어나 '기술과 인간의 앙상블'을 강조하며 장차 도래할 정보 네트워크 시대야말로 이러한 앙상블이 인류의 미래를 개방할 것이라 예견한 책이다. 시몽동은 이 책에서 기계들과 공존하는 인간의 삶을 긍정하며 기술적 대상들의 존재 가치에 대한 의식화와 기계 해방을 촉구했다. 이는 당시의 기술에 대한 이해가 하이데거(M. Heidegger), 마르쿠제(H. Marcuse), 엘륄(J. Ellul) 등에 따라 자연/기술, 문화/기술의 대립 구도 속에서 기술 발전이 인간과 자연의 관계 및 인간적 문화를 훼손한다는 기술 비판적 입장이 주를 이루었다는 점을 고려하면, 상당히 급진적인 기술철학이라 할 수 있다.

기술이 과연 자연으로부터 인간을 소외시키고 인간의 비-인간화를 촉진하는가? 시몽동에 따르면, 기술 발달로 인한 인간 소외의 문제들은 기술적 대상들의 존재 방식에 대한 잘못된 이해, 그리고 기술적 대상들과의 부적합한 관계 방식에서 비롯한다. 언젠가는 인간의 능력을 뛰어넘는 탁월한 기계들이 인간을 지배할지 모른다는 두려움과 SF의 디스토피아 상상력도 거기서 나온다. 오늘날 인공지능이 그렇듯이 당시에도 신기술의 등장은 휴머니즘의 위기로 간주되었으나 정작 문제는 기술 자체로부터 오는 것이 아니다. 인간이 기술을 바라보는 관점과 태도, 인간과 기술의 관계 방식이 문제다. 시몽동은 기술이야말로 인간과 자연의 관계를 매개하고, 인간과 인간의 관계를 매개하는 진정한 정보 소통의 역량이라고 역설하며, 기술적 대상의 본성을 정확히 해명함으로써 인간과 기술적 대상들 사이에 상호협력적 공진화의 관계 방식을 정립하고자 노력했다.

시몽동의 이러한 기술철학은 그의 독특한 정보철학을 배후에 둔다. 그의 박사학위 주논문이기도 한 『형태와 정보 개념에 비추어 본 개체화』는 고대 철학의 질료형상설, 게슈탈트 심리학, 사이버네틱스 이론 등과 대결하면서 그들에 의해서는 해명될 수 없는 '개체화', 즉 개체의 발생 문제를 바로 '정보'의 관점에서 새롭게 밝혀내고 있다. 이 책은 물리학, 생물학, 심리학, 사회학, 정보공학 등 상이한 분과 학문들을 가로지르는 통합적 사유의 난해함 때문인지 바로 출간되지 못하고, 『개체와 그 물리-생물학적 발생』(1964년)과 『심리적 집단적 개체화』(1989년)로 나뉘어 출판되었다가 2005년에서야 뒤늦게 통합된 원본으로 재출간되었다.

책의 제목이 시사하듯이, '정보'는 시몽동 철학의 독창성과 현대성을 보여주는 핵심 개념이다. 통상 우리는 "인터넷에서 정보를 얻는다." 또는 "정보를 신속하게 처리한다."고 말하며, 정보를 지식이나 데이터(자료)와 같은 의미로 사용한다. 그러나 시몽동은 정보 개념을 존재론적 차원에서 활용하며, 어떤 개체와 형태의 발생적 조건으로, 즉 어떤 계의 내적 문제를 해결하는 변환 작용으로, 아주 독특하게 이해한다. 시몽동에게 정보는 물리-생명계, 심리-사회계, 기술-문화계에 이르는 실재의 전 영역에서 '개체화'라는 공통된 양상을 설명할 수 있는 탁월한 범주횡단적(transcategorical) 개념이다. 시몽동을 통해 공학적 차원에서 존재론적 차원으로 옮겨간 '정보'(information)는 계산되고 제어되는 신호나 데이터에 불과한 것이 아니라, 어떤 시스템의 구조를 변환하면서 새로운 형태를 발생시키는 형상화(in-form-ation) 과정과 동일한 의미로 재해석된다.

정보 네트워크가 본격화되기도 전에, 정보와 정보기술이야말로 우리 존재와 삶의 보편적 조건이라는 것을 선구적으로 보여준 시몽동은 오늘날 혜성같이 등장하여 정보철학의 한 축을 이루고 있다.

2. "사이버네틱스의 의미는 잘못 이해되었다."

시몽동은 섀넌(C. Shannon), 위너(N. Wiener), 애슈비(W. Ashby), 폰 노이만(J. von Neumann) 등과 동시대에 활동했다. 당시 사이버네틱스 학회에 지속적인 관심을 갖고 있었던 그는 '현대 과학에서의 정보 개념'이라는 주제로 1962년 루아요몽(Royaumont)에서 개최된 사이버네틱스 학회를 직접 조직하기도 했다. 위너를 비롯한 사이버네틱스 이론가들, 수학자들, 철학자들이 대거 참석한 그 학회는 미국 정보과학자들과 유럽 철학자들 사이에 유의미한 최초의 접촉이었다는 점에서 보수적인 당시 프랑스 철학계에 신선한 반향을 일으켰다.

시몽동은 정보이론의 가치를 '계산, 통신, 제어'의 공학적 차원에 국한시키지 않았다. 그에 따르면, "정보이론을 여러 기술들 가운데 하나의 기술로 간주해서는 안 된다. 정보이론은 실제로 하나의 사유로서, 한편으로는 여러 기술들 사이를 매개하고, 다른 한편으로는 여러 과학들 사이를 매개하며, 또한 그 기술들과 그 과학들 사이를 매개한다."[2] 위너의 『사이버네틱스 또는 동물과 기계에서의 제어와 소통』(1948)을 '새로운 『방법서설』과 같은 책'이라 높이 평가하며, 시몽동은 사이버네틱스로부터 데카르트나 뉴턴이 꿈꾸었던 보편학의 이상을 발견했다. 그렇지만 그는 근본적으로 "사이버네틱스의 의미는 잘못 이해되었다."[3]고 주장한다.

시몽동에 따르면, 우선 정보는 송신자에서 수신자로 일방 전송되는 신호와 동일시될 수 없다. 가령, 정보이론의 고전인 섀넌의 『수학적 커뮤니케이션 이론』은 송신자에서 수신자로 전달되는 다양한 유형의 신호가 얼마나 정확하게 전송되는가에 관한 기술적 문제만을 다룬다. 이렇게 정보에서 '의미'와 '맥락'을 제거한 덕분에 '송신자(Source)-부호화(encoding)-채널(Channel)-해석(decoding)-수신자(Receiver)'로 통신 모델을 표준화할 수 있었다. 여기서 정보는 수신자의 관점에서 얻게 되는 '의미'와 관련된 것이 아니라, 송신자의 관점에서 메시지로 선택될 확률이 동등한 선택지들의 양, 즉 측정 가능한 신호의 양과 동일시되고 '가능한 선택지의 수의 로그'로 계산되어 '비트'(bit)로 표현된다.

그러나 시몽동은 잡음과 신호의 대립 속에서 정보를 단순히 신호와 동일시할 수 있는지 의문을 제기한다. 선택의 불확실성 없이 이미 다 결정되어 있는 내용을 전송하는 것이라면 정보는 굳이 불필요하다. 정보가 요구되는 것은 어디까지나 이 정보로 인해 예측 불가능한 어떤 새로움이 창출되기 때문이다. 그러니까 정보의 정보다움은 예측 불가능하고 비결정적이고 불확실한 것이면서 동시에 유의미하게 수용 가능한 신호로서 최소한의 어떤 규칙성도 지니고 있어야 하는 애매성에 있다. 따라서 정보는 잡음과 신호 사이에, 즉 "순수한 우연과 절대적 규칙성 사이의 중간 길"[4]에 놓여 있는 것이다.

그런데 정보가 가져오는 예측 불가능한 새로움은, 섀넌이 주목했던 것처럼 송신자의 관점에서 제공되는 모든 가능성에 열려 있는 순수한 불확실성이 아니라, 어디까지나 수신자의 관점에서 그 정보로 인해 야기될 수 있는 어떤 변화의 예측 불가능성이어야 한다는 것이 시몽동의 생각이다. 즉 "정보는 형태의 어떤 변동에 대한 예측 불가능성이지, 모든 변동에 대한 순수한 예측 불가능성이 아니다."[5] 시몽동은 정보로 인해 야기되는 수신자의 변화와 이로 인해 계 전체의 구조 변화까지 가져오는 역동적 변환을 고려하여, 송신자에서 수신자로의 일방적 전송이 아니라 송신자와 수신자의 중간에서 일어나는 상호작용을 정보의 본성으로 파악해야 한다고 본다.

> 정보는 정보원이나 수신자와 같은 단 하나의 항에 의해서 정의될 수 없고, 정보원과 수신자 사이의 관계에 입각해서 정의될 수 있다.[6]

> 정보는 하나의 사물이 아니라 계 안에서 일어나는 사물의 변화, 계에 형태변화를 산출하는 작용이다. 정보는 형태변형을 촉발하는 행위와 수용 작용을 벗어나서 정의될 수 없다.[7]

이렇게 정보를 신호와 같은 물질적 실체가 아니라 관계적 작용으로 이해하는 시몽동은 위너의 사이버네틱스 역시 안정된 형태만 주목하고 그 형태를 발생시키는 작용에 대해서는 간과한다고 비판한다. 위너는 "정보는 정보이지, 물질이나 에너지가 아니다."[8]라고 주장한다. 물질적 실체도 에너지도 아니라면 정보란 과연 무엇인가? 바로 여기서 위너와 시몽동은 '형상적 사유' 대 '발생적 사유'로 그 시각이 갈라진다. 위너는 정보를 네겐트로피(negentropy)로 이해한다. 네겐트로피는 엔트로피에 맞서는 질서나 조직화의 정도를 의미한다. "엔트로피가 무질서의 단위라면, 메시지가 전달하는 정보는 질서의 단위이다."[9] 메시지가 잡음에 저항하고 생명체가 분열과 죽음에 저항하듯이, 정보는 엔트로피에 저항하는 네겐트로피다. 정보량은 계의 구성과 조직화의 정도에 해당하며, 정보량의 증가는 조직의 느슨해짐과 유기적 구성의 흐트러짐을 제어하기 위해, 즉 엔트로피에 저항하기 위해 요구된다. 정보는 엔트로피 증가의 방향으로 변화하는 환경 안에서 계의 일정하게 조직화된 형태나 구조의 항상성(homeostasis)을 유지하기 위해 외부 세계와 교환되는 내용으로 간주된다.

그러나 시몽동이 정보와 관련해서 주목하는 것은 조직화된 형태 그 자체가 아니라 그런 형태를 발생시키는 과정으로서의 '형태화'나 '형태 변형 작용'이다. 시몽동은 '구조'보다 '작용'에 주목한다. 가령, 직선을 그리는 행위가 직선이 그려내는 '구조'와 그 구조를 그리는 '작용'을 동시에 포함하고 있다고 할 때, 위너가 '구조'에 초점을 두었다면 시몽동은 '작용'에 초점을 둔다. 구조가 작용의 결과로서 주어지는 것이라면 작용은 구조를 나타나게 하는 것 또는 구조를 변형시키는 것이다. 시몽동은 환경과 계(생명체든 기계든) 사이의 관계 속에서 형태를 만들어가는 작용 그 자체에서 정보의 역할을 보며, 그 작용 결과로 잘 조직화된 형태의 편에서 정보를 보지 않는다. 형태는 정보 작용에 의해 변화 가능한 준안정적인 계일 뿐이다. 시몽동은 물질도 에너지도 아닌 제3의 존재론적 위상으로 정보의 '작용적 측면', 즉 송신자와 수신자 사이의 관계에서 어떤 구조나 형태를 발생시키는 '변조'나 '변환'을 정보의 본질로 이해한다. 시몽동은 안정된 형태의 항상성 유지가 아니라 변화와 차이의 발생적 조건으로 정보의 역할을 놓는다. 사이버네틱스의 기계적 사유를 역동적인 생성의 사유로 전환한 것이다.

게다가 시몽동은 자기-조절작용을 지닌 기술적 대상들을 생명체들과 동일시하는 위너의 초기 가설 자체가 잘못되었다고 비판한다. 위너에 따르면, "생명체나 기계는 모두 엔트로피가 증가하는 일반적인 경향에 국지적이고 일시적으로 저항하는 장치이다."[10] 정보의 피드백(feed-back) 작용을 통해 느슨해지는 자기 조직화를 제어하는 방식으로 계의 항상성을 유지하는 감각-운동계라는 점에서 그렇다. 이때 "피드백은 어떤 계의 과거의 실행 결과를 다시 그 계에 집어넣음으로써 계를 통제하는 방법이다."[11] 물론 시몽동 자신도 기술적 대상이 생명체와 마찬가지로 엔트로피에 저항하는 정보 체계라는 점을 인정한다. 그러나 "기술적 대상을 자연적 대상, 특히 생명체에 부당하게 동화"[12]시키는 데는 동의하지 않는다. 생명체와 기계는 모두 정보 체계이지만 양자가 동일시될 수는 없다는 것이다.

시몽동에 따르면, 생명체는 환경과의 관계에서 제기되는 문제 해결을 위해 스스로를 변형하면서 새로운 내적 구조를 발명할 수 있지만, 기계는 자기 구조와 획득한 정보 사이의 양립불가능성을 자기 구조와 변형을 촉구하는 문제로 제기할 수 있는 능력이 없기 때문에 단지 환경에 자신을 적용하는 데 그친다. 그래서 시몽동은 기계의 구조와 작동 방식에 변화를 가져오는 유의미한 정보의 발견은 기계 자신이 아니라 인간이라고 본다. "인간은 기계들 사이의 정보 교환이 갖는 의미작용을 구축한다."[13]

시몽동은 기계의 메모리와 인간의 기억 능력 사이의 차이를 강조함으로써 인간과 기계를 동일시하는 사이버네틱스 피드백 개념의 불충분함을 보여준다. "기계의 기억은 자료의 기억이고, 측정 결과의 기억이다. 인간의 기억은 여러 해의 간격이 있어도 어떤 상황에 의해 환기될 수 있는 기억인데, 이는 그 상황이 다른 상황과 동일한 의미작용들, 동일한 느낌들, 동일한 위험들을 함축하고 있기 때문에, 아니면 단순하게 경험을 구성하는 암묵적인 생명의 코드화에 따라 그런 연결이 의미를 지니기 때문에 가능한 것이다. 두 경우들에서 기억은 자기-조절 작용을 허용한다. 그러나 인간의 기억은 생명체 안에서 유효하고 그 안에서만 발전될 수 있는 의미작용들의 총체에 따라서 자기-조절작용을 허용하는 반면, 기계의 기억은 생명체가 아닌 존재자들의 세계 안에서 의미를 갖는 자기-조절작용의 기초가 된다."[14] 생명체의 기억을 특징짓는 '통합의 가소성'은 기계의 메모리가 갖지 못한 능력이다. 사이버네틱스의 '피드백'은 이러한 차이를 간과한다. 인간지능과 기계지능을 동일시하는 것은 사이버네틱스의 오류를 반복하는 것이다.

위너는 과거의 경험을 기반으로 행동 패턴을 수정하여 특정한 반-엔트로피적 목표를 달성하는 정보 메커니즘이 기계, 생명체, 사회에 동일한 방식으로 적용될 수 있으리라 기대했다. 그러나 시몽동은 근본적으로 정보의 역할은 계의 변화와 차이화의 발생적 조건이지 항상성 유지에 있는 것이 아니라고 본다. 기계, 생명체, 사회는 유비적으로 사유

될 수는 있으나 상이한 방식의 정보 작용이 있는 것이지, 각 계의 차이를 무시하고 기계적으로 동일한 정보 메커니즘을 적용할 수는 없다고 이해한다.

3. "정보는 개체화의 공식이다."

시몽동은 정보를 개체화의 공식으로 이해한다. 개체화는 개체를 발생시키는 작용인데 시몽동은 물질계, 생명계, 심리계, 사회계 등 전 영역에서 일어나는 개체화를 해명하는 데 정보 개념을 활용한다.

> 개체화는 선행적으로 구성된 분리된 항들로서 미리 존재하는 형상과 질료의 결합이 아니라 퍼텐셜들로 가득한 준안정적 계 한가운데서 일어나는 해소이다.[15]

우리는 보통 항들이 먼저 주어져 있고, 그다음에 그 항들 사이의 '관계'가 성립할 수 있다고 생각한다. 그러나 시몽동은 그 관계항들 자체가 이미 어떤 관계의 효과이자 산물이라는 점에 주목한다. 동일성과 통일성을 갖춘 것으로 보이는 개체도 독립적으로 완결된 실체라기보다 주위 환경들과의 관계 속에서 그러한 형태를 갖추어가며 서서히 개체화되는 실재이다. 시몽동은 개체 자체보다 그러한 개체를 발생시킨 과정에 주목한다. 그래서 이미 분리된 실체로 주어져 있는 원자들의 결합(원자론)이나 형상과 질료의 결합(질료형상론)으로 개체의 발생을 설명하는 이론들을 비판한다. 그 이론들은 원자 또는 형상과 질료라는 것 자체를 이미 개체화된 실체로 전제하고 있는데 그것들이 어떤 조건들에서 그러한 실체로 발생하게 된 것인지는 해명하지 않고 넘어가기 때문이다. 특히 질료형상 도식은 '수동적이고 타성적인 질료'와 '능동적으로 결정하는 형상'이라는 비대칭적 위계질서를 함축하며(두 힘을 조절하는 기술적 활동을 노예의 노동으로 환원하여 폄하한 고대 그리스 사회의 기술에 대한 잘못된 이해가 반영된 것), 질료와 형상 사이의 동등한 상호 교환 작용은 은폐한다. 진흙(질료)과 거푸집(형상)의 결합으로 벽돌이라는 개체를 제작한다고 할 때, 벽돌을 벽돌답게 결정짓는 것은 바로 거푸집(형상)이라는 생각이 이런 도식을 반영한다.

그러나 시몽동의 관점에서 볼 때, 벽돌이라는 개체는 1+1처럼 순수한 질료와 순수한 형상의 정태적인 결합으로 만들어지지 않는다. 실제로 진흙 덩어리는 아무 흙이 아니라 벽돌이 될 수 있는 어떤 성질들, 즉 뭉침이나 기포 없이 잘 반죽될 수 있는 어떤 본성(형상)을 갖춘 질료이어야 하고, 거푸집 역시 균열 없이 진흙을 잘 한정할 수 있는 어떤 질료로 만들어진 틀이어야 한다. 이렇게 '형상을 갖춘 질료'와 '질료로 이루어진 형상'은 장차 산출될 벽돌이라는 개체를 향하여 상호 조절되는 힘들로서 만난다. 장인의 손을 통해 거푸집 안으로 운반되는 진흙 덩어리의 힘은 거푸집의 압박하는 힘에 의해 적당히 규제되면서 점차 벽돌이라는 개체로 형태를 갖추어간다. 개체는 이렇게 서로 다른 두 힘들 사이의 조절된 관계가 형태를 만들며 구조화하는 작용으로 발생한다.

시몽동은 이러한 개체화의 범례로 과포화 용액의 결정화(crystallization) 현상을 꼽는다. 과포화 용액은 일정 온도 및 압력에서 지닐 수 있는 한계 이상의 많은 용질을 포함하고 있는 용액이라서, 용질의 결정 조각을 넣어주면 곧바로 과잉되어 있던 용질이 결정(結晶)으로 석출되면서 액체의 결정화(고체화)가 일어난다. 크기의 등급이 서로 일치하지 않는, 거시적 차원의 과포화 용액과 미시적 차원의 결정 씨앗이 우연히 만나게 될 때, 액체상에서 고체상으로 전체 시스템이 상전이(相轉移)한다. 과포화 용액이 퍼텐셜 에너지로 가득 찬 준안정적 상태의 전(前)-개체적 실재라면, 결정체(結晶體)는 상전이와 더불어 발생한 물리적 개체에 해당한다. '준안정성'은 시몽동이 열역학으로부터 가져온 개념으로, 변화의 잠재력을 소진하지 않은 채 변화의 가능성에 열려 있는 계의 상태를 말한다.[16] 개체의 발생은 준안정적인 전체 계 안에서 양립하기 어려운 불균등한 것들을 소통시킴으로써 내적 갈등 문제를 해결하는 하나의 해(解)로서 일어나는 것이다. 이때 개체는 독립적인 완결된 실체가 아니라, 마치 결정체와 모액(母液)의 관계처럼, 개체화 작용으로 형태를 갖추었으나 여전히 환경과 결합되어 있는 관계적 실재다. 개체의 형태는 개체화 작용의 발생적 결과물로서 크기의 등급이 서로 다른 불일치한 것들을 관계 짓고 있는 준안정적인 것이다. 가령, 식물의 싹(생명체-개체)은, 크기의 등급이 불일치하여 서로 소통할 수 없던 태양계의 빛에너지(거시물리적 수준)와 땅 속의 화학적 원소들(미시물리적 수준) 사이에서 양자의 소통 가능한 관계를 중간 수준에서 구조화하고 있는 것이다. 이렇게 '개체'라는 것은 질료와 형상의 결합으로 단번에 완성되는 독립적 실체가 아니라, 전체 시스템의 내적 문제를 해결하는 '개체화' 과정을 통해 형성되는 것이면서 또한 자신의 발생적 조건을 구성하는 환경의 이질적 요소들과 분리될 수 없는 '관계적 실재'이다.

그런데 시몽동은 바로 이러한 개체화의 공식을 '정보'에서 찾는다.

개체의 발생적 본성은 '형상'(form)이 아니라 정보(information), 즉 '형상-화'(in-form-ation)에 있기 때문이다. 정보는 개체화를 실현하게 해주는 교환 작용이자 내적 공명의 양상이다. 내적 공명은 크기의 등급이 다른 두 실재들 사이의 양립불가능성이라는 문제를 해결하려는 소통의 방식이다. 말하자면, 송신자(결정 씨앗)와 수신자(과포화 용액)의 만남으로 계 내부에 야기된 문제를 새로운 차원에서의 형태화(결정화)를 통해 해결하는 '변환 작용'인 것이다.

> 정보는 불균등한 두 실재 사이의 긴장이며, 불균등한 두 실재들이 체계가 되도록 하는 차원을 개체화 작용이 발견할 때 생겨나게 될 의미작용이다. (…) 정보는 바로 해결되지 않은 체계의 양립불가능성을 해결 속에서 조직적인 차원이 되게 하는 그러한 것이다. (…) 정보는 개체화의 공식이며, 이 개체화에 선행하여 존재할 수 없는 공식이다.[17]

개체화의 관점에서 시몽동이 이해하는 정보는 송신자로부터 수신자로 전송되는 신호나 메시지가 아니다. 정보의 소통은 수신자를 송신자에 동기화시키는 것이 아니라 비가역적인 변환 작용을 통해 계 전체를 변화시키는 것이다. 여기선 정보를 제공하는 자보다 정보를 수용하는 자의 능동성이 더 강조된다. 정보원의 데이터 생산 용량보다 수신자의 '준안정성'이 정보 생산의 근본 요건이다. 정보의 작용이 곧 형태의 발생이기 때문에, 형태를 받아들일 수 있는 장은 그 안에 축적되어 있는 퍼텐셜 에너지들이 형태변형에 적합한 준안정성을 형성하고 있는 계이어야 하며, 따라서 정보 작용을 감당할 수 있는 수신자의 준안정성이 정보의 유효성의 조건이다. 준안정성은 정보의 성립이 송신자의 일방적 전송보다는 수신자의 정보 수용 역량, 즉 상전이에 해당하는 자기 변형을 감당할 수 있는 역량에 있음을 함축한다. 어떤 것이 개체화를 촉발하는 정보로 쓰일지는 형상적 요인보다는 질료적 요인이 결정력을 더 갖는 셈이다.

수신자의 준안정성을 강조하는 것은 또한 정보의 의미가 미리 정해져 있는 것이 아니라 불일치한 두 실재들이 하나의 계를 생성할 수 있는 차원을 발견하게 되었을 때 비로소 생겨난다는 것이다. 개체화를 통해 준안정적 계의 내적 문제를 해결하는 정보 작용은 바꿔 말하자면 '불균등화(disparation)에서 솟아나는 의미작용'이다. 시몽동은 이 '불균등화'를 지각의 심리-생리학적 이론에서 빌려왔다. 왼쪽 각막 이미지와 오른쪽 각막 이미지가 완전히 겹쳐지지 않을 때 발생하는 불균등화는 어느 한쪽으로 동일시되지 않으면서 양자를 포괄하는 제3의 상위 차원에서 하나의 시각 이미지가 형성됨으로써 해소된다. 가령, 외부 대상의 형태를 그려내는 지각 표상은 물리적 신호를 감각 데이터로 수용하는 데서 성립하는 것이 아니라, 생명체와 외부 대상 사이의 '갈등의 해결이고 양립가능성의 발견이며 형태의 발명'에 해당한다. 그래서 정보 신호의 양보다 정보의 강도가 지각의 유의미한 형태를 결정한다. 실제로 우리가 지각하는 대상은 신호들의 수가 많을수록 더 정교하게 그려지는 기하학적 형태가 아니라, 주체와 대상 사이의 관계 양상(호감과 비호감, 친밀감이나 두려움 등)에 따라 어떤 부분이 더 강하게 또는 더 약하게 부각되는 역동적 형태화의 산물이다. 판화로 찍어낸 그림이나 인공지능이 그린 그림의 기계적 형태들에는 이런 정서적 강도가 반영되어 있지 않다.

'불균등화'는 동일한 크기의 등급에 속하는 둘 사이의 차이가 아니라 크기의 등급이 서로 다른 것들, 가령 미시적인 것과 거시적인 것 사이에서 발생하는 것이라서 3차원적 변환으로 해소될 수밖에 없는 것이다. 따라서 시몽동의 정보 개념은 2차원의 '전송'(transmission)이 아니라 3차원의 '변환'(transduction)과 관련된다. 변환은 불균등화의 내적 갈등을 더 상위 수준에서의 새로운 형태화, 즉 차이를 공존시킬 수 있는 제3의 새로운 구조를 발명함으로써 해소하는 방식이다. 가령, 마이크로폰이나 앰프 같은 증폭기(amplifier)는 작은 소리를 큰 소리로 바꾸는 장치로, 입력된 것과 출력된 것 사이의 크기의 불균등을 가운데에서 조절하는 것이다. 시몽동은 이런 증폭기의 기술적 변조를 존재론적 변환으로 보편화시켰다. 태양 빛과 화학적 원소들 사이를 소통시키는 새싹의 형태야말로 생명체가 그 어떤 기계보다 탁월한 변환기라는 것을 잘 보여준다.

개체화는 물리적 개체화, 생명적 개체화, 심리-집단적 개체화, 기술적 개체화 등 실재의 각 영역에서 일어난다. 매우 작은 씨앗에서 출발하여 모액의 모든 방향들로 확장되며 커져가는 결정체처럼, 개체화의 변환 작용은 "물리적, 생물학적, 정신적, 사회적 작용이다. 이 작용에 의해 한 활동이 한 영역의 내부로 점점 접근하여 퍼져나가는데 이러한 전파를 기초로 하여 그 영역의 구조화가 점점 위치를 넓히면서 이루어진다. 각 구조가 형성된 영역은 다음 영역에 구성 원리로 작용한다. 그래서 이 구조화하는 작용과 동시에 하나의 변형이 점진적으로 확대된다."[18] 개체화의 상이한 양상들은 이전 개체화의 결과물들을 연합환경으로 삼아 이전 개체화에서 해결하지 못한 문제를 새로운 차원에서 해결하는 방식으로 전(前)-개체적 실재 안에서 분화되어 나온다. 가령, 화학복합물이 식물에게, 또 식물이 동물에게 연합환경으로 필요하듯이, 생명적 개체들에게는 물리화학적 개체들이 필요하다. 이때 전-개체적 실재의 퍼텐셜 에너지는 각각의 개체화로 인해 완전히 소진되지 않는다. 각 영역에서 발생된 개체들은 여전히 전-개체적 실재에 연합되어 있으며 전-개체적 실재로부터 받는 어떤 하중(荷重)을 실어 나르는 정보체제로 기능한다. 개체들이 운반하는 전-개체적 에너지는 새로운 개체화를 출현시킬 수 있는 미래의 준안정적 상태들의 원천이다. 존재 전체는 이렇게 전-개체적인 것과 개체화된 것이 관계 맺고 있는 앙상블로 존재하며, 개체화를 통해서 분화하고 다층적으로 복잡화하면서 불연속적인 도약과 연속적인 자기 보존의 준안정성을 유지한다.

당대의 사이버네틱스를 비판하면서도 사이버네틱스의 학제적 보편성을 구제하고자 한 시몽동의 정보철학은 정보계 유형들 사이의 차이를 제거하지 않는다. 가령, 물리적 개체와 생명적 개체 사이에는 '정보 수용 능력'에서 차이가 있다. 결정체와 같은 물리적 개체는 최초의 정보를 동일하게 반복해서 내외 구분이나 자기제한 없이 증폭시켜 나간다면, 씨앗에서 성체로 성장하며 변해가는 생명적 개체는 다양한 정보를 차례로 수용하고 양립시켜 나가면서 내부 장기와 외부 형태를 자기제한적으로 증폭해 나가기 때문이다. 또한 생명적 개체와 기술적 개체 사이에는 '정보 생산 능력'에서 차이가 있다. 기계는 환경과의 관계에서 자발적인 문제제기와 이에 따른 형태변화 능력이 없기 때문에 기계와 환경 사이 및 기계들 사이에 정보를 소통시켜주는 것은 인간일 수밖에 없다. 자기-조절 체계의 상호 차이에 기반을 두고 기계와 인간이 상호 협력적으로 작업해야 하는 이유다. 준안정적 계의 형태변화를 이끄는 정보 작용이 실재의 전 영역에서 보편적 공리로 작동하면서도 각 영역의 실재적 차이를 사상한 추상적 형식이 아니라는 점에서 시몽동의 정보철학은 사이버네티스와 차별화된다. 시몽동은 정보의 범주초월적 기능을 차이에 근거한 유비적 사유를 통해 포착하여 사이버네틱스의 학제적 연구를 동일성과 항상성의 패러다임에서 차이와 변환의 패러다임으로 재설정한 것이다.

4. 정보 네트워크 시대, 인간과 기계의 상호협력적 관계

자동화된 자기-조절계로 작동하는 로봇은 사이버네틱스의 지향 모델이다. 그러나 시몽동이 보기에 자동 로봇은 인간을 필요로 하지 않는 닫힌 계로서 기술적 개체의 전형이 아니다. 가령, 튜링 머신은 처음에 주어진 어떤 상태로부터 외부의 추가적인 정보 제공 없이도 자신의 조합을 바꿔가며 스스로 어떤 결과를 도출해내는 닫힌 계이다. 연립방정식을 계산하듯이 일련의 연속적인 절차를 거쳐서 주어진 문제의 해를 찾아가는 알고리즘이 자동 기계의 작동 방식이다. 그러나 진정한 기계는 생명체와 마찬가지로 외부 정보에 대한 감수성을 지닌 열린 계라는 것이 시몽동의 생각이다.

자동 로봇만이 아니라 모든 기계는 도구나 연장 수준에 머무르지 않고 진화한다. 전화, 메일, 동영상 시청 등이 각기 분리된 장치로 따로 작동하다가 스마트폰 하나로 수렴되어 작동하게 되듯이, 기계들도 추상적 양태(구성요소들이 기능적으로 분리되어 상호소통 없이 작동하는 방식)에서 구체적 양태(구성요소들이 상호협력적이고 다기능적으로 융합하여 단일하게 작동하는 방식)로 발전한다. 결정체가 모액에서 분리될 수 없듯이, 기술적 존재자들도 자신의 구조와 기능적 작동에 필수적인 기술적-자연적 환경과 더불어 기술적 개체로 진화한다. 가령, 시몽동이 예로 든 갱발(Guimbal) 터빈은 전기와 바닷물의 양립불가능성을 해결할 수 있는 형태를 발명함으로써 개체화된 기술적 개체의 전형이다. 갱발이 발명한 이 터빈은 수압관 안에 잠겨 있고, 압축 기름통 안에 들어 있는 작은 발전기와 연결되어 있다. 바닷물은 터빈과 발전기를 돌리는 에너지이자 발전기의 열을 냉각하는 기능을 동시에 한다(물의 다기능성). 압축된 기름은 발전기를 부드럽게 돌아가게 하면서 절연 기능과 방수 기능을 동시에 한다(기름의 다기능성). 물방수와 전기 절연의 문제를 해결하면서 물과 기름의 이중 매개로 냉각 효율을 높인 것이 또한 수압관 속에 들어갈 정도로 발전기의 크기를 축소시킬 수 있게 했다. 이와 같이 물, 기름, 전기의 양립불가능성이 상호협력적이고 다기능적으로 작동할 수 있는 새로운 관계망의 발명과 축소된 발전기 크기의 형태적 조건이 동시에 발명되면서 갱발 터빈이라는 기술적 개체가 존재할 수 있게 된 것이다. 갱발 터빈이라는 기술적 개체의 발명은 그 개체의 기술적 작동의 조건이 되는 기술-지리적 환경을 동시에 창조하면서 실현된다.[19]

시몽동에게 인간과 기계는 양립불가능하고 불균등한 것들을 소통시키고 관계 짓는 정보 매체라는 점에서 동일한 개체성을 갖는다. 그러나 기계의 개체성은 인간으로부터 독립하여 장차 인간을 지배할 수 있다는 점을 함축하지 않는다. 환경과의 관계 속에 열려 있음은 타자인 인간의 도움 없이 오로지 기계들로만 이루어진 완벽한 자동 시스템의 구축이 불가능하다는 것을 의미한다. 양립불가능한 것들 사이에서 소통 가능성을 찾고 새로운 관계 구조 및 형태를 발명해 내는 것은 정보화의 결과다. 그러나 외부 환경과의 상호작용에서 구조 변형을 촉발하는 정보를 포착해 내는 것, 새로운 형태를 발명하는 것, 이것은 기계 자신만의 힘으로 할 수 없는 일들이다. 문제를 발견하고 기술적 요소들 및 주변 환경과의 관계를 조정하면서 전체 구조를 새롭게 혁신하거나 새로운 형태를 발명하는 것은 기술적 인간이다. 시몽동식으로 보자면, 인공지능이 인간처럼 그림을 그려내고 노래를 지어낼 수는 있지만, 그렇게 그림을 그리고 작곡하는 인공지능을 프로그래밍하며 그러한 인공지능의 존재에 어떤 의미를 부여하는 것은 어디까지나 인간 예술가의 일이다.

기술적 활동은 양립불가능하고 이질적이고 불일치하는 것들 사이에서 새로운 소통의 관계 방식을 발명하는 것이다. 기술적 활동 안에서는 인간과 기계가 상호 협력적 동반자로 만나며, 장인과 엔지니어가 차별 없이 소통한다. 기술적 활동의 관점에서는 기계들의 부품을 갈고 기름칠을 하며 기계를 보조하는 사람이나 기계들 사이의 관계를 조절하고 관리하며 기계 집단을 경영하는 사람이나 위계적 차별 없이 다 중요하다. 기술적 활동이 고려하는 것은, 그 활동 결과물의 기능적 작동이 잘 수행될 수 있도록 구성 요소들 사이의, 부분들과 전체 사이의, 내부와 외부 사이의 관계를 조절하면서 원활한 소통을 가능하게 하는 것이기 때문이다.

시몽동은 정보 네트워크 시대에 인간의 일은 더 이상 노동이 아니라 기술적 활동이 되어야한다고 보았다. 정보기술의 등장과 더불어 인간에게 적합한 역할은 자연 지배의 도구로 기계를 사용하는 노동자가 아니라, 기계들 사이에 정보를 소통시켜주며 기계들의 관계를 조직화하는 조정자이자 기계들의 작동을 새롭게 구조화하는 발명가이다. 그에 따르면, 발명하는 인간과 발명된 기계는 기성의 존재 방식과 규범 체제를 넘어서 자연의 전-개체적 잠재성을 새롭게 현실화하며 세계와의 다른 관계를, 삶의 새로운 의미를 창조하기 위해 협력한다. 정보 네트워크 안에서 인간과 기계는 지휘자와 오케스트라처럼 상호 협력적 관계를 맺는 '인간-기계 앙상블'의 새로운 형태로 사회 체제를 변환시켜 나갈 것이다.

5. 의의와 영향

안타깝게도 시몽동이 생을 마감한 1989년, 팀 버너스 리(Tim Berners-Lee)는 월드와이드웹(World Wide Web: WWW)을 창시했다. 오늘날 정보 네트워크는 인간들 사이를 넘어서 사물들 사이로 확장되며 현대 인류의 삶의 환경을 구축하고 있다. 플로리디의 주장대로 우리는 이제 디지털 인포스피어(Infosphere)에 거주하는 인포그(Inforg)로 살아간다. 튜링은 정보를 0과 1의 두 신호로 변환하여 '계산'하는 컴퓨터(Turing Machine)와 인간처럼 사고할 수 있는 기계에 대한 보편적 기준(Turing test)을 제공했다. 섀넌은 컴퓨팅 기계가 처리할 수 있는 정보 언어를 '비트'로 양화하여 정보의 측정 가능성을 열었다. 위너는 외부 환경과의 관계에서 항상성을 유지하는 자기조절계의 원리를 '피드백'에서 포착하여 생명체와 기계를 동일한 정보처리계로 볼 수 있는 길을 열었다. 정보의 계산, 측정,

소통, 제어 등 튜링, 섀넌, 위너가 제공한 원초적인 아이디어들이 정보 이론의 토대가 되어 인공지능 프로그램에 의한 정보혁명 시대를 열었다 해도 과언이 아니다.

그러나 시몽동의 정보철학은, 인공지능과 계산적 인지주의로 연결된 사이버네틱스 연구와 달리, 정보에 대한 비공학적 사유의 가능성을 열고 정보의 철학적 활용 사례를 보여준다. 송신자 중심의 일방적 전송이 아니라 수신자의 수용가능성에 기초한 '상호작용'을 강조하고, 정해진 형식적 패턴이 아닌 '구성되는 형태화'로 이해하면서 시몽동은 정보 개념의 의미를 공학적 차원에서 존재론적 생성의 차원으로 확장시켰다. 정보는 주어진 데이터나 메시지가 아니라 역동적인 구성 작용이며, 일방적 전송이나 정확한 수용보다는 비결정적 준안정성에 기초한 상호작용을 통해 성립하는 것이다. 사이버네틱스가 계의 항상성과 안정적 형태 유지를 위해 피드백에 주목했다면, 시몽동은 준안정적인 계의 창발적 형태화에 기여하는 정보의 변환적 증폭 작용을 발굴했다. 이 정보 작용은 잡음이나 차이의 제어보다는 문제를 해결하는 새로운 차이의 생성과 발명에서 그 존재론적 가치를 갖는다.

시몽동의 정보철학은 정보 개념의 범주횡단적 역량을 사이버네틱스보다 더 보편화 가능한 것으로 갱신하고 정보 작용을 실재의 창발적인 자기-복잡화의 근본 조건으로 놓으면서, 사이버네틱스의 학제적 연구를 일차원적인 동일성과 항상성의 패러다임에서 다차원적인 차이와 변환의 패러다임으로 혁신한다.[20] 시몽동의 시각에서 보면, 현대의 디지털 정보권에 거주하는 다양한 정보존재자들은 거대한 컴퓨팅 알고리즘과 통제사회에 복속될 수 있는 동일한 데이터뱅크들에 불과한 것이 아니다. 물리적·생명적·기계적인 상이한 유형의 정보존재자들은 변환적 소통의 정보 작용을 통해 자기-차이화하고 새로운 관계 구조를 발명하며 정보 네트워크를 새롭게 구축해 나갈 수 있다.

정보와 정보기술에 대한 시몽동의 독특한 이해는 오늘날 베르나르 스티글레르(B. Stiegler), 브뤼노 라투르(B. Latour), 브라이언 마수미(B. Massumi), 파올로 비르노(P. Virno), 안토니오 네그리(A. Negri), 마이클 하트(M. Hardt) 등 현대의 과학·기술 철학자들과 사회·정치 철학자들에게, 그리고 뉴미디어 커뮤니케이션 이론가들과 미디어아트 예술가들에게 정보 네트워크 시대의 삶을 위한 새로운 사유의 원천이 되고 있다.

주

1 프랑스에서 철학교수자격시험, 즉 아그레가시옹(agrégation)은 대학교수가 되기 위한 자격 조건인데, 이 시험에 합격한 사람은 대학에 자리 잡기 전까지 고등학교에서 철학을 가르치는 철학교사로 활동할 수 있다. 프랑스 대학입학 시험인 바칼로레아가 철학 논술 시험이라는 점을 고려하면, 프랑스 고등학교에서의 철학수업이 우리 일반 대학에서의 교양 철학 수업에 상응하는 수준임을 알 수 있다.

2 시몽동(2011), 『기술적 대상들의 존재 양식에 대하여』, 김재희 옮김, 그린비, 160-161.

3 같은 책, 214.

4 같은 책, 196.

5 같은 책, 197.

6 Simondon(2005), *L'Individuation à la lumière des notions de forme et d'information*, Grenoble: Millon, 542.

7 Simondon(2010), "L'amplification dans les processus d'information", *Communication et Information*, Les Éditions de La Transparence, 159.

8 Wiener(1948/1961), *Cybernetics or Control and Communication in the Animal and the Machine*, Cambridge, Massachusetts: The MIT Press, 132.

9 노버트 위너(2011), 『인간의 인간적 활용: 사이버네틱스와 사회』, 이희은·김재영 옮김, 텍스트, 27.

10 같은 책, 43.

11 같은 책, 74.

12 시몽동(2011), 『기술적 대상들의 존재양식에 대하여』, 김재희 옮김, 그린비, 73.

13 같은 책, 385.

14 같은 책, 179.

15 시몽동(2017), 『형태와 정보 개념에 비추어 본 개체화』, 황수영 옮김, 그린비, 47.

16 준안정성이란 안정된 상태(액체나 고체 등 단일한 상을 유지)도 불안정한 상태(비등점에서의 기화 상태)도 아닌 물질의 열역학적 상태를 말한다. 가령 물은 0도 이하가 되면 고체가 되지만, -5도에서도 얼지 않고 액체 상태를 유지하고 있는 과냉액체는 이 경우에 해당한다. 여기에 외부 충격이 가해지면 곧바로 상전이가 일어나 불안정 상태를 거쳐 안정 상태로 변하게 된다. 준안정 상태는 에너지가 가장 낮은 바닥 상태보다는 높은 상태의 에너지를 유지하고 있는 상태라는 점에 착안하여, 시몽동은 전개체적 실재를 퍼텐셜리티가 완전히 소진되지 않은 채 계속해서 새로운 상전이(개체화)를 발현할 수 있는 것으로 상정한다.

17 시몽동(2017), 『형태와 정보 개념에 비추어 본 개체화』, 황수영 옮김, 그린비, 55-56.

18 같은 책, 58.

19 김재희(2017), 『시몽동의 기술철학: 포스트휴먼 사회의 청사진』, 아카넷, 76-77.

20 김재희(2020), 「시몽동의 정보철학: 사이버네틱스를 넘어서」, 『철학연구』 제130집, 가을호, 216.

참고문헌

김재희(2017), 『시몽동의 기술철학: 포스트휴먼 사회의 청사진』, 아카넷.

김재희(2020), 「시몽동의 정보철학: 사이버네틱스를 넘어서」, 『철학연구』 제130집, 가을호.

노버트 위너(2011), 『인간의 인간적 활용: 사이버네틱스와 사회』, 이희은·김재영 옮김, 텍스트.

질베르 시몽동(2017), 『형태와 정보 개념에 비추어 본 개체화』, 황수영 옮김, 그린비.

질베르 시몽동(2011), 『기술적 대상들의 존재 양식에 대하여』, 김재희 옮김, 그린비.

Simondon, Gibert(2005), *L'Individuation à la lumière des notions de forme et d'information*, Grenoble: Millon.

Simondon, Gibert(2005), "L'amplification dans les processus d'information", *Communication et Information*, Les Éditions de La Transparence.

Wiener, Norbert(1948/1961), *Cybernetics or Control and Communication in the Animal and the Machine*, Cambridge, Massachusetts: The MIT Press.

3

프레드 드레츠키

인간의 마음은 정보송수신 장치

석기용
(성신여자대학교, 창의융합교양대학)

“

카메라가 무엇인지 모른다면
조리개 값에 관해 이야기를 들어봤자 도움이 되지 않는다.

”

"태초에 정보가 있었다!"

드레츠키의 본격적인 정보철학 저서 『지식과 정보 흐름』(*Knowledge and the Information Flow*)의 머리말을 시작하는 성서 패러디 문장이다. 이 한마디에는 아주 많은 철학적 함의가 담겨 있다. 태초라면 언어도, 그런 정보를 활용할 그 어떤 인간도, 아니 그 어떤 유기체도 존재하지 않았을 때였다. 드레츠키가 생각하는 정보란 우리가 정보에 관해 통상적으로 떠올릴 법한 생각과는 달리, 인간처럼 그것을 받아들이고, 이해하고, 믿고, 그 믿음에 따라 행동하는 지성적 존재자가 있고 나서야 비로소 존재한다고 말할 수 있는 것이 아니다. 정보는 우주의 시작과 더불어 처음부터 존재했다. 이런 생각은 오늘날 정보철학이 제일철학이라는 루치아노 플로리디의 대담한 주장과도 일맥상통한다. 드레츠키에 의하면, 정보의 우주 안에 뒤늦게 탄생한 인간은 자기 바깥의 세계가 '송신'하는 정보의 '수신'을 통해 세계를 알아가게 되었고, 그러면서 급기야 정보에 의미를 부여할 수 있는 정교한 언어 체계도 만들어내게 되었다. 드레츠키는 철학의 가장 오랜 분야 중 하나인 소위 인식론 즉 인간이 어떻게 세상에 관한 앎을 형성할 수 있는지에 관한 논의를 바로 정보 송수신이라는 이 새로운 틀 안에서 설명할 수 있다고 생각한다. 그리고 그는 그런 식의 접근이야말로 외부 세계에 대한 우리 앎의 문제, 더 나아가 우리 인간의 마음이 어떻게 작동하는지 이해하는 가장 적절한 방법이라고 생각한다.

1. 철학자가 된 공학도

공학을 공부하다가 급작스레 전향하여 직업적 철학자가 된 사람 하면 제일 먼저 누가 떠오르는가? 철학에 조금 관심이 있는 사람이라면, 아마도 20세기의 가장 위대한 철학자로 손꼽히는 비트겐슈타인의 이름을 가장 먼저 떠올릴 것 같다(정작 본인은 직업적 철학자라는 것을 그다지 탐탁하게 여기지 않았지만). 현대 철학사에서 잘 알려져 있듯이, 그는 당시로서는 그야말로 최첨단 학문인 항공기 공학을 공부하러 오스트리아 빈에서 영국 맨체스터로 유학을 떠났다가 회심하고 결국은 현대 사상 전반에 막대한 영향과 지울 수 없는 흔적을 남긴 위대한 철학자가 되었다.

1932년 미국 일리노이에서 태어난 프레드 드레츠키도 원래는 전기공학을 전공한 전도유망한 공학도였다. 하지만 그는 졸업을 1년 남겨 둔 시점에서 인생의 향로를 결정짓는 중대한 결정을 내렸고, 본인의 말에 따르면, 그 바람에 부모님을 비롯해 주위 많은 사람을 놀라게 하고 걱정하게 했다. 앞날이 확실히 보장된 공학도로서의 대학 생활을 청산하고 전망이 불확실한 철학을 새로 공부하기로 작심한 것이다. 2013년에 세상을 떠난 그는 죽기 몇 달 전 나눈 마지막 대담에서 "만약 내가 계속 공학 분야에 남아 있었더라면, 비참했을 것"이라면서 "스스로 내린 결정을 후회한 적이 없고 지금도 옳았던 판단으로 생각합니다"라고 말한다. 그러면서 그는 혹시 자기와 비슷한 고민을 하고 있을 어떤 젊은이가 듣고 생각해볼 법한 이야기를 들려준다. "자신의 직업 선택권을 최대한 오랫동안 미결정 상태로 두는 것이 유익하다고 생각합니다. 그 일에서 앞으로 4~50년의 세월을 보내게 될 테니, 누구든 그 선택이 제대로 된 것인지 확실히 해두고 싶을 것이기 때문입니다. (…) 물론 언젠가는 직업 선택을 해야 하겠지만, 가능한 한 뒤로 미루십시오."[1]

전기공학 학위를 포기한 드레츠키는 1960년에 미네소타 대학교에서 박사 학위를 받고 그 후로 스타 철학자가 되어 철학계에서 승승장구하게 된다. 그는 위스콘신 대학교에서 철학 교수 생활을 시작해서 나중에 스탠퍼드 대학교로 옮겼고, 퇴직 후에는 듀크 대학교의 종신 석좌 교수로 여생을 보냈다. 그의 부고를 알린 가디언지의 기사는 그를 이렇게 묘사하고 있다. "점잖고, 온화하며, 매우 정직하면서도, 심지가 굳은 인물인 드레츠키는 동료와 학생에게 아주 인기가 많았다."[2]

그는 생전에 논문집 한 권을 포함해 총 다섯 권의 저서를 출간하였다. 그중 1995년에 출간한 『마음을 자연화하기』(*Naturalizing the Mind*)는 인간의 마음을 특권적 방법으로만 접근 가능한 특권적 지위를 지닌 특별한 존재자로 취급하는 것이 아니라 나머지 모든 자연 세계의 대상들과 근본적으로 다를 바 없는 자연의 일원으로 다룰 수 있는 철학적인 마음 이론을 제안한다. 철학에서 말하는 '자연화'라는 개념에는 바로 그런 의미가 들어 있다. 아마도 그의 철학이 그런 방향으로 나아가게 된 것은 공학도였던 그의 전력과 무관하지 않을 것이다.

일반적으로, 마음에 관해 포괄적인 설명을 시도하고자 할 때 부딪히는 근본 난제는 '나는 지금 무엇을 경험하고 있는가?'와 '나는 지금 그것을 어떻게 경험하고 있는가?'라는 두 질문에 답하고자 할 때 발생하는 틈새가 잘 채워지지 않고 끈덕지게 벌어진다는 것이다. 이것은 실재(reality)와 외양(appearance)의 문제이기도 하고, 주관과 객관의 문제라고도 부를 수 있는 철학의 근본 관심사이다. 철학의 역사를 다룬 책에서 이 문제와 관련된 논의를 빼버리기로 한다면, 아마도 그 두꺼운 책이 금방 홀쭉해질 것이다. 이 문제의 성격을 이해하는 일이 생각보다 어렵지는 않다. 칠흑같이 어두운 깜깜한 한밤중에 여러 사람이 코끼리를 만지고 난 후 각자 자기가 만진 코끼리를 묘사한다고 해보자. 그들 중 어떤 두 사람의 코끼리 체험도 정확히 똑같지 않았을 것이다. 그런데도 그들이 '같은' 코끼리를 만졌다고 말할 수 있을까? 그 코끼리는 그들이 어떤 식으로 경험했건 상관없이 저 바깥에 실제로 존재하고 있는 걸까?

2. 정보 수용 기능을 지닌 마음

드레츠키는 이런 우리 마음과 의식의 주관적 측면을 객관적으로 다룰 수 있는 설명의 토대를 제공할 작정이다. 그는 그 토대가 우리 마음이 어떻게 기능하며 그런 기능의 목적은 무엇인지에 관하여 더 그럴듯한 생물학적 설명을 제공할 것으로 확신한다. 하지만 그는 그런 '더 그럴듯한 생물학적 설명'이 마음이 사용하는 생물학적 장치, 즉 뇌에 대한 더 나은 지식을 통해 더 잘 획득되리라고 보지는 않는다. 그는 재미난 비유를 내놓는다. "카메라가 도대체 무엇인지 모른다면, 조리개 값, 초점 거리, 셔터 속도, 필름 감도에 관해서 이야기를 들어봤자 도움이 되지 않는다. 알아야 할 필요가 있는 것은 사진에 관한, 카메라가 무슨 일을 하는지에 관한 더 기본적인 사항이다."[3] 철학의 자연화 속에서도 철학자에게 여전히 과학자와 다른 임무가 주어진다는 것을 여실히 말해주는 대목이다. 그에 따르면, 마음의 가장 중요한 임무는 표상(representation)을 만들고 사용하는 것이다. 여기서 '표상'이란 쉽게 말해 우리가 감각 기관을 통해 마음 바깥에 있는 대상을 접한 후 그 결과로 마음 안에 재현해낸 결과물을 뜻한다. 드레츠키의 말에 따르자면, 바로 그 표상의 본성과 그런 표상을 마음이 어떻게 다루는지에 관한 더 깊은 이해가 마음에 대한 더 깊은 이해로 이어질 것이다.

마음의 표상 작용에 관한 드레츠키의 기본 주장은 이렇다. 우리의 생물학적 뇌는 감각 기관이 우리 바깥에 있는 대상들에 관해 전달한 정보를 표상하고 그것을 믿음의 형태로 저장하는 **기능**을 가진 마음을 보유하게끔 진화했다는 것이다. 그것은 자동차 속도계가 자동차의 이동 속도라는 정보를 계기판에 표시하는 기능을 지닌 것과 마찬가지다. 자동차 속도계는 오로지 자동차의 속도라는 정보만을 표시할 수 있다. 즉, 그 기능이 속도 표시에 한정된다는 뜻이다. 그리고 비록 모든 자동차 속도계에 속도 표시라는 '같은' 기능이 있지만, 실제로 그 기능 수행의 결과물은 여러 가지 변수들에 따라 달라질 수 있으며, 어떤 경우는 엉뚱한 속도를 잘못 표시하기도 한다. 드레츠키는 마음도 같은 방식으로 설명할 수 있다고 제안한다. 차이는 속도계의 기능이 인공적으로 부여된 데 반해서, 마음의 기능은 자연선택의 결과물이라는 것뿐이다. 우리의 감각 기관은 태초부터 존재해온 수많은 정보 가운데서 특정 종류의 정보를 수용하게끔 진화했고, 우리의 특정한 뇌 상태는 그런 정보를 특정한 방식으로 재현할 수 있는 마음의 기능을 갖추게끔 함께 진화하여 오늘날에 이르렀다는 것이다.

우리 인간의 마음에 전달된다거나 우리 마음이 수용한다거나 하는 정보란 정확히 무엇을 말할까? 흔히 '정보'라고 하면 국가 안보에 결정적인 기밀 사항을 빼내 비밀리에 적국에 전달하는 첩자나 기업의 재무 자료를 입수해 큰 이득을 올리는 증권 거래인을 쉽게 떠올리게 된다. 하지만 그런 특별한 결과를 불러올 특별한 자료들만 정보인 것은 아니다. 우리가 미디어를 통해 '한국이 2022년 월드컵에서 포르투갈을 이겼다'라는 승전보를 듣거나, 뉴스에서 '내일 기온이 영하로 떨어진다'라는 일기예보를 듣거나, '나의 가장 친한 친구가 코로나 바이러스에 감염되었다'라는 소식을 듣게 되는 것도 모두 정보 획득이고 그로부터 우리는 어쨌든 소소하게라도 지식을 형성하게 된다. 드레츠키가 마음이 송수신한다고 말하는 정보는 바로 그렇게 그 실용적 가치의 크고 작음을 떠나 세계에 관한 어떤 내용을 담고 있는 그 무엇, 이른바 의미론적 정보(semantic information)다. 드레츠키의 정보철학은 그런 의미의 정보를 객관적이고 계량화된 방식으로 엄밀히 정의하여 우리의 마음이 어떻게 세계에 관한 믿음과 지식을 갖게 되는지 설명하고자 한다. 그가 생각하는 정보란 우리가 세계에 관한 앎을 형성하여 각자의 의도에 따라 활용할 수 있는 통상적인 이해의 대상이면서 동시에 흔히 'IT'(Information Technology)라는 용어를 사용할 때 떠올리는 정보처럼 컴퓨터 같은 계산 장치로 처리할 수 있는 계량화된 객관적 대상의 성격을 지닌 것이다.

> 정보란 알맞은 수신자가 있을 때 지식을 산출할 수 있는 물자(物資)이다. 우리가 무언가를 알게 된다는 것은 가용한 정보의 내용과 양(量)이라는 두 측면에 의해 제한된다. 더 나아가 그것은 전송되고, 수신되고, 교환되고, 저장되고, 분실하고, 복구하고, 사고, 팔 수 있는 물자이다.[4]

드레츠키의 저서 『지식과 정보 흐름』에는 정보의 내용과 양이라는 두 측면에 대한 설명을 제공하는 명료하고도 독창적인 정보철학 이론이 담겨 있다. 거기서 그는 먼저 정보의 양에 관한 논의로 시작한다. 정보 계량화의 선구적 작업으로 널리 알려진 클로드 섀넌의 수학적 커뮤니케이션 이론(워런 위버의 해석적 논평과 함께 묶어 동명의 기념비적인 저서로 발표된)이 그 논의의 출발점이다. 섀넌의 이론이 제공한 수학적 모형은 정보를 계량화하여 정보의 송수신 과정 즉 커뮤니케이션 과정을 막연하지 않은 객관적인 방식으로 접근하고 이해할 수 있게 해주었다. 바로 그 섀넌의 이론이 드레츠키가 생각한 정보의 양적인 측면을 뒷받침해준다.

하지만 대니얼 데닛도 언급한 바와 같이, "섀넌의 이론은 가장 근본적인 차원에서 세계의 서로 다른 사태들 사이에 성립하는 통계적 관계에 관한 것"이며, 섀넌은 "어떤 정보가 무엇에 관한 정보인지와 상관없이 그저 그 정보를 측정하는 방법을 고안"했을 뿐이다.[5] 드레츠키 이론의 설명 전략은 섀넌의 이론에 등장하는 몇 가지 공식들을 활용하여 정보의 양적 측면을 규명하고, 바로 그 논의를 바탕으로 정보의 내용적 측면을 해명하는 것이다. 그리고 궁극적으로 바로 그렇게 이해된 정보 개념을 통해 그는 우리 마음이 어떻게 세계에 관한 앎을 형성하게 되는지 설명한다. 이제부터 그가 제안한 큰 그림을 가장 기본적인 측면에서 개괄적으로 살펴보기로 하자.

3. 정보량

세간의 명성과 지적 호기심의 발동으로 섀넌의 『수학적 커뮤니케이션 이론』을 집어 든 독자라면, 실망 혹은 좌절을 느낄 수도 있다. 다른 책에 잘 인용되곤 하는, 책의 서두에 등장하는 '정보 흐름도' 말고는 온갖 수학 공식들로 가득 찬 책의 내용을 이해하기가 몹시 벅차기 때문이다(개인적인 경험담이라 일반화할 수는 없겠지만). 다행히도 드레츠키의 정보철학을 이해하기 위해 알아둘 필요가 있는 공식은 그중 두 가지만이다. 정보 원천에서 발생한 특정 사건에 담긴 정보와 그것을 옮기는 수단으로서 특정 신호에 담긴 정보의 양을 계산하는 방법이 하나이고, 다른 하나는 정보 송수신의 성공 여부를 계량화된 방식으로 결정하는 공식이다.

정보량 계산과 관련하여 알기 쉽게 다음과 같은 상황을 상상해보자. 담임선생님이 8명의 학생 영숙, 정숙, 정희, 영희, 정훈, 성호, 정호, 성진에게 토론 대회 참가자 한 명을 자율적으로 선발해보라고 제안하였다. 이에 8명은 자율적으로 공정한 선발 절차를 진행했고 최종적으로 성호를 참가자로 선발하게 되었다. 성호가 참가자가 된 그 사건에는 얼마나 많은 정보가 들어 있다고 말해야 할까? 섀넌의 수학적 정보 이론에 따르면, 어떤 사건에 담겨 있는 정보의 양은 그 사건의 발생 결과 줄어든 불확실성 혹은 가능성의 양으로 결정된다. 처음에는 8명 중 누가 참가자가 될지 불확실한 상황이었으며, 누구든 참가자가 될 가능성이 있었다. 하지만 성호를 선발한 사건의 발생 후에는 그런 불확실성이 사라졌다. 그러면 그런 불확실성의 감소량을 어떤 방식으로 계산할 수 있을까?

이들이 어떤 방식으로 성호를 선발하기에 이르렀을지 생각해보자. 여러 가지 방식이 있겠지만, 이런 방식도 있다. 동전 던지기다. 8명의 후보를 놓고 동전 던지기로 한 명을 선정하는 가장 효율적인 방식은 무엇일까? 먼저 8명을 두 무리로 나누고 동전을 던져 4명을 골라낸다. 그다음 그 4명을 두 무리로 나누고 한 번 더 던져 2명을 골라낸다. 마지막으로, 한 번 더 던져 그 2명 중 1명을 참가자로 최종 선발한다. 그렇다면 성호가 최종 선정되기까지 세 번의 동전 던지기가 있었던 셈이다. 동전 던지기는 '앞' 아니면 '뒤'라는 소위 이진 결정(binary decision) 체계이므로, 그 세 번의 결과는, 예를 들면, '앞-앞-뒤'였을 수 있다(이 말은 만일 그 결과가 '앞-앞-앞'이었다면 다른 사람이 선발되었으리라는 뜻이다). '앞'을 1, '뒤'를 0으로 표시하기로 약속하면, '앞-앞-뒤'는 세 개의 이진수(binary digit) '110'으로 표현될 것이다. 이를 통해 우리는 성호가 참가자로 결정된 그 사실에 결부된 정보의 양을 '3bit'로 표시하기로 약속할 수 있다('bit'는 'binary digit'의 줄임말이다). 정보가 생성되는 지점, 즉 정보 원천 s에서 n가지 가능성이 하나로 줄어듦으로써 생성된 정보의 양 $I(s)$를 계산하는 일반 공식은 '$I(s) = \log_2 n$'이다.

지금의 참가자 선발 과정에서 정보 원천에 8가지 가능성이 있었고, 성호가 선발됨으로써 그 가능성이 1로 줄어들었다면, 공식에 따라 이 사건의 정보량은 '$\log_2 8 = 3$(bit)'인 것이다(만약 후보가 4명이었다면 2bit, 10명이었다면 $\log_2 10 = 3.3$bit가 될 것이다. 이 말은 전자는 2회, 후자는 3.3회의 동전 던지기가 필요하다는 의미이다). 만약 성호가 아니라 영숙이가 뽑혔어도 정보량은 달라지지 않는다. 실제로 수학적 정보 이론은 성호가 뽑히든, 영숙이가 뽑히든 어떤 개별 사건의 정보량에는 관심이 없다. 주된 관심은 그 정보 원천의 평균 정보량이다. 따라서 참가자를 선정하는 사건의 정보량이 3bit라는 것은 엄밀히 말해서 정보 원천에서 8명 중 한 명을 선정하는 사건이 지닌 평균 정보량이다(흥미롭게도 이런 정보량을 물리학 용어인 '엔트로피' 라고 부르기도 한다. 이를테면 어떤 정보 원천의 정보량이 많을수록 그 원천의 엔트로피 값도 크다는 식이다. 전문적인 설명을 떠나서, 지금의 정보 이론에서 어떤 원천의 정보량이 많다는 것은 곧 그것의 불확실성 정도가 크다는 의미라는 점을 생각해보면 직관적으로 이 용어법을 충분히 이해할 법하다). 하지만 드레츠키에게 중요한 것은 이런 평균 정보량이 아니다. 앞에서도 언급했지만, 그의 정보철학은 정보 송수신을 통해 마음이 세계에 관한 지식을 얻는 과정을 설명하려는 것이고, 그러려면 단지 정보의 양이 아니라 그것이 '어떤 정보', '어떤 내용을 가진 정보'의 양인지를 설명해야 한다. 정보의 내용이야말로 우리가 통상적으로 '정보'라는 말을 사용할 때 기본적으로 고려하는 측면이며, 앞서도 언급했지만, 우리가 드레츠키의 이론을 의미론적 정보에 관한 이론이라고 부르면서 섀넌의 수학적 정보 이론에 대비시키는 이유도 거기에 있다.

자, 이제 이런 측면에서 고려해야 할 결정적인 요소가 있다. 그것은 각 사건의 발생 확률이다. 특히 평균 정보량에 관심이 없는 의미론적 정보 이론에서는 발생 가능한 각 사건의 발생 확률 차이가 더욱더 중요한 의미를 지닌다. 누가 선정되더라도 각 사건에 결부된 정보량이 3bit로 같다고 말할 수 있으려면, 참가자가 될 확률이 8명 모두 정확히 똑같다는 전제가 있어야 한다. 만약 특정인의 선정 확률이 다른 사람들보다 더 크다면, 그에 따라 각 사건의 정보량도 달라진다. 이를 이해하기 위해, 어떤 야바위꾼이 10번 던지면 9번 앞이 나오고, 뒤는 1번만 나오게 조작한 동전으로 동전 던지기 게임을 한다고 해보자. 이제 이 동전을 던지면 앞이 나올 것이 거의 뻔하다. 앞이 나왔다는 소식을 들어도 별로 '놀랄' 일이 없다. 그것은 이를테면 북극에서 내일 기온이 영하라는 예보를 듣는 경우와 별반 다르지 않을 것이다. 우리나라에서 내일 기온이 영하라는 예보를 듣는 경우와 비교해보라. 남극에서 듣는 영하 예보는 우리나라에서 듣는 영하 예보보다 정보가 '적다.' 그 이유는 남극의 예보는 우리나라의 예보보다 더 적은 불확실성, 즉 더 적은 수의 가능성을 제거하기 때문이다. 야바위꾼의 동전 던지기도 마찬가지다. 정보 원천에서 특정 사건 k의 발생 확률을 p(k)라고 할 때 정보량 I(k)를 계산하는 공식은 다음과 같다. 이것이 드레츠키의 정보철학이 필요로 하는 첫 번째 공식이다.

(1) $I(k) = \log_2 1/p(k)$

야바위꾼의 동전 던지기에서 앞이 나온 사건의 확률은 90%이므로 이 공식에 따르면 그 사건이 지닌 정보량은 뒤가 나온 사건의 정보량보다 훨씬 적다. 이 값은 흔히 이 특정 사건의 '놀람'(surprisal) 값이라고도 부른다. 한마디로, 정보량이 많지 않은 사건은 발생해도 별로 놀랍지 않다. 정보 원천의 가능한 사건들의 발생 확률이 모두 똑같을 때는 놀람 값도 모두 똑같고 평균 정보량도 개별 사건의 정보량과 똑같다. 하지만 야바위꾼의 동전 던지기처럼 두 사건의 발생 확률이 다르다면 두 사건의 놀람 값(정보량)이 달라지며 평균 정보량은 정상적인 동전을 사용한 동전 던지기의 평균 정보량보다 줄어든다. 야바위꾼의 동전 던지기라면 대체로 결과를 이미 알고 있으니 놀랄 것도 없고 새로 얻는 정보도 별로 없는 셈이다.

4. 정보 전송

이제 학생들이 성호를 참가자로 선발한 사건의 결과를 선생님에게 전달하기 위해 '성호'라는 이름을 적은 메모지를 작성한다고 생각해보자. 메모지에 적힌 성호의 이름은 그 사건의 내용을 전송하는 데 사용된 신호이다. 그 신호의 정보량은 얼마나 될까? 아니, 얼마라고 해야 할까? 선생님의 위치에서 보면 어떤 메모지가 도착할 것이냐에 관하여 8가지의 가능성이 있었고, 실제로 '성호'라고 적힌 메모지가 도착했으니 그런 불확실성은 사라졌다. 그렇다면 선생님에게 전달된 그 메모지에도 3bit의 정보량이 담겨 있다고 말해야 할까? 그것은 정보 원천에서 송신한 3bit의 정보가 그 신호에 고스란히 담겼을 때의 이야기다. 반드시 그러리라는 보장은 없다. 이런 상황을 상상해보자.

교실에서 동전 던지기를 시작하려던 순간 영희에게 토론 대회에 참가할 수 없는 긴급한 사정이 발생하였다. 학생들은 일단 원래대로 8명 모두를 대상으로 동전 던지기를 하되 만약 영희가 뽑히면, 영희의 단짝인 성호가 영희 대신 참가자가 되기로 하자고 약속하였고, 원래대로 8명을 대상으로 선발 과정을 진행하였다. 이 경우 실제로 8명 중 1명을 선발하는 사건 발생에 담긴 정보량은 이전과 달라지지 않는다. 하지만 만약 선생님께 전달된 메모지에 '성호'라는 이름이 적혀 있을 때 그 신호도 역시 예전처럼 3bit의 정보를 담고 있다고 말할 수 있을까? 성호의 이름이 메모지에 적힐 확률은 영희를 제외한 나머지 6명보다 더 크다. 메모지에 '성호'가 적히는 일은 다른 이름이 적히는 것보다 '덜 놀라운' 일이다(앞의 공식으로 계산하면 '성호'가 적힐 확률이 12.5%가 아닌 25%이므로 그 신호의 정보량은 2bit가 된다). 따라서 메모지 신호에 담긴 정보량은 참가자 선발 사건에 담긴 정보량과 다르다고 말해야 한다. '성호'라는 신호를 접한 선생님은 참가자 선발 사건에서 실제로 누가 선정되었는지, 성호인지 영숙인지 판단할 수 없다. 정보가 부족한 것이다.

참가자 선발 사건 즉 정보 원천에서 생성된 정보량과 그 사건을 전달하기 위해 사용한 신호에 담긴 정보량이 같지 않을 수 있다는 것은 매우 중요한 의미를 지닌다. 추가로 다음 몇 가지 상황을 상상해보자.

a. 영희가 뽑히자, 학생들은 약속에 따라 메모지에 '성호'라고 적은 후 지나가던 옆 반 친구에게 선생님께 그 메모지를 전달해 달라고 부탁하였다. 하지만 전달자가 그만 도중에 메모지를 분실하고 말았다. 메모지에 어떤 이름이 적혀 있었는지 전혀 알지 못하는 전달자는 새 메모지에 그냥 아무 이름이나 생각나는 대로 '영숙'이라고 적어서 선생님 책상에 갖다 놓았다.
b. 위의 a와 똑같은 상황이 벌어졌는데, 전달자가 새 메모지에 그냥 아무 이름이나 생각나는 대로 '성호'라고 적어서 선생님께 전달하였다.
c. 영희가 뽑히자, 학생들은 약속에 따라 메모지에 '성호'라고 적은 후 선생님 책상에 그 메모지를 갖다 놓았다. 하지만 심한 악필이어서 메모지에서 확인되는 글자는 '성'자뿐이다.
d. 영희가 뽑히자, 학생들은 약속에 따라 메모지에 '성호'라고 적은 후 지나가던 옆 반 친구에게 그 메모지를 선생님께 전달해 달라고 부탁하였다. 전달자는 메모지에 자신의 이름을 추가로 써넣어서 이 메모지를 누가 전달했는지 밝혔다.

상황 a와 b는 어떤가? 전달자는 실제 벌어진 사건과 무관하게 아무 이름이나 임의로 적어 넣었다. 두 경우 모두 메모지에 정보가 실려 있다고 말할 수 있겠지만(어쨌든 불확실성이 줄어들었다) 그 정보는 해당 사건에 관한 정보가 전혀 아니다. 그것은 정보 원천과 무관한 별개의 정보이며, 우연히도 '성호'라는 이름을 정확히 써넣은 b의 상황도 마찬가지다. 정보 원천에서 송신하지 않은 모든 정보를 '노이즈'(noise)라고 부른다면, a와 b의 상황에서 선생님에게 전달된 신호는 완전한 노이즈 정보를 담고 있다.

c의 상황은 어떤가? c의 신호는 어떤 정보를 얼마만큼 담고 있는가? 선생님이 이 메모지를 확인한다면, 읽히는 글자는 '성'자밖에 없더라도 적어도 이름에 '성'자가 없는 6명은 참가자가 아니라고 판단할 수 있다. 어쨌든 그 신호에는 참가자 선발 사건에 관한 일부 정보가 들어 있는 것은 분명하다. 다만 선생님으로서는 참가자가 성호인지 성진인지 판단할 수 없다. 결과적으로 전달된 메모지는 불확실성을 실제 발생 사건만큼 줄이지 못했다(계산적으로 말하자면, 원래 보내고자 했던 3bit중에서 오직 2bit의 정보만이 전달된 것이다). 이럴 때 우리는 신호에 '애매성'(equivocation)이 있다고 말한다. 신호에 애매성이 있다는 것은 정보 손실이 있다는 의미이다. 우리는 정보 원천의 정보량 중 신호에 실리지 않은 모든 정보를 손실 정보라고 부를 수 있다. 마지막으로, 상황 d는 어떤가? 메모지 신호에는 정보 원천의 정보와 무관한 노이즈 정보가 포함되어 있다. 하지만 그 노이즈 정보는 정보 원천의 정보에 영향을 미치지 않으며, 손실된 정보도 전혀 없다. 다만 신호에 불필요한 과잉 정보가 포함되어 있을 뿐이다.

만약 어떤 신호가 정보 원천에서 생성된 정보를 조금의 정보량 손실도 없이 전달하는 경우를 '완전한 정보 송신'이라고 부른다면, 위의 사례들을 통해 우리는 노이즈 정보가 포함된 신호라고 할지라도 때에 따라 완전한 정보를 전달할 수는 있으며, 오히려 완전한 정보 송신의 관건은 노이즈 차단보다는 신호의 애매성 발생을 차단하는 데 있음을 알 수 있다. 여기서 드레츠키의 의미론적 정보 이론을 구성하는 데 필요한 두 번째 공식이 등장한다. 그것은 특정 사건 s에 관한 특정 신호 r이 실어 나르는 정보의 양을 계산하는 공식이다.

(2) $I(r) = I(s) - E(r)$

(여기서 $E(r)$은 특정 신호 r에 결부된 애매성에 따른 손실 정보량이다)

이 공식은 $E(r)$ 값 즉 애매성에 의한 손실 정보량이 0일 때만, 완전한 정보 송신이 이루어진다는 것을 보여준다. 그럴 때만 신호에 실린 정보량인 $I(r)$과 정보 원천에서 생성된 정보량인 $I(s)$의 값이 같아질 것이기 때문이다.

이제 필요한 두 개의 공식을 모두 확인했으니, 의미론적 정보를 정의하는 다음 단계로 나아갈 차례다. 그에 앞서 이런 정보 관계가 흔히 말하는 인과 관계와 어떤 관계가 있는지 잠깐 살펴보자.

5. 인과 관계와 애매성

우리의 사례에서 학생들이 참가자를 선발한 사건과 그 결과를 전송하기 위해 사용된 신호와 그 신호의 최종 수신자로서 그 사건에 대한 믿음을 형성하게 된 선생님은 '정보적으로' 연결되어 있다고 말할 수 있다. 이런 정보 관계가 정보 원천에서부터 정보 수신자에 이르는 적절한 인과적 연결 관계에 어떤 식으로든 의존하리라 생각하는 것은 자연스럽다. 혹시 애매성, 즉 정보 손실의 발생을 정보 원천과 신호와 최종 수신자 사이의 인과 관계에 모종의 단절이 발생한 경우로 설명할 수도 있지 않을까? 이에 대해 드레츠키는 정보 원천과 수신자 사이에 성립하는 인과 관계 자체가 둘 사이의 완전한 정보 관계를 보장하는 것도 아니고, 역으로 두 지점 사이에 성립하는 완전한 정보 관계가 둘 사이에 우리가 통상적으로 생각하는 인과 관계의 성립을 보장하는 것도 아니라고 답한다. 후자의 문제는 미묘하고 여러 가지 배경 설명을 요구한다. 여기서는 전자의 문제에만 집중하기로 하자.

상황 a~c와는 달리, 영희에게 특별한 사정이 생긴 사례에서는 정보 원천인 참가자 선발 사건과 최종 수신자인 선생님이 메모지라는 신호를 매개로 분명히 인과적으로 연결되어 있고 그사이에는 어떤 인과적 단절도 없다고 말할 수 있다. 하지만 메모지를 읽은 선생님은 참가자 선발 절차에서 성호와 영희 중 누가 선발되었는지 알 수 없다. 메모지에 적힌 신호가 정보 원천에 관한 '모든' 정보를 담고 있지 않다는 것, 즉 애매성으로 인해 정보 손실이 발생했다는 것이 문제다. 결국 그런 애매성이 제거되지 않는 한, 정보 원천과 수신자 사이에 아무리 인과 관계가 성립한다고 하더라도 완전한 정보 전송은 이루어질 수 없다. 드레츠키의 설명을 직접 들어보자.

환한 배경 위에서 움직이는 작은 벌레가 개구리 뇌 안에 있는 일군의 특정 뉴런들을 점화시키고 그것이 그 개구리의 반응(혀로 그 벌레를 홱 낚아채는)을 유발한다는 사실이 곧 그 뉴런들이 혹은 그 개구리가 근처에 벌레가 있다는 취지의 정보를 수신하고 있음을 의미하는 것은 아니다. (…) 이 상황을 정보적인 어휘로 분석하려면, 단지 지금 무엇이 뉴런들의 점화를 유발하고 있는지(혹은, 무엇 때문에 개구리가 그 파리를 잽싸게 후려치게 된 것인지)보다 더 많은 것을 알아야 할 필요가 있다. 우리는 혹시라도 다른 무엇이 그 반응을 생성하는지 알 필요가 있다는 말이다.[6]

한마디로 말해, 여기에 필요한 것은 단지 인과 관계만이 아니라 애매성의 제거다. 드레츠키가 양치기 소년 이야기를 정보 관계로 해석한 것도 재미있다. 실제로 늑대가 나타났을 때 양치기 소년이 외친 '늑대가 나타났다!'라는 신호는 어째서 결과적으로 마을 사람들에게 늑대 출현에 대한 정보를 전달하지 못한 것일까? 어째서 마을 사람들은 그 신호에 늑대 출현의 정보가 실려 있다고 판단하지 않았나? 그 이유는 실제로 늑대가 나타나지 않은 상황에서도 그 신호가 빈번하게 발생했기 때문이다. 마을 사람들은 그 상황에서 그 신호가 '애매하지 않다'는 것을 확신할 수 없었고, 그래서 늑대 출현의 정보는 전달될 수 없었던 셈이다.

6. 정보 내용

지금까지의 이야기를 정리해보자. 드레츠키는 우리 마음에 수신된 특정 신호가 어떤 특정 사건의 정보를 얼마큼 담고 있는지 객관적인 방식으로 말하고 싶어 한다. 그 값들을 계산하기 위해 공식 (1)과 (2)가 필요하다. 이 두 개의 공식으로 원하는 결과를 얻으려면 결국 세 가지를 알아야 한다. 첫째, 모든 대안적 가능성(즉, 불확실성), 둘째, 그 대안적 가능성 각각의 확률, 셋째, 수신자에게 특정 신호의 전달이 이루어진 상황에서 그 대안적 가능성 각각의 조건부 확률(애매성 정도에 좌우되는)이다. 특정한 목적에 따라 설계된 제한적 설정에서가 아니라면, 일상적인 상황에서 우리가 이 세 가지 모두를 완벽하게 알아낸다는 것은 사실상 불가능하다. 토론 대회 참가자를 선발하는 사건의 대안적 가능성을 딱 8가지(총 8명이 있으므로)라고만 말할 수 있을까? 조금만 생각해보면, 당연히 그렇지 않다는 것을 알 수 있다. 아무도 참가하지 않겠다고 해서 아예 선발 과정 자체가 무산될 수도 있고, 선생님 마음이 바뀌어서 본인이 그냥 알아서 뽑겠다고 말을 바꿀 수도 있다. 이런 식의 가능성은 무궁무진할 것이며, 더군다나 이런 모든 가능성 각각의 확률을 도대체 어떻게 계산할 수 있겠는가? 조건부 확률을 계산하는 문제도 당연히 마찬가지다. 애매성이 개입할 수 있는 가능한 상황도 사실상 무한할 것이므로, 그 확률 계산도 가망 없는 일이 될 것이다. 한마디로, 정보원천에서 발생한 단일한 한 사건이나 그 사건에 담긴 정보를 전달하는 신호에 정확히 얼마나 많은 양의 정보가 들어 있는지 그 절댓값을 논한다는 것은 그 계산이 불가능한 만큼 무의미한 일이기도 할 것이다. 드레츠키도 이 모든 사실을 인정한다. 드레츠키는 이런 한계에도 불구하고 지금의 접근 방식이 여전히 유효하며 공식 (1)과 (2)는 중요한 용도를 지닌다고 생각한다.

그것들은 비교에, 그중에서도 특히 한 사건의 발생으로 생성된 정보의 양과 그 사건에 관하여 어떤 신호가 전달하는 정보의 양을 비교하는 데 사용될 수 있다. 그런 비교는 양쪽 크기의 절댓값을 결정하지 않고서도 이루어질 수 있다. 즉, 우리가 이 공식들을 사용하는 방식은 눈금이 표시되어 있지 않은 줄을 가지고 A보다 B가 더 긴지 아닌지 A와 B의 길이를 결정하지 않고서도 얼마든 결정할 수 있는 것과 같은 방식이다. (…) 우리가 알고 싶은 것은 특정한 사건 s_a의 발생으로 인해 얼마나 많은 정보가 생성되는가가 아니며 특정 신호 r_a가 그 사건의 발생에 관해 얼마나 많은 정보를 전달하는가도 아니며 다만 **r_a가 s_a에 관하여 그 사건의 발생으로 인해 생성된 만큼의 정보를 전달하느냐** 하는 것이다.[7] (강조 표시는 필자의 것임)

우리에게 필요한 것은 특정 사건과 특정 신호의 절대적 정보량이 아니라, 제한적 조건과 맥락에 상대적으로 그 둘의 정보량을 계산하고 그 값을 비교하는 것이다. 토론 대회 참가자 선발 사건의 정보량은 다른 변수들을 고려하지 않고 단지 사례에서 설정된 조건에 따라서만 계산하면 3bit이고, 그 값을 기준으로 메시지에 적힌 신호의 정보량을 계산해서 그 두 값을 비교하는 것으로 충분하다는 말이다.

자, 이렇게 해서 드레츠키가 본인이 생각하는 정보의 '내용'이란 무엇인지 정확히 정의할 단계에 이르렀다. 다시 말하지만, 우리가 정보에 관해 논할 때 중요한 것은 그것이 무엇에 관한 정보인지, 즉 그 정보의 내용이 무엇이냐다. 드레츠키가 다루고자 하는 정보란 바로 그런 의미에서 의미론적 정보다. 특히 정보 수신자로서 우리의 관심사는 특정 사건의 정보를 우리에게 전달하는 역할을 하는 바로 그 해당 신호의 정보 내용이다. '한국이 2022년 월드컵에서 포르투갈을 이겼다', '내일 기온이 영하로 떨어진다', '나의 가장 친한 친구가 코로나 바이러스에 감염되었다' 같은 말(즉, 신호)에는 무슨 정보가 들어 있는 것인가? 무슨 정보를 전달하느냐와 관련하여 드레츠키가 그 신호의 정보적 내용을 규정하는 방식은 바로 지금까지 논의한 정보의 양적 측면을 이용하는 것이다. 이를테면 메모지에 적힌 '성호'라는 특정 신호에는 정확히 무슨 정보가 실려 있다고 말할 수 있을까? 이에 대해 드레츠키가 제안하는 정보 내용의 정의는 다음과 같다.

> 정보 내용: 신호 r는 성호가 토론 대회 참가자로 뽑혔다는 정보를 전달한다. = r이 (그리고 k가) 주어진 상황에서, 성호가 토론 대회 참가자로 뽑힌 사건의 조건부 확률이 1이다(하지만 k 홀로는 1에 못 미친다).

이 정의가 무엇을 말하는지 지금까지의 논의를 바탕으로 분석해보자. 선생님이 성호의 이름이 써진 메모지를 전달받은 상황에서 성호가 참가자가 된 사건의 확률이 1이 될 수 있는 것은 어떤 경우인가? 당연히 실제로 성호가 선발되었을 때뿐이다. 이 말은 곧 성호가 토론 대회 참가자로 뽑힌 사건이 세계에 관한 참된 사실일 때, 세계가 돌아가고 있는 양상이 실제로 그러할 때, 오직 그때만 메모지에 적힌 신호는 '성호가 토론 대회 참가자로 선발되었다'라는 정보 내용을 갖는다는 것을 의미한다. 이 정의에 따르면, '가짜 정보', '거짓 정보', '부분적인 정보', '개연성이 큰 정보' 같은 말은 드레츠키의 정보철학에서는 용인될 수 없다. '지구가 평평하다'라는 진술은 '거짓 정보'를 전달하고 있는 것이 아니다. 정보 내용의 정의상 그 신호는 정보적인 내용을 담고 있지 않다(이 진술이 아무런 의미가 없다는 말은 아니다. 다만, 정보는 의미와는 다른 것일 뿐이다). 정보 내용 없는 정보란 정보가 아니다.

괄호에 들어가 있는 k는 이 신호의 수신자와 관련된 변수다. k는 수신자가 이 신호가 전달하는 정보 원천, 즉 해당 사건의 확률에 대해서 알고 있는 일종의 사전 지식을 뜻한다. r이 수신되기 전까지 k는 해당 사건의 발생 확률이 적어도 1이 되지 않는다고 알고 있어야 한다. 원천적으로 발생 확률이 1인 사건은 전혀 놀랍지 않은 사건이고 따라서 그 사건을 전달하는 신호에 정보가 들어 있다고 말할 수 없으니 말이다. 똑같은 신호를 한 번 더 수신한다고 더 많은 정보를 얻는 것이 아닌 이유도 그것이다. 선생님이 메모지를 전달받기 전까지는 참가자를 성호로 결정한 사건의 확률은 당연히 1이 아니다. 그 확률은 12.5%였다. 이런 상황에서 실제로 성호가 참가자로 뽑혔다면, '성호'라는 메모지가 전달되었다는 전제하에 성호가 참가자로 뽑힌 사건의 조건부 확률은 1이다.

정보의 절대량을 정확하게 계산하는 문제에서와 유사하게, 수신자 변수 k도 논란의 대상이 될 수 있다. r과 k가 주어진 상황에서 조건부 확률이 1이라는 말은 그 신호가 어떤 애매성도 없이 세계의 사실에 관한 정보를 고스란히 담았다는 의미다. 영희에게 특별한 사정이 생긴 사례를 다시 고려해보라. 정보 원천의 상황이 그러하다면, '성호'라는 신호가 전달된 상황에서 성호가 토론 참가자로 뽑힌 사건의 조건부 확률은 1이 아니라 0.5의 값을 갖는다. 따라서 그 신호는 '성호가 토론 대회 참가자로 뽑혔다'라는 내용의 정보를 전달하지 않는다. 이것은 신호 자체에서 애매성이 제거되지 않아 정보 손실이 발생한 경우다. 하지만 양치기 소년의 사례를 생각해보면 어떤가. 양치기 소년이 전달한 '늑대가 나타났다'라는 신호는 지금과 같은 의미로는 조금도 애매하지 않다. 이 신호의 애매성은 수신자 쪽의 문제이다. 마을 사람들은 양치기 소년이 송신하는 '늑대가 나타났다'라는 신호가 늑대가 실제로 나타나지 않은 상황에서도 빈번하게 사용된다는 점을 이미 알고 있다. 마을 사람들의 관점에서 볼 때, '늑대가 나타났다'라는 신호가 주어졌더라도 늑대가 나타났을 확률이 1이라고 확신할 수 없다. 적어도 '그들에게' 그 신호는 늑대가 나타났다는 내용이 담긴 정보가 아니다.

이런 문제와 관련하여 대니얼 데닛은 사람들이 주고받는 정보는 그들의 사전 지식에 영향을 받기 때문에 결과적으로 그 양을 정확히 계산할 수 없다는 결론을 내린다.[8] 드레츠키는 수신자 변수 k에 관련된 논란의 가능성을 인정하지만, 데닛의 결론에 동의하지는 않는다. 이 문제는 단지 어떤 특정 신호에 담긴 정보의 절대량을 말할 수 없음을 다시 한 번 진술하는 것일 뿐이다. 드레츠키는 특정 신호에 담긴 정보의 절대량을 계산할 수 없음을 이미 인정하고 있다. 변수 k를 고려하여 수신자가 가질 수 있는 사전 지식을 제한 조건 삼아 정보 원천에서 생성된 정보 중 얼마나 많은 양의 정보가 신호에 담겨 있는지를 계산할 수 있으면, 즉 그런 식으로 상대화된 정보량을 계산할 수 있으면 충분하다는 것이 드레츠키의 생각이다. 이 문제는 이 정도까지만 다루기로 하자. 이 정도의 계산 가능성이 유용한 이론적 성과를 정말로 낼 수 있을지의 의문은 아마도 드레츠키의 정보철학에 대한 더 깊이 있는 연구를 본격적으로 수행해서만 해소될 수 있을 것이다.

이제까지의 논의를 통해 마침내 도달한 마지막 단계는 이런 정보 송수신 관계를 통해 우리 마음에 세계에 관한 지식이 생겨나는 현상을 정의하는 것이다. 드레츠키의 정의는 이렇다.

> K가 s가 F임을 안다. = s가 F라고 하는 정보가 s가 F라고 하는 K의 믿음이 생겨난 원인이다.

이 정의에 따르면, 우리의 처음 사례에서 선생님이 성호가 토론 대회 참가자가 된 것을 안다는 것은 이렇게 표현된다.

> 선생님이 성호가 토론 대회 참가자로 선발된 것을 안다. = 성호가 토론 대회 참가자라는 정보가 성호가 토론 대회 참가자로 뽑혔다는 선생님의 믿음이 생겨난 원인이다.

이 정의에 대해서도 많은 설명이 필요할 것이다. 이를테면 '무언가를 생겨나게 한 원인이 정보'라는 말이 정확히 무슨 의미일까? 드레츠키의 『지식과 정보 흐름』도 실제 그러하지만, 그의 본격적인 철학적 주장과 논쟁은 지금부터 시작이라고도 말할 수 있다. 하지만 인간의 마음이 세계에 관한 앎을 형성하는 과정과 의미를 정보 송수신을 통해 설명하고자 하는 드레츠키의 시도를 큰 틀에서 조망하고 그의 정보철학을 본격적으로 탐구하는 출발선에 설 수 있을 만큼의 채비를 갖추는 데에는 지금까지의 설명이 어느 정도는 도움이 될 수 있으리라 기대하며, 더 이상의 논의는 호기심 많은 독자의 몫으로 남긴다.

7. 아마존 독자의 오해 혹은 진실?

인터넷 서점 아마존에서 드레츠키의 『지식과 정보 흐름』을 검색하면 이 책을 향해 '우아하게' 불만을 표출하는 어떤 독자의 독설적인 서평을 접할 수 있다. '요즘에는 뭐든 계량화하면 돈이 되는' 세상이라며 분노를 터뜨리는 또 다른 독자는 그저 감정적으로 반응하고 있는 것이 분명해 보이지만, 그 독자의 독설적인 서평은 냉소적이지만 자못 진지한 면도 있어서 눈여겨 볼 만했다. 그는 이 책이 새로 발견한 한 줌의 응용 수학을 도구 삼아 세계를 설명하겠노라 떠드는 철학자를 떠올리게 한다고 말한다. 그는 자연 언어의 개념들을 수학과 연결하여 자신의 연구를 정당화하고 싶어 하는 철학자들이라면 이 책에 감명을 받을 수도 있겠지만, 다른 사람들은 아마 이렇게 생각할 거란다. '똑똑해 보이려고 '허세 같은 말들', '수학적인 용어들'을 좀 사용했구먼.'

글쎄다. 그 독자는 아마도 온갖 기호와 수학적 계산이 난무하는 요즘 철학의 어떤 세태가 몹시도 불만족스러운 것 같다. 하지만 드레츠키의 정보철학을 그런 세태의 범주 안에 집어넣고 야박하게 평가하는 것이 그리 공정해 보이지 않는다. 그렇게 간단히 치부해 버릴 일이 아닌 것이, 그의 논증에는 단지 수학 공식들이 제공하는 '허세' 이상의 예리하고 독창적인 철학적 통찰과 호기심을 자아내는 지적인 '재미'가 정말로 가득해 보이기 때문이다.

주

1 https://leiterreports.typepad.com/blog/2013/11/dretskes-last-interview.html.

2 https://www.theguardian.com/world/2013/aug/22/fred-dretske.

3 Fred Dretske, *Naturalizing the Mind*, MIT Press, 1995, Prologue, p. xiv.

4 Fred Dretske, *Knowledge and the Flow of Information*, MIT Press, 1981, p. 47.

5 Daniel Dennett, *The Evolution of Minds: From Bacteria to Bach anc Back*, Norton & Company, 2017, p. 106.

6 Fred Dretske, ibid., p. 34.

7 Fred Dretske, ibid., p. 54-5.

8 Daniel Dennett, *Content and Consciousness*, Routlege, 1969, p. 187 (Fred Dretske, ibid., p. 79에서 재인용).

참고문헌

Daniel Dennett, *The Evolution of Minds: From Bacteria to Bach anc Back*, Norton & Company, 2017.

Fred Dretske, *Knowledge and the Flow of Information*, MIT Press, 1981.

Fred Dretske, *Naturalizing the Mind*, MIT Press, 1995.

https://leiterreports.typepad.com/blog/2013/11/dretskes-last-interview.html.

https://www.theguardian.com/world/2013/aug/22/fred-dretske.

4

니클라스 루만

정보는 체계마다 다르게 처리된다

정성훈
(인천대학교, 인천학연구원)

"

정보는 사회적 체계들마다 다르게
처리되는 것이며 따라서 체계상대적인 것이다.

"

1. 세계는 놀라움의 원천이지만 그 원천이 정보는 아니다

맨눈으로 하늘을 보던 시절에는 해와 달, 그리고 반짝이는 수많은 별들이 있었다. 망원경을 통한 관찰과 천문학적 지식이 발전하면서 그 별들 중 일부는 태양계의 행성들이고, 일부는 태양계 바깥의 항성들임이 밝혀진다. 그리고 매우 작게 빛나던 별들 중 일부가 태양보다 훨씬 큰 별들이라는 놀라운 사실이 알려진다. 전파망원경이 등장한 후에는 우리 은하 바깥에 수많은 외부은하들이 있다는 놀라운 사실이 알려진다. 이러한 놀라움들은 거시세계만 제공하는 것이 아니다. 현미경과 함께 발전한 미시세계에 대한 관찰은 지금 우리가 가진 능력들 중 일부와 우리가 앓고 있는 질병들 중 일부가 아주 오랜 세월 수많은 개체들을 통해 이어져온 유전자에 들어 있다는 놀라운 사실을 알려주었다.

과학기술의 발전을 통해 물리적 세계에 함축되어 있던 놀라운 것들이 계속 우리에게 알려지면서 어떤 학자는 정보를 "물리적"이라고 말하며 어떤 학자는 정보가 "사물의 제일의 모든 원인과 제일의 모든 원리"(Floridi)라고 말한다. 그런데 물리적인 어떤 것 혹은 제일 원인 혹은 원리가 되는 어떤 것은 그것이 단순히 알려진다고 해서 정보로 간주될 수는 없다. 현관문 앞에 쌓여 있는 우편물이 정보일 수는 없으며 그걸 열어 본다 해도 읽을 수 없다면 정보가 아니다. 그리고 읽을 수 있다 해도 그것이 아무런 놀라움도 불러일으키지 않는다면 그것을 정보라 부를 수 있을까? 읽어도 머릿속에 남지 않는 것 혹은 이미 다 알고 있는 것, 그래서 남들에게 알릴 필요를 느끼지 못하는 것을 우리는 정보가치가 없다고 말한다. 그런 의미에서 놀라움의 물리적 원천은 단순한 데이터(data)라고 불릴 수 있을지는 몰라도 그것을 정보라고 부르는 것은 적합하지 않다.

그 원천에서 처음 놀라움을 느낀 사람이 그걸 커뮤니케이션하면서 사회적인 놀라움으로 확산시킬 때 비로소 정보라 부를 수 있다. 한 번의 놀라움이 아니라 '놀라게 하는 놀라움'이 정보(information)이다. 베이트슨(Gregory Bateson)의 표현을 빌리자면, 하나의 차이로는 정보가 아니며, "차이를 만드는 차이"(『마음의 생태학』, 427쪽)가 한 비트의 정보이다.

그렇다면 원천 혹은 데이터에 놀라는 자, 데이터를 차이로 다루는 자에게만 그것이 정보라면, 정보는 순전히 주관적인 개념일까? 우리가 만약 정보처리 단위를 개인의 의식작용들로, 체계이론의 표현법에 따르면 '심리적 체계들'로 간주한다면, 정보는 개인마다 달라지는 주관적인 것일 테다. 그런 주관적 정보는 심리적 체계들의 정보처리라 부를 수 있을 것이다. 하지만 말로도 글로도 표현되지 않은 한 개인의 내면 상태를 정보이론이 다룰 필요는 없을 것이다. 사람이 한 말이건, 컴퓨터가 처리한 결과이건, 그것들은 사회적인 것들이 되어야만, 즉 커뮤니케이션되어야만 정보가치를 갖는다. 따라서 정보는 주관적인 것도 아니고 객관적인 것도 아니다. 심리적인 것도 아니고 물리적인 것도 아니다. 정보는 '사회적'인 것이다. 더 정확히 말하자면 정보는 사회적 체계들마다 다르게 처리되는 것이며 따라서 체계상대적인 것이다.

정보처리는 사회적 체계들마다 다르게 이루어진다. 과학체계에 준거하는 조직인 어떤 학회를 놀라게 하는 정보가 경제체계에 준거하는 조직인 어떤 기업에게는 아무런 정보가치를 갖지 못할 수 있다. 놀라움이 함축된 데이터가 그 기업에 통지된다 해도 그로부터 아무 정보도 뽑아내지 않는다면, 즉 정보로 처리하지 않는다면 말이다. 천문학회는 소행성 발견에 놀라겠지만 그것이 경제에 미치는 영향이 하나도 없다면 어떤 기업도 그에 대해 관심을 가질 리 없다. 물론 그 기업에 다니는 직원들 중에 천문학 덕후가 있어서 그에게는 주관적으로 정보일 수 있지만, 아마도 그는 기업 안에서 그에 관해 커뮤니케이션하는 데 실패할 것이다. 만약 그 소행성이 기후변화에 영향을 미칠 수 있고 그 기업이 기후변화 관련 에너지 사업을 하는 업체라면 사정은 달라질 수 있다. 하지만 이 경우에도 천문학회는 과학적 진리 여부에 맞춰 커뮤니케이션을 이어가는 반면, 에너지 기업은 새로운 사업에 대한 투자 여부에 맞춰 커뮤니케이션을 이어갈 것이다. 즉 전혀 다른 코드로 정보는 처리될 것이다.

2. 체계와 환경의 차이로부터 출발하는 자기생산적 체계이론

앞에서 서술한 사회적 정보처리의 과정은 니클라스 루만(Niklas Luhmann, 1927-1998)의 사회적 체계이론을 참조한 것이다. 이제 그의 체계이론의 전체 틀을 살펴보고 그 속에서 의미, 커뮤니케이션, 정보 등의 개념이 어떻게 쓰이는지 살펴보겠다.

루만은 체계이론의 역사에서는 '전체/부분 도식'으로부터 '체계/환경 차이'(system/environment-difference)로의 전환이 가장 중요한 패러다임 전환이라고 본다. '모든 사물들의 우주'를 전체로 놓고 그 부분들을 대상으로 다루는 존재론적 전통에서 벗어나, 각각의 체계는 그것을 둘러싼 환경과의 차이를 통해 규정되며 전체와 부분은 체계분화(system differentiation)로 이해되어야 한다고 보는 관점은 1940년대의 일반 체계이론에 의해 시작된다.

생물학자 베르탈란피(Ludwig von Bertalanffy)가 그 명칭을 부여한 일반 체계이론(general system theory)은 인간, 동물, 기계, 사회 등이 서로 매우 다른 작동 방식을 갖고 있음에도 전체성의 내적 조직과 외부와의 피드백 관계에 있어서 비슷한 면모를 갖고 있다는 문제의식에서 출발한 학제적 연구 프로그램이다. 이런 체계들의 커뮤니케이션과 제어에 대해 관심을 가진 학자들은 사이버네틱스(cybernetics)라는 명칭을 쓰기도 한다. 루만에 앞서 일반 체계이론을 사회학의 영역에 도입한 대표적인 학자는 파슨스(Talcott Parsons)이며, 루만도 그로부터 여러 개념들을 수용했다. 그런데 루만은 일반 체계이론의 차원에서는 1970년대에 마투라나(Humberto Maturana)로부터 시작된 자기지시적-자기생산적 체계이론으로의 전환을 받아들이고, 사회적 체계이론의 차원에서는 유기체를 설명하기 위한 생물학적 용어들을 사회적 체계들에 무비판적으로 적용하는 경향과 단절하고 의미 개념을 도입한다.

일반 체계이론은 체계와 환경 사이의 입력(input)과 출력(output)에서 단선적 인과관계가 성립하지 않는 체계들을 비범한(non-trivial) 기계, 블랙박스 등으로 부른다. 예를 들어 특정한 음악을 듣고 나서 어떤 반응을 보일지는 사람마다 다르며, 왜 그가 그런 반응을 하는지 다른 사람들이 그 사람 마음속을 들여다볼 수 없다. 그런 의미에서 인간의 심리적 체계는 비범한 기계이며 블랙박스이다. 이런 체계들은 그것들을 둘러싼 환경에 열려 있으면서도 엔트로피 법칙에 따라 해체되는 것이 아니라 자신을 조직하면서 환경과 뚜렷한 경계를 유지한다. 이를 표현하기 위한 개념으로 처음에는 '자기조직'(self-organization)이 쓰였는데, 이 말은 체계들이 어떤 면에서 닫혀 있고 어떤 면에서 열려 있는가를 정확히 설명하지 못하는 한계를 갖고 있었다. 마투라나와 그의 제자 바렐라는 생명체가 한편으로는 신진대사 등을 통해 환경에 의존하고 환경에 있는 다른 체계들과 구조적으로 결합되어 있으면서도 자기 고유의 요소들은 오직 그 요소들을 통해서만 생산한다는 점에 주목한다. 예를 들어 유기체의 세포들은 오직 그 유기체의 세포들을 통해서만 생산되며 결코 외부로부터 들어오지 않는다. 그들은 이렇게 요소들의 생산 차원에서의 작동상 폐쇄(operational closure)되어 있는 체계들을 규정하기 위해 '자기생산'(Autopoiesis)이라는 개념을 도입한다.

루만은 자기조직 개념에 함축되어 있었던 자기지시(self-reference)의 핵심이 마투라나의 자기생산 개념에 의해 요소적 차원에서 규명되었다고 보며, 자기지시를 요소들의 자기지시(기본 자기지시, 즉 자기생산), 과정의 자기지시(재귀성), 체계의 자기지시(반성)의 세 단계로 분류한다. 예를 들어 자기생산 체계로서의 대학 조직들의 경우 커뮤니케이션이라는 요소들을 통해 기본 자기지시를 달성하며, 교육 과정에 대한 평가를 통해 재귀성을 달성하며, 조직 자체에 대한 반성을 통해 합리성을 지향하게 된다.

그런데 마투라나가 자기생산 단위를 세포를 비롯한 생명체들에 국한한 것에 반해, 루만은 심리적 체계들과 사회적 체계들도 자기지시적-자기생산적 체계들이라고 본다. 심리적 체계는 외부 세계의 어떤 것에 관해 떠올릴 뿐, 그 떠올림 자체는 결코 외부로부터 들어올 수 없다. 외부로부터 관찰될 수도 없다. 밖으로 표현되는 것은 표정, 몸짓, 음성 등일 뿐 의식작용 그 자체는 아니다. 그래서 의식작용들이라는 요소는 오직 의식작용들로부터만 생산되기에 심리적 체계들은 작동상 폐쇄되어 있다. 그런데 인간의 주관성 혹은 의식이 가진 이러한 폐쇄성에 대한 통찰은 '초월적 주관' 등과 같은 다른 용어들을 통해 칸트, 후설 등의 철학자들에 의해 이미 이루어진 것이다.

체계이론의 역사에 있어서나 철학사에 있어서나 루만이 시도한 획기적 전환은 의식작용들과 뚜렷이 구별되는 사회적 체계들의 요소 단위로 커뮤니케이션을 도입했다는 것이다. 인간이 머릿속에 떠올리는 것의 차원과 그것이 소통되는 것의 차원을 뚜렷이 구분한 것이다. 루만에 따르면, 사회를 비롯한 사회적 체계들은 커뮤니케이션들이 커뮤니케이션들을 생산하는 자기지시적-자기생산적 체계들이다. 물론 커뮤니케이션은 그에 관여하는 심리적 체계들의 의식작용들을 전제로 한다. 하지만 루만은 유기체에게 영양분이 반드시 필요하지만 그것이 세포를 생산하는 것은 아니듯이, 의식작용들은 커뮤니케이션 체계들에게 반드시 필요한 환경 조건이긴 하지만 그 자체는 커뮤니케이션을 생산할 수 없다고 본다. 루만 고유의 커뮤니케이션 개념을 설명하기 위해서는 정보 개념에 대한 설명이 동시에 이루어져야 하므로 이에 대한 더 자세한 설명은 의미 개념을 설명한 후에 하겠다.

3. 의미를 구성하고 사용하는 체계들

체계이론은 생명체나 기계를 설명하기 위한 용어들을 그대로 인간과 사회에 적용함으로써 인간의 자율성이나 사회의 복잡성을 제대로 반영할 수 없다는 비판을 받아왔다. 루만은 한편으로는 인간에게 특별한 존재론적 지위를 부여하는 휴머니즘 전통과 단절한다. 다른 한편으로는 유기체로서의 인간과 심리적 체계로서의 인간을 뚜렷이 구별하며, 또한 심리적 체계들과 구조적으로 결합(structural coupling)되어 있으면서도 작동상 닫혀 있는 체계로서의 사회적 체계들을 설정한다. 그리고 이 체계들이 각각 어떤 지점에서 차별화되는지를 밝힘으로써 파슨스 사회학의 유기체-유비를 극복한다. 그러한 차별성을 설명하기 위해 루만이 도입한 핵심 개념은 의미(Sinn, meaning)이다. 루만은 심리적 체계들과 사회적 체계들이 의미라는 매체를 통해 공진화(co-evolution)했다고 봄으로써, 이 두 가지 종류의 체계들이 유기체나 기계와 차별화되는 지점을 밝힌다.

의미는 전통적으로 인간 주체가 대상에게 부여하는 것, 철학적 표현으로는 의식의 지향작용과 관련된 것으로 이해되어 왔다. 그래서 지향작용에 초점을 맞추는 주관적 의미 개념과 지향대상 혹은 지시체에 초점을 맞추는 객관적 의미 개념이 양극단으로 대립해 왔다. 뜻(Sinn)과 지시체(Bedeutung)를 구별한 프레게(Gottlob Frege), 노에시스와 노에마를 구별한 후설(Edmund Husserl) 등은 이 양극단을 포괄하고자 했다. 후설로부터 많은 것을 참조한 루만의 의미 개념은 후설처럼 지향작용과 지시체 양측의 관계를 고려하되, 후설과 달리 무엇이 떠오르고 다른 무엇이

가라앉는지에 초점을 맞춘다. 후설도 인간이 주사위의 한 면을 볼 때 그 뒷면도 함께 떠올리는 등 간접현시(Appräsentation)의 능력을 갖고 있음을 통찰했지만, 이를 명확하게 자신의 의미 개념에 적용하지는 않았다.

의미를 "더 나아간 체험과 행위의 가능성에 대한 과잉 제시의 형식", "현행화와 잠재화, 재현행화와 재잠정화의 통일" 등으로 규정함으로써(*Soziale Systeme*, p. 93), 루만은 떠오름과 가라앉음의 끊임없는 교체 양상(modality)에 주목한다. 그리고 루만은 이러한 양상적 의미 개념을 심리적 체계들은 물론이고 사회적 체계들에도 적용한다. 심리적 체계들의 의식 속에 무언가가 떠오르고 다른 것들이 가라앉으면서도 다음 순간 가라앉아 있던 어떤 생각들 중 하나가 떠오르듯이, 사회적 체계들에서도 무언가에 관한 대화가 이루어질 때 다른 주제는 가라앉았다가 그 다음 순간 주제가 바뀐다. 그래서 루만은 의미를 현행적인(actual) 것과 가능적인(possible) 것의 차이 혹은 현행성(actuality)과 잠재성(virtuality)의 끊임없는 교체운동으로 규정한다.

의미가 이렇게 양상으로 규정되기에 서로 상이한 요소들을 기초로 작동상 닫혀 있는 두 가지 종류의 체계들은 의미를 통해 구조적으로 결합될 수 있다. 쥐에 관한 생각에 이어 고양이에 관한 생각이 떠오르면서 쥐에 관한 생각이 잠재화되고, 계속 그로부터 이어지는 다른 생각들이 현행화되었다가 잠재화되듯이, 커뮤니케이션에서도 쥐에 관한 대화가 고양이에 관한 대화로 이어지곤 한다.

그래서 1990년대에 루만은 요소들의 긴밀한 결합인 형식(form)과 요소들의 느슨한 결합인 매체(media)의 구별을 도입하면서, 의미를 모든 심리적 체계들과 사회적 체계들에서 요소들의 연결을 보장하는 매체로 간주한다. 무엇 다음에 떠오를 여러 가지 잠재적 후보들을 느슨하게 늘어놓는 것이 매체로서의 의미이며, 그 후보들 중 뚜렷하게 무엇이 떠오르면 형식이 된다. 그리고 생각들을 비롯한 의식작용들이 연결될 때 의미적 의식의 자기생산이 이루어지며, 커뮤니케이션들이 연결될 때 의미적 커뮤니케이션의 자기생산이 이루어진다. 의미는 의식작용들을 연결할 때도 사용되는 매체이고, 커뮤니케이션들을 연결할 때도 사용되는 매체이다. 그리고 사회적 체계들에서 의미는 음성, 철자 등 다른 매체들과 결합하여 구어, 문자 등의 형식을 이루며, 이것들은 커뮤니케이션의 확산매체가 된다. 언어를 기본 매체로 하여 확산매체, 성공매체 등으로 분류되는 루만의 커뮤니케이션 매체 이론에 관해서는 뒤에서 다시 살펴보겠다.

의미를 구성하고 사용하는 체계들에게 세계의 모든 것들은 의미적으로 나타난다. 체계이론이 체계라는 대상이나 그것을 둘러싼 환경에 있는 것들을 떠올리는 일도 의미에 의존한다. 그래서 체계/환경 차이의 통일로서의 세계는 언제나 의미적 세계이며 도달 불가능한 무한한 지평이다. 그래서 심리적 체계들이나 사회적 체계들에게 무의미, 무세계 등은 있을 수 없다. 루만은 없음을 설정하는 말들은 기호의 혼란일 뿐이라고 말한다. 그리고 의미적 세계는 모든 사물들의 전체로 규정되는 존재론적 세계가 아니다. 세계는 각 체계가 그 중심을 이동함에 따라 현행적 핵과 잠재화된 주변부가 끊임없이 다르게 펼쳐지는 '지평'(horizon)이다.

4. 의미와 정보

의미 세계라는 지평에서는 끊임없이 새로운 것들, 놀라운 것들이 떠오른다. 그런데 놀랍거나 새롭다는 것은 '기대'(expectation)와의 비교를 전제로 한다. 정보는 수동적으로 획득될 수 없다. 그 정보로 무엇을 시작할 수 있는지에 대한 전망, 즉 다소 능동적인 성격을 갖는 기대를 전제로 한다. 그래서 기대를 가질 수 있는 체계는 기억(memory) 기능을 갖고 있다. 잠재화된 것들로부터 현행적인 것들을 떠올릴 수 있다는 것, 즉 의미를 구성하고 사용할 수 있다는 것은 이미 이런 체계들이 기억할 수 있음을 뜻한다.

기대는 구조적이다. 무엇 다음에 무엇이 일어날 것이라는 기대는 임의적일 수 없다. 기대는 제약되어 있다는 뜻에서 언제나 '기대 구조'이다. 그래서 의미 세계 속의 체계들은 기대 구조들에 의존하며, 정보는 이 기대 구조들에 영향을 미친다. 언제나 정오에 식사를 하러 오는 손님들에 맞추어 식당 주인은 하나의 기대 구조를 형성한다. 그런데 어느 날 손님들이 한 시간 전에 들이닥치는 놀라운 일이 벌어지면 식당 주인은 11시에도 손님을 맞을 준비를 할 수도 있고 정오 이전에는 영업을 하지 않는다는 안내문을 문 앞에 붙일 수도 있다. 어떤 경우건 주인은 이 놀라운 일에 대비해야 한다. 이런 일을 루만은 차이가 체계 안에서 선택적으로 작용하는 것이라고 말한다. 정오에 온 손님들은 '차이를 만드는 차이'가 되지 못하지만 11시에 온 손님들은 '차이를 만드는 차이'이다. 이런 차이는 체계의 구조에 영향을 미치고 때로는 큰 구조변화를 일으키기도 한다.

루만은 "정보는 구조를 전제하지만, 그 자체가 구조는 아니며, 구조의 사용을 현행화하는 사건"이라고 말한다(*Soziale Systeme*, p. 102). 구조에 영향을 미칠 수 없는 사건들, 즉 반복되는 사건들은 정보가치를 갖지 않는다. 반면에 '새로움' 혹은 '놀라움'으로도 규정될 수 있는 것들, 즉 정보는 기대 구조에 영향을 미친다. 그런데 구조에 영향을 미치는 새로움 혹은 놀라움은 체계마다 다르게 규정될 수 있다. 위의 사례에서 등장한 식당 주인은 놀랐지만, 손님들이 어느 시간에나 올 수 있다고 생각하는 주인에게는 전혀 놀라운 일이 아닐 수 있다. 그래서 정보는 선택적이다.

루만은 정보를 "가능성 목록으로부터의 선택"으로 규정한 섀넌(Shannon)과 위버(Weaver)의 견해를 받아들인다(*Soziale Systeme*, p. 194). 다만 루만은 그들이 쓴 『수학적 커뮤니케이션 이론』(*The Mathematical Theory of Communication*)을 인용한 각주에서 "그들이 제시한 정보 개념이 기술적 고려만 하며 의미연관은 전적으로 무시한다는 것은 잘 알려져 있다"고 덧붙임으로써 자신의 정보 개념은 의미와 관련되어 있음을 분명히 밝힌다. 루만은 정보를 "여러 가능성 가운데서 이루어지는, 놀라움을 불러일으키는 선택"으로 규정한다. 이 선택은 정보를 처리하는 그 체계 고유의 선택이다. 그래서 정보는 결코 다른 체계들로 옮겨지는 것이 아니라 "체계내적으로 산출"되는 것이다. 정보는 세계 그 자체가 품고 있는 것이 아니라 의미 세계의 지평으로부터 떠오르는 것들 중에서 체계가 선택한 것이다.

그렇다고 해서 정보처리가 체계마다 임의적으로 달라지는 것은 아니다. 의미를 구성하고 사용하는 체계들이 모두 동일한 기대 구조를 갖고 있는 것은 아니지만 수많은 체계들이 어느 정도 비슷한 기대 구조들을 갖고 있기 때문이다. 쥐가 고양이를 무서워하리라는 기대는 널리 퍼져 있지만 쥐가 사람들을 위해 요리를 해줄 것이라는 기대를 품는 경우는 드물다. 간혹 그런 엉뚱한 기대를 하는 심리적 체계들이 있으며, 그런 걸 만화영화로 표현한 커뮤니케이션이 이루어지기도 한다. 하지만 그런 기대를 과학이나 경제의 맥락에서 표현하는 것, 예를 들어 쥐의 요리 실력과 인간의 요리 실력을 비교하는 학술논문이나 패밀리 레스토랑의 요리사로 쥐를 고용하자는 주장은 후속 커뮤니케이션을 기대하기 어려울 것이다.

루만은 개별 심리적 체계가 나름대로 독특한 정보처리를 하면서 기대 구조를 변경하는 것으로부터 상당히 독립적인 의미의 저장고를 '의미론'(semantics)이라고 부른다. 고양이가 쥐를 쫓아내리라는 기대, 사랑의 고백이 결혼으로 이어질 것이라는 기대, 법을 바꾸려면 입법권을 가진 의회의 의원들의 과반수가 동의해야 한다는 기대 등에 이르기까지 사회라는 포괄적인 사회적 체계는 의미론을 통해 사회의 여러 하위 체계들에 영향을 미친다. 그리고 위의 세 가지 사례 중 뒤의 두 가지는 '근대'(modern) 사회에 고유한 기대 구조임을 고려할 때 의미론은 시대에 따라 천천히 바뀌기도 한다. 특히 18-19세기에 걸쳐 이루어진 기능적 분화로의 구조 변동은 사회의 지배적 의미론을 크게 변화시켰다.

수많은 심리적 체계들은 사회화 과정에서 의미론을 학습한다. 하지만 의미론은 예외적인 정보처리와 그로 인한 예외적인 기대 구조 형성을 봉쇄할 수 없다. 의미적 정보처리를 하는 각각의 자기지시적-자기생산적 체계들은 구조적으로 결합된 환경으로부터 자율적인 정보처리를 통해 작동상 닫혀 있기 때문이다. 학교, 직장 등의 사회생활에서는 학습한 의미론대로 말하지만 심리적으로는 그렇게 생각하지 않다가 간혹 익명의 커뮤니케이션 공간에서 놀라운 반인륜적 기대를 표현하는 경우를 떠올려보라.

의미라는 매체와 의미론이라는 저장고를 통해 수많은 심리적 체계들과 사회적 체계들은 마치 서로 비슷한 것을 생각하고 서로 비슷한 것을 말하는 것 같은 착각에 빠진다. 하지만 블랙박스 내부는 결코 들여다볼 수 없다. 더구나 심리적 체계들의 작동 요소와 사회적 체계들의 작동 요소는 전혀 다른 것이다.

5. 커뮤니케이션을 이루는 세 가지 선택과 정보처리

파슨스가 사회적 체계들을 행위체계의 한 종류로 간주한 것에 반해, 루만은 사회적 체계들을 커뮤니케이션 체계로 규정한다. 사회적 체계들의 기본 자기지시, 즉 자기생산을 가능하게 하는 요소는 행위가 아니라 커뮤니케이션이다. 상호작용들, 조직들, 그리고 사회와 그 기능체계들 등등 모든 종류의 사회적 체계들은 커뮤니케이션들로부터 커뮤니케이션들이 이어짐으로써 재생산된다. 물론 커뮤니케이션에 대한 동기(motivation)를 갖는 여러 인간 의식들은 사회적 체계들에게 필수적인 환경이다. 구어, 문자, 인쇄 등의 커뮤니케이션 매체를 가능하게 하는 공기, 빛, 종이, 활자 등 수많은 물리적 인프라도 필요하다. 하지만 세포에게 영양분이 그러하듯이 이것들은 작동상의 요소가 아니라 필수적인 환경 조건이다. 조직들이나 경제체계, 정치체계 등 비교적 규모가 큰 사회적 체계들의 자기생산을 위해서는 커뮤니케이션에 동기유발되는 다수의 심리적 체계들이 있으면 되는 것이지 꼭 특정한 심리적 체계가 있어야 하는 것은 아니다. 특정 인간의 죽음이나 은둔생활이 사회의 자기생산을 멈추게 하지 않는다는 것을 떠올려보라.

루만은 커뮤니케이션을 세 가지 선택의 종합으로 이루어진 하나의 단위로 본다. 정보(Information), 통지(Mitteilung), 이해(Verstehen)가 그 세 가지 선택이며, 이를 위해서는 최소한 타아(Alter)와 자아(Ego) 역할을 할 두 명 이상이 필요하다. 루만은 타아의 첫 번째 선택인 정보를 베이트슨의 정의에 따라 "차이를 만드는 차이"로 규정한다. 앞서 보았듯이 이 차이는 "체계 상태들을 선택하는 하나의 사건"이다. 그런데 커뮤니케이션에서 이 차이 혹은 이 사건으로서의 정보를 선택하는 것은 타아이지만, 이 정보가 체계의 상태를 변화시키는 것은 자아에 의해서이다. 자아의 이해가 통지 기호로부터 정보를 구별할 때이다. 따라서 커뮤니케이션에서의 정보처리, 즉 차이를 만드는 차이는 세 번째 선택에서야 이루어진다. 첫 번째 정보 선택만으로는 아직 커뮤니케이션이 성립하지 않기 때문에 사회적 체계들 차원에서의 정보는 아직 성립하지 않는다.

역시 타아에 의해 이루어지는 두 번째 선택은 통지이다. 루만이 옮김, 전달 등을 뜻하는 독일어 단어들 대신 Mitteilung을 선택한 것은 타아의 정보가 결코 그대로 자아에게 옮겨가지 않음을 강조하기 위함이다. Mitteilung은 영어로 utterance, message 등으로 번역되며, 한국어로는 '전달'을 비롯해 여러 가지 번역어가 있지만 '통지' 혹은 '통보'가 적절하다고 본다. 통지라는 선택은 언어적 혹은 비언어적인 기호의 선택, 즉 통지 기호의 선택이다. 타아는 자신이 만들고 싶은 차이, 혹은 변화시키고 싶은 체계의 상태를 자아에게 통지하기 위해 말, 글, 제스처, 컴퓨터 등의 매체를 이용해 기호화해야 한다. 사랑한다는 마음을 정보로 선택한 경우, 대면해서 "당신을 사랑합니다"라고 구어로 고백할 수도 있고, "꽃보다 아름다운 당신"이라는 시를 써서 이메일로 보낼 수도 있다. 그런데 우리가 일상에서 간혹 경험할 수 있듯이 타아가 선택한 이 기호들은 자아에게 다른 의미로 이해될 수도 있다.

커뮤니케이션이라는 단위를 성립시키는 결정적 선택은 세 번째 선택인 이해이며, 이것은 자아에 의해 이루어진다. 자아가 정보와 통지를 구별하는 것, 즉 타아의 통지 기호로부터 정보를 뽑아내는 것이 이해이다. "꽃보다 아름다운 당신"이라는 시를 읽고 자아는 사랑의 고백이 아니라 자신의 외모에 대한 단순한 평가를 정보로 추출할 수도 있다. 어쨌거나 통지로부터 구별된 정보는 체계의 상태를 변화시킨다. 즉 첫 번째 차이(정보 선택)가 아니라 두 번째 차이(이해 선택에서 구별된 정보)에 의해 커뮤니케이션에서의 정보처리가 이루어진다. 여기서 비로소 차이를 만드는 차이가 발생한다.

정보의 선택과 통지의 선택은 타아의 선택으로 귀속되지만, 타아가 실제로 이 둘 사이의 간격을 의식하고 있는가의 여부는 커뮤니케이션의 성립에서 결정적인 것이 아니다. 커뮤니케이션은 자아에 의한 세 번째 선택이 정보와 통지의 차이를 만들 때, 즉 통지 기호로부터 정보를 뽑아낼 때 성립한다. 그래서 우리가 흔히 '오해'라고 부르는 것도 루만에 따르면 '이해'이다. 두 개의 블랙박스 사이에서 이루어지는 커뮤니케이션에서 오해와 이해를 구별하는 것은 불가능하기 때문이다. 되묻고 답하기라는 메타 커뮤니케이션을 통해 심리적 오해를 극복했다고 생각할 수 있지만 이것 또한 진짜 의도에 대한 최종 확인을 할 수는 없다. 우리는 누구도 커뮤니케이션을 통해 타인의 진심이나 진정성을 확인할 수 없다.

정보, 통지, 이해의 세 가지 선택을 통해 하나의 커뮤니케이션 단위는 성립한다. 하지만 체계의 요소는 관계 맺기를 통해서만 요소일 수 있다. 커뮤니케이션은 연결될 때만 요소일 수 있는 역동적 요소이다. 다른 커뮤니케이션들과 연결되지 못하면 커뮤니케이션 사건의 발생은 확인될 수 없기 때문이다. 이해를 선택한 자아가 그 이후에 아무 말도 하지 않는다면 그 선택이 이루어졌는지 알 수 없다. 메일함을 열어서 "꽃보다 아름다운 당신"이라는 시를 읽었는지 아니면 바로 휴지통에 넣어버렸는지는 후속 커뮤니케이션 없이는 확인되지 않는다. 그래서 루만은 "네 번째 선택", 즉 다른 커뮤니케이션들과 연결될 때만 하나의 커뮤니케이션이 사회적 체계에서 다른 요소들과 관계를 맺는 요소라는 성격을 비로소 획득할 수 있다고 말한다. 따라서 사회적 체계들의 자기생산이 지속되기 위해서는 커뮤니케이션들이 계속 이어지는 것, 즉 '성공'(success)이 관건이다. 그래서 경제, 정치, 법 등 사회의 거대한 기능체계들이 성립하기 위해서는 커뮤니케이션을 널리 퍼뜨리는 확산매체(글, 인쇄, 동영상, 전자매체 등)와 커뮤니케이션이 이어질 가능성을 높이는 성공매체(화폐, 권력, 진리, 사랑 등)가 필요하다. 사회의 기능적 분화를 촉진한 성공매체에 관해서는 커뮤니케이션과 행위의 관계에 대해 다룬 후에 다시 설명하겠다.

6. 커뮤니케이션과 행위

이해라는 세 번째 선택을 통해서야 비로소 하나의 커뮤니케이션이 성립하기 때문에 루만은 "커뮤니케이션은 과정의 시간 경과와는 반대로 뒤에서부터 가능"하다고 말한다(*Soziale Systeme*, p. 198). 그리고 세 가지 선택이 완료되었는지는 다음 커뮤니케이션이 이어질 때에야 확인된다. 그런데 이렇게 성공한 커뮤니케이션이라 하더라도 그 커뮤니케이션 자체는 여전히 불투명한 채로 남는다. 가시적인 것은 타아의 통지 기호밖에 없다. 타아가 어떤 정보를 선택했는지, 자아가 통지 기호로부터 어떤 정보를 뽑아내었는지 등등은 후속 커뮤니케이션들의 통지 기호들을 통해 추론될 수 있을 뿐이다. 그래서 루만은 "커뮤니케이션은 직접 관찰될 수 없고, 다만 추론될 수 있을 뿐"이라고 말한다(*Soziale Systeme*, p. 226).

이러한 불투명성과 복잡성으로 인해 커뮤니케이션은 원활한 자기생산을 위해 스스로를 단순화해야 한다. 그래서 후속 커뮤니케이션들은 앞서 일어난 커뮤니케이션을 관찰할 때 그것을 타아의 통지 '행위'로 간주한다. 커뮤니케이션 자체는 세 가지 선택의 종합이지만 타아의 행위로 축소되어 관찰되는 것이다. 앞선 커뮤니케이션의 자아는 이제 타아가 되어 '네가 그렇게 말했으니 나는 이렇게 하겠다'는 식으로 통지한다. 이렇게 행위로 단순화하는 관찰이 관철되지 않을 경우, 커뮤니케이션들의 자기지시적 재생산은 곤경에 빠진다. 행위로의 축소는 커뮤니케이션을 통지한 자에게 귀속하는 것인데, 이 귀속이 거부되면 커뮤니케이션은 이어지기 어렵다. 다음과 같은 가상의 대화를 떠올려보자.

① A: "당신과 연애할 수 있나요?"

② B: "나도 당신과 연애하고 싶어."

③ A: "나는 당신과 연애하기 싫은데."

④ B: "당신이 먼저 나한테 연애하자고 말했잖아."

⑤ A: "내가 언제?"

이 대화에서 B는 자신이 자아로서 관여한 커뮤니케이션 ①을 A의 행위로 단순화하고자 한다. 그런데 A는 ③과 ⑤에서 그러한 귀속을 거부한다. 아마도 ⑤ 이후에 B는 더 이상 A와 대화하려 하지 않을 것이다. 커뮤니케이션에 대한 동기유발에 실패하는 것이다. 그래서 이런 식의 대화로는 사랑이라는 사회적 체계의 자기생산이 어려울 것이다. 루만은 커뮤니케이션의 자기지시는 행위로의 단순화, 커뮤니케이션의 총체가 갖는 복잡성의 감축, 그리고 비대칭화와 시점화를 통해 가능하다고 말한다. 뒤집을 수 없는 귀속이 필요한 것이다.

그런데 커뮤니케이션의 자기관찰에서 이루어지는 귀속은 통지한 자에 대해서만 이루어지는 것은 아니다. 타아로 등장하는 자만이 아니라 그 상황에 없는 자도 "비커뮤니케이션적 행위자"가 될 수 있다. 커뮤니케이션의 주제로, 즉 정보로 등장하는 인격에게도 행위자 귀속이 이루어질 수 있다. 그래서 우리는 이미 죽은 사람이나 허구적 인물을 행위자로 간주하는 대화를 이어갈 수 있다.

따라서 베버, 파슨스, 하버마스를 비롯한 많은 사회학자들이 사회적인 것의 요소 단위로 설정했던 행위는 루만에게 사회적 체계들의 자기구성을 위한 요소 단위가 아니다. 행위는 "자기관찰의 요소 단위"이다.

사회적 체계들의 자기생산은 비가시적인 커뮤니케이션들을 요소로 이루어지며, 이러한 자기생산이 가역화되거나 멈추는 걸 막기 위한 자기관찰의 단위가 행위이다.

이렇게 세 가지 선택의 종합으로 이루어지는 커뮤니케이션 개념은 '의도성'과 '언어성'을 이 개념의 성립을 위한 필수조건으로 간주하지 않는다. 커뮤니케이션 성립의 필수요건은 정보와 통지의 차이가 체계의 상태를 변화시킨다는 것이다. 그래서 언어에 묶여 있는 하버마스의 커뮤니케이션적 행위 개념과 비교해 볼 때, 루만의 커뮤니케이션 개념은 타아의 의도하지 않은 언어적-비언어적 통지 기호들로부터 구별된 정보가 체계의 상태를 변화시킬 수 있음을, 행위자의 의도와 무관하게 행위가 성립할 수 있음을 설명할 수 있다. 이렇듯 커뮤니케이션이 사회적 체계들의 요소라면, 사회적 체계들은 커뮤니케이션들이 계속 이어지는 자기생산 과정으로 규정되면 그만일 것이다.

다시 의미 개념을 끌어와 추가 설명을 하자면, 이렇게 성립하는 단위인 커뮤니케이션은 사회적 체계들의 요소 단위 혹은 작동(operation)이다. 이 작동은 통지(자기지시)와 정보(타자지시)의 구별을 이용해 관찰하는 작동이기도 하다. 이 작동들의 연결과 관련된 매체가 앞서 설명한 의미이다. 하나의 커뮤니케이션이 어떤 다른 커뮤니케이션들과 연결되는가의 문제는 현행성/잠재성 구별에 따르기 때문이다. 커뮤니케이션 A 이후에 B와 C가 현행화될 가능성이 높고, D와 E는 잠재화될 가능성이 높은 것은 의미 때문이다. 예를 들어 편의점에서 4500원을 내고 담배 한 갑을 달라고 했을 때 "담배가 떨어졌어요"라는 답변의 현행화 가능성은 높지만 "저도 사랑해요"라는 답변이 나올 가능성은 극히 낮다.

대개의 경우 비슷한 의미가 통용되는데, 그 이유는 앞서 말했듯이 의미론 덕분이다. 사회구조의 변동에 영향을 미치기도 하고 영향을 받기도 하는 다양한 의미론 덕분에 수많은 심리적 체계들과 사회적 체계들은 각각 체계내적 정보처리를 함에도 어느 정도 질서가 있고 조율이 가능한 듯한 의미 세계 속에서 공진화(co-evolution)한다.

7. 의미의 세 차원에 따라 전개되는 루만의 사회이론

정보처리가 어떻게 사회적 체계들마다 다르게 이루어지는지를 설명하기 위해서는 다양하게 분화된 커뮤니케이션의 성공매체들, 그리고 사회의 기능적 분화를 먼저 파악해야 한다. 이를 위해서는 사회적 체계들의 일반 이론과 구별되는 루만의 사회이론을 살펴보아야 한다. 루만은 사회적 체계들(soziale Systeme, social systems)의 이론 차원에서는 사회(Gesellschaft, society)를 사회적 체계들 중 하나의 종류로 간주한다. 하지만 이 탁월한 사회적 체계는 다른 종류의 사회적 체계들을 모두 포괄하는 사회적 체계, 그래서 그 환경에 어떤 다른 사회적인 것들(커뮤니케이션들)도 허락하지 않는 사회적 체계이다. 사회적 체계들 중 하나의 종류인 사회가 다른 종류의 사회적 체계들을 자신의 부분으로 두는 것이다. 이런 발상이 가능한 것은 바로 2절에서 말한 전체/부분 도식에서 체계/환경 차이로의 전환 덕택이다. 커뮤니케이션들의 연관을 통해 체계/환경 차이를 재생산하는 여러 종류의 사회적 체계들이 있고, 그중 하나는 자신의 체계분화를 통해 다른 사회적 체계들을 부분으로 삼는 전체체계일 수 있다.

루만의 마지막 저작이자 자신의 사회이론을 집대성한 저작의 이름은 '사회의 사회'(Die Gesellschaft der Gesellschaft)이다. 동어반복으로 보이는 이 제목은 사회를 기술하는 일 역시 다시 사회를 생산하는 일이 되는 곤경을 함축한다. 사회의 여러 기능체계들 중 하나인 과학의 일부인 사회학 이론이 자기 자신을 포함할 뿐 아니라 기술하는 그 순간에도 끊임없이 변하는 세계사회를 기술해야 하기 때문이다. 루만은 '사회의 사회'를 '사회의 자기생산'에 대한 '사회의 자기기술'로 표현하기도 한다(『사회의 사회』, 1300쪽).

그는 이 역설적 과업을 의미의 세 차원에 따라 세 가지 이론으로 전개한다. 의미는 이것과 다른 것의 구별로 이루어지는 사태적(sachlich) 차원, 이전과 이후 혹은 과거와 미래의 구별로 이루어지는 시간적 차원, 자아 관점과 타아 관점의 구별로 이루어지는 사회적 차원 등 세 차원으로 이루어진다. 각 차원에서 현행성과 잠재성의 끊임없는 교체운동이 일어난다. 루만의 사회이론은 이 세 차원에 따라 체계분화 이론, 진화 이론, 커뮤니케이션 매체 이론의 세 가지 이론으로 펼쳐진다. 사태적 차원의 체계분화 이론은 사회 내부에서 이루어지는 다양한 체계(이것)와 환경(다른 것)의 차이를 다루며, 시간적 차원의 진화 이론은 시간의 흐름에 따른 변이, 선택, 재안정화의 세 단계 과정을 통한 사회의 구조 변화를 다룬다. 사회적 차원의 커뮤니케이션 매체 이론은 타아/자아 관점 차이에 따른 이중의 우연성(double contingency)으로 인해 일어나는 문제인 커뮤니케이션의 비개연성을 어떻게 극복하는지를 다룬다. 이 글에서는 상이한 경로 혹은 맥락에 따라 달라지는 정보처리에 집중하기 위해 커뮤니케이션 매체 이론과 체계분화 이론을 주로 소개하겠다.

루만은 커뮤니케이션이 세 가지 비개연성을 갖는다고 말한다. 첫 번째 비개연성은 타아가 뜻하는 것을 자아가 이해하는 일이 쉽게 일어날 수 없다는 것, 즉 통지 기호로부터 정보를 뽑아내는 일이 어렵다는 것이다. 무슨 말을 하는지 알아듣기 어렵고 글을 읽을 수 없다면 커뮤니케이션은 일어날 수 없다. 두 번째 비개연성은 통지 기호가 수신자들에게 도달하기 어렵다는 것이다. 두 사람이 서로의 말이나 글을 이해할 수 있고 서로의 우연적인 기대에 맞추어나갈 의향을 갖고 있다 하더라도 너무 멀리 떨어져 있고 글을 전달할 방법이 없다면 커뮤니케이션은 일어나지 않는다. 세 번째 비개연성은 성공의 비개연성이다. 통지가 원활하게 자아에게 도달한다 하더라도 그로부터 후속 커뮤니케이션이 이어질 보장은 없다. 특히 너무나 많은 커뮤니케이션 맥락 속에서 살아가는 현대인에게 커뮤니케이션에 대한 동기유발은 쉽지 않다.

루만은 이 세 가지 비개연성을 극복하는 매체를 각각 언어, 확산매체, 성공매체라고 부른다. 음성과 의미의 구별로 성립하는 언어는 "사회의 정규적인 자기생산의 꾸준한 지속을 보장하는 기본적인 커뮤니케이션 매체"이다(『사회의 사회』, 247쪽). 확산매체는 수신자 범위를 확대하는 매체로서 글, 인쇄, 동영상, 전자매체 등이다.

사회의 기능적 분화와 밀접하게 관련된 매체인 화폐, 권력, 진리, 사랑 등을 루만은 '상징적으로 일반화된 커뮤니케이션 매체'라 부른다. 이것들은 커뮤니케이션의 성공 가능성을 높인다는 의미에서 성공매체라고도 불린다. 구어 커뮤니케이션이 지배적이었던 시대에는 거절의 개연성이 높지 않았다. 이미 서로 잘 알고 있는 경우나 신분이나 규범에 의해 기대 구조가 확고한 경우가 많기 때문이다. 그런데 인쇄 기술의 발전으로 문자 커뮤니케이션이 널리 확산된 이후에는 오히려 수용의 개연성이 낮아진다. 수많은 우편물, 신문, 책자, 이메일 등을 독자가 읽을 가능성은 극히 낮다. 성공매체의 기능은 이렇게 거절의 개연성이 높아진 상황에서 불편한 커뮤니케이션의 수용 가능성을 높이는 것이다. 조건에 따라 동기를 유발함으로써 커뮤니케이션이 계속 이어질 개연성을 높인다.

화폐, 권력, 진리, 사랑 등은 하나의 심리적 체계에게 매우 불편한 커뮤니케이션 상황을 받아들일 가능성을 높인다. 예를 들어 어떤 직장인은 계속 월급을 받기 위해 대화하기 싫은 상사와의 커뮤니케이션을 이어갈 수 있다. 권력에 의한 예비군 소집 명령은 아침에 일찍 일어나기 싫어하는 사람을 일어나게 해 훈련 상황에 들어갈 수 있게 한다. 과학적 진리로 통용되는 감염병 지식은 그 지식이 어떤 실험을 거쳐 진리가 되었는지를 모르는 수많은 사람들로 하여금 예방접종을 받게 한다. 사랑은 밤새워 기말시험 공부를 한 후 피곤한 사람이 영화를 함께 보러 가자는 애인의 요구를 받아들이게 한다. 거절할 경우 그의 사랑이 의심받을 수 있는 상황이라면 말이다. 이렇듯 성공매체들은 그것들이 관철될 수 있는 특정한 조건 아래서 커뮤니케이션의 수용 가능성을 높인다. 그리고 이 매체들은 경제, 정치, 법, 과학, 교육, 예술, 친밀관계 등 기능 맥락에 따른 사회의 분화를 촉진한다.

이제 체계분화 이론을 살펴보자. 루만은 사회의 체계분화가 분절적 분화, 중심과 주변의 분화, 계층적 분화, 기능적 분화의 네 가지 형식을 갖는다고 말한다. 이 네 가지 형식은 역사적으로 볼 때 차례대로 주도적 분화 형식이 되었다. 그리고 현대 사회에서는 기능적 분화 형식이 주도적 형식이 되어 그보다 먼저 생겨난 다른 분화 형식들을 그 아래에 종속시켰다. 그래서 오늘날에도 여전히 가족, 국가 등의 분절들, 도시와 농촌의 격차, 조직들 내부의 위계질서 등이 유지되지만, 이것들은 정치, 경제, 법, 과학 등의 기능 영역들의 영향력에 종속된다. 예를 들어 현대 국가는 세계정치의 권력 질서나 세계경제의 시장 질서에 어느 정도 순종함으로써만 유지된다. 그리고 조직에서 누군가가 타인에 대해 갖는 우월한 지위는 그 조직 바깥의 영역에서는 관철되기 어렵다.

루만은 '기능'(function)을 "문제와 문제해결의 관계"로 규정한다(*Soziale Systeme*, p. 84). 사회의 각 기능체계는 커뮤니케이션의 비개연성이라는 문제를 각각 고유한 함수(function)를 통해 풀어나간다. 기능체계들은 서로 중첩되지 않게 고유한 기능을 독점한다. 정치는 권력이라는 성공매체의 도움으로 '집단적 구속력을 갖는 결정' 기능을, 법은 합법적 권력 행사와 불법적 권력 행사를 구별하는 권력의 이차 코드화를 통해 '규범적 기대의 안정화' 기능을, 경제는 화폐라는 성공매체의 도움으로 '희소성 조건에서 미래의 공급 보장' 기능을, 과학은 진리라는 성공매체의 도움으로 '새로운 인식의 생산' 기능을 갖는다. 사랑이라는 성공매체는 인격적 관계들에 국한되는 그것의 특수성으로 인해 거대한 기능체계는 형성할 수 없다. 그 대신 연애소설이나 영화와 같은 대중매체의 도움으로 수많은 친밀관계들이 끊임없이 생겨나고 사라지는 데 기여한다. 기능체계들에서는 익명적이고 비인격적인 관계들이 지배적이지만 사랑을 매체로 한 친밀관계들과 그로부터 생겨나는 현대 가족들은 전체 인격에 관해 커뮤니케이션한다는 특징을 갖는다(『가족과 국가 이후의 공동체』 참조).

현대 사회의 기능체계들은 각각 전담하는 기능을 충족하기 위해 긍정적 값(positive value)와 부정적 값(negative value)으로 된 이항 코드(binary code)를 이용한다. 코드에 따라 긍정적 값을 부여받은 커뮤니케이션들에 대해 연결 능력을 부여하는 것이다. 그렇다고 해서 부정적 값이 무시되는 것은 아니다. 두 값 사이의 교체가 가능하기 때문에 부정적 값은 기능체계의 반성(reflexion)에 기여한다.

권력우세와 권력열세가 기본적인 코드인 정치는 이 코드를 여당과 야당으로 변환시킴으로써 민주주의라 불리는 평화로운 정권 교체를 가능하게 만들었다. 선거 프로그램이 이를 보장한다. 그리고 야당은 권력행사를 할 수는 없지만 여당의 권력행사를 견제함으로써 정치체계의 반성 능력을 높인다. 법은 합법과 불법의 코드화를 통해 불법이라는 값을 부여받은 커뮤니케이션이 이어지는 걸 최대한 차단한다. 하지만 이 값이 임의적으로 부여될 수 없도록 법률이라는 프로그램을 통해 규제하며, 코드값을 관리하는 법원의 자의성을 견제하기 위해 삼심 제도를 활용한다. 소유와 비소유의 코드를 기본으로 하는 경제는 화폐경제의 전면화에 의해 지불과 비지불로 이차 코드화된다. 비지불이라는 부정적인 값은 가격 프로그램의 원활한 변화를 가능하게 하여 경제에 대한 이차 관찰(반성)을 활성화한다. 진리와 비진리의 코드로 작동하는 과학체계는 체계 외부로부터 형성된 새로운 지식들의 끊임없는 진리 요구에 시달리게 된다.

루만은 사회의 기능체계들 중에는 정보와 비정보의 구별을 코드로 하는 것도 있다고 말한다. 바로 대중매체(mass media)이다. 대중매체는 정보가치가 없는 커뮤니케이션들에게 연결 능력을 박탈하기에 끊임없이 새로운 것을 발굴하려 하는 기능체계이다. 여기서도 비정보적이라는 부정적 값이 반성 기능을 한다. 대중매체의 현실은 신속한 기억과 망각의 연속이지만 비정보적 중복, 즉 지겹고 뻔한 이야기가 미래에 다시 새로운 것으로 부각될 수도 있다.

8. 기능적 분화에 따른 다맥락적 정보처리

성공매체의 독립분화와 기능적 분화를 그 핵심으로 하는 루만의 사회이론이 정보이론에 대해 갖는 함의를 짚어보면서 이 글을 마무리하고자 한다. 현대 사회에서 정보처리는 각 기능체계별로 자율적으로 이루어진다. 흔히 볼 수 있는 사례들을 통해 살펴보자.

어느 기업 임원이 국회의원에게 공식 후원계좌를 통하지 않고 현금을 지불했다고 하자. 이 사건은 대중매체에게 새로운 정보가치를 갖는 것으로 간주되어 널리 커뮤니케이션된다. 아마도 수많은 언론들이 대서특필할 것이다. 하지만 수사 결과 대가성이 입증되지 않는다는 이유로 기소되지 않는다면, 이 사건은 법체계에서 전혀 정보가치를 갖지 않는다. 법관 개인은 신문을 읽으면서 분노할지 몰라도 합법/불법 코드를 부여할 수 있는 커뮤니케이션만 이루어지는 자기지시적 체계인 법에서는 정보로 처리되지 않는다. 즉 법적 사건이 아니다.

위의 지불 사건에 대해 만약 기소가 이루어진다면, 법체계는 이 사건에 대한 정보처리를 진행할 것이다. 그리고 뇌물죄를 명목으로 불법이라는 부정적 값을 부여하고, 이를 통해 이러한 범죄가 법적 커뮤니케이션의 영역에서 정당성을 갖지 못하게 할 것이다. 그런데 이 판결은 이미 지불된 화폐가 그 다음 지불로 계속 이어지는 경제적 커뮤니케이션에서의 정보처리를 가로막을 수 없다. 경제체계는 합법이냐 불법이냐와 무관하게 지불 커뮤니케이션의 자기지시적 연쇄를 통해 성립하기 때문이다.

물론 뇌물에 대한 불법 판결은 경제체계에 간접적인 영향을 미칠 수 있을 것이다. 이미 지불된 돈의 흐름은 바꿀 수 없지만, 새로운 뇌물 거래의 체결을 어렵게 만들 수 있다. 법을 통해 보장되지 않는 계약은 쉽게 성사되기 어렵기 때문이다. 하지만 이것은 경제의 환경으로부터 일어나는 교란일 뿐 경제가 소유/비소유의 코드에 따라 지불 커뮤니케이션의 연쇄로 일어난다는 것을 바꾸지는 못한다. 즉 경제의 자기지시와 고유한 코드값을 건드리지는 못한다. 경제는 타자지시, 즉 경제체계의 환경에 대한 관찰을 통해 불법 거래를 자제하게 될 뿐이다.

이러한 기능체계들의 자율성과 환경 의존성을 루만은 '작동상의 폐쇄'(operational closure)와 '구조적 결합'(structural coupling)이라고 부른다. 경제는 소유/비소유 코드를 통해 지불의 자기지시로서 작동상 닫혀 있다. 하지만 그 작동들은 계약을 통해 법체계와 구조적으로 결합되어 있다. 합법적이지 않은 계약은 후속 작동(지불)을 보장하지 않을 수도 있다. 뇌물은 입금되지 않을 수도 있는 것이다. 계약을 통해 구조적으로 결합된 법체계는 경제체계의 환경에서 일으키는 교란을 통해 간접적인 영향만 미칠 수 있는 것이다. 그리고 이러한 교란은 경제체계로 하여금 자기관찰뿐 아니라 타자관찰을 촉구하게 될 것이다. 자기지시/타자지시 구별을 이용한 보다 합리적인 관찰을 하도록 자극할 것이다. 각 기능체계는 이런 식으로 고유의 체계합리성을 추구한다.

참고문헌

게오르그 크네어·아민 낫세이, 『니클라스 루만으로의 초대』, 갈무리, 2008.
그레고리 베이트슨, 『마음의 생태학』, 책세상, 2006.
니클라스 루만, 『사회의 사회』, 새물결, 2014.
움베르토 마투라나·프란시스코 바렐라, 『앎의 나무』, 갈무리, 2007.
정성훈, 「하버마스와 루만의 논쟁이 남긴 문제: 소통과 행위의 관계 및 귀속」, 철학연구회, 『철학연구』 제120집, 2018.
정성훈, 「루만의 사회이론에서 체계이론의 상대화」, 철학연구회, 『철학연구』 제127집, 2019.
정성훈, 「루만의 매체이론을 통해 본 디지털 시대의 매체 간 긴장」, 송상용 외. 『초연결의 철학』, 앨피, 2021.
정성훈, 『가족과 국가 이후의 공동체』, 보고사, 2022.
Niklas Luhmann, *Soziale Systeme. Grundriß einer allgemeinen Theorie*, Frankfurt/M.: Suhrkamp, 1984.

5

최한기

정보철학과 기의 철학

김선희
(이화여자대학교, 철학과)

"

천하의 모든 개개의 사물은
기와 질이 서로 합하여 생긴 것이다.

"

1. 들어가며

미래로 연결된 21세기의 시점에서 우리는 새로운 학술적-철학적 과제를 부여받고 있다.[1] 세계를 해석하고 해명하고 지향을 제안해야 하는 철학의 고유한 작업에서 새로운 해명의 조건과 사례, 혹은 이보다 더 큰 차원의 근본적인 변화에 직면해 있기 때문이다. 인간의 존재론적 조건을 바꾸고 사회적 형식들을 변화시키는 중요한 요인 중 하나는 생물학/의학/뇌과학/신경생리학의 차원에 연접해 있으면서도 동시에 별도의 층위에서 전개되는 인공지능(AI)과 정보통신기술(ICT)에 기반을 둔 디지털 네트워킹들이다. 기술적 토대에 한정되지 않고 생활의 미시적인 언어와 문법 자체를 바꾸고 있는 디지털 기술들과 그에 따르는 복잡한 네트워킹들은 이제 인간의 신체처럼 인간에게 본질적인 조건이 되었다.

이 기술적 변화와 그에 따른 환경적 전환은 '인간'이라는 존재 자체에 대한 질문을 더 심화하고 더 세분화한다. 주지하듯 20세기 철학은 자신이 가진 자연적 속성들을 초과하여 인간에게 부여되어 있던 '주체'의 무게를 낮추고 해체시키는 방향으로 진행되었다. 그러나 현재 우리가 경험하는 디지털 조건들은 '주체'라는 개념의 유효성 자체는 약화되었을지라도 여전히 남아 있던 인간의 자리 즉 인간을 행위 주체, 세계의 사용 주체로 상상하던 암묵적 전제조차 해체하고 있다. 기계 등 비인간 존재자뿐 아니라 점차 영역과 기능이 확산되고 있는 AI와 사물 인터넷 등 과거에는 '존재'조차 아니었지만 이제는 현실-가상 세계에 참여하고 있는 낯선 단위와 작용들이 여전히 신체와 언어를 사용하는 인간에게 새로운 존재론과 인식론, 윤리학을 요청하고 있기 때문이다.

이러한 변화를 설명하고 방향을 제안하기 위한 시도 가운데 철학자들은 사변적 인식 주체에서 신체와 세계로 확대된 인간, 인식하고 행위하는 개별 인간을 넘어 단일한 초점이나 경계로 수렴되지 않는 사건과 현상을 검토할 새로운 관점을 제안하고자 한다. 그중 하나의 경로 혹은 관점이 바로 '정보'(Information)다. 영국에서 활동하는 철학자 루치아노 플로리디(Luciano Floridi)는 기술적 환경 변화와 미시적 수준까지 인간을 바꾸는 디지털 기술의 환경과 실천을 포괄할 새로운 존재론과 인식론, 윤리학을 '정보'라는 일종의 기체(基體)와 현상을 통해 새롭게 구축할 것을 제안한다.

'정보'란 무엇인가? 정보의 가장 기초적인 의미는 "어떤 특정한 사실, 주제 또는 사건에 관해 전달되는 지식"(Knowledge communicated concerning some particular fact, subject, or event)[2]으로 요약될 수 있을 것이다. 가장 토대적인 차원에서 정보는 감지되거나 포착될 수 있는 것을 해석하고 추상화하며 나아가 패턴화하는 일련의 행위와 그 결과를 포괄한다고 볼 수 있다. 무질서하거나 무작위적인 것들을 해석하는 과정과 형식, 그 해석 과정에서 도출된 추상적 기호, 신호, 음성, 전자 데이터, 전류 등 다양한 형태들을 우리는 일반적으로 정보라 부른다. 정보는 그 자체로 지식이나 지식 체계가 아니라 해석과 추상화 과정을 거쳐 산출된 모든 것들을 의미한다. 그러나 이론의 차원에서 정보는 합치되거나 통일된 표준적 해석이나 규약으로 제안되기 어렵다. 통합적이거나 표준적인 개념이 확정되기에는 정보라는 개념, 현상, 실천이 만드는 자장이 연구 영역이나 관점에 따라 이질적이기 때문이다.

컴퓨터 기반의 정보기술은 몸을 의학, 기계공학, 생명공학, 나노 기술, 인지공학기술 등이 상호 연계된 융합 기술이라는 장(場) 안에서 선택되고 조직되고 삽입되고 교체되고 재구성될 수 있는 대상으로 전환하고 있다. 생체 정보를 추출하고 조작하는 기술이 급속도로 발전함에 따라 인간은 더 복잡한 정보체가 되어간다. 이제 인체는 미시적인 조직과 기능까지 관찰되고 수치화되고 기록되고 있다. 미시적 기술은 인간을 정보 체계로 환원하여 신체를 넘어선 더 거대한 장으로 개방한다. 이제 인간은 빅데이터를 내장한 하드웨어가 되어가고 하드웨어 간의 연결이 세계를 구성한다. 제러미 리프킨이 제안했듯, 이미 생명은 기계장치가 아니라 정보로 전환되어가고 있다.[3] 구조는 기능이 되고, 기능은 정보의 흐름으로 파악되며 완전성으로서의 종(種) 개념은 점차 소실되어간다.

이러한 기술적 환경의 변화는 인간의 삶을 구성하는 다층적인 차원과 요소들, 자연-생명, 사회-문화, 기술-기계와 같은 존재의 조건과 양식들이 지금까지와는 다른 중심축 위에서 재조합, 재집합, 재맥락화되어야 한다는 것을 의미한다. 이 새로운 조건을 철학의 관점에서 어떤 방법과 이론으로 검사할 것인가? 어떻게 철학의 지평에서 존재론과 인식론을 다시 쓰며, 어떻게 이를 통해 인간에게 집중되지 않지만 여전히 윤리적 기준과 선택을 문제 삼을 수 있는 새로운 이론적 제안이 가능할 것인가? 이 이론적 제안은 과거의 제안과 세계관에도 여전히 유효할 수 있을까?

2. 정보철학의 대두와 참조점으로서의 동아시아

플로리디는 기술적 환경과 인간을 통합하는 새로운 중심을 '정보'라고 말하며 이를 중심으로 패러다임이 바뀌는 과정을 제4혁명 즉 정보혁명이라 부른다. 새로운 철학 분과로서의 정보철학은 아직 형성 중에 있다. 주지하듯 튜링(A. Turing), 섀넌(C. Shannon), 위너(N. Wiener), 란다우어(R. Landauer) 등 정보를 이론적으로 다룬 학자들은 정보라는 개념을 수학적, 공학적으로 설명할 이론적 토대를 마련했다. 그러나 이 과정이 곧바로 정보에 관한 '철학'적 맥락과 조건의 성립을 의미하는 것은 아닐 것이다. 이들은 엄밀히 말해 정보철학자가 아니라 정보 이론가들로서 정보를 수학, 물리학, 공학의 문법과 언어로 다루는 방법을 제시했다고 할 수 있다. 이와는 달리 플로리디는 정보를 독립적인 이론의 단위로 구축한 정보 이론들을 전사(前史)로 두고 정보철학을 제일 철학(Philosophia Prima)으로 새롭게 규정하고자 한다.[4] 그는 "이 분야는 단순한 계산보다는 정보의 철학으로 해석되어야 하며, 그런 의미에서 인식론은 단순한 지각이 아닌 지식의 철학이라는 의미에서 해석되어야 한다."[5]고 주장한다. 이에 따라 정보철학(PI)이란 "(a) 정보의 동역학, 활용, 과학을 포함한 정보의 개념적 본질과 기본 원리에 대한 비판적 검토이면서 (b) 철학적 문제들에 대한 정보의 이론적-계산적 방법론의 정교화와 응용에 관련된 철학 분야"로 정의된다.[6] 이러한 제안은 철학을 통한 정보의 해명과 이론적 제안을 넘어 정보를 통한 철학의 재구성이라는 의미를 가진다.

플로리디는 자신의 저서들에서 위의 정의에 개입된 개념과 상황에 대해 상세히 설명하며 그 조건들을 검토하지만 이러한 시도만으로 새로운 메타 이론으로서 '정보철학'의 유효한 정의와 내용이 충분히 설득력 있게 제시되었다고 보기는 어려울 듯하다. '정보의 단일 개념이 이 일반 분야의 수많은 가능한 응용을 만족스럽게 설명할 것이라고 기대하기는 어렵다'[7]는 신중한 통찰은 현재까지도 유효하고 앞으로도 그럴 가능성이 높다. 이 개념에 대해 확정적이고 표준적인 해석을 마련하기 어렵고 그 조건을 승인하는 이론적 시도들이 아직 충분하지 않다는 것은 어떤 지향점을 공유하는 한에서 다른 제안들, 문법과 용어들이 다른 새로운 제안들이 그 지향성 안에서 다채롭게 해석될 가능성을 확보할 수 있다는 것을 의미한다.

"자연, 생명, 인간, 물질, 기계, 언어, 사회 등 현실적 실재의 모든 영역을 통섭적으로 사용할 수 있는 존재론적, 인식론적 기초"[8]로서 정보는 존재했던, 존재하는, 존재할 세계의 모든 것이다. 파악하는 주체로서의 인간의 인지적 능력과 그에 의해 파악되는 인간 외부의 데이터, 그 데이터를 단위화하여 배열·배치하고 기록하고 전달하는 기록 행위, 계산-배치-전달 등의 세부적 요소에 개입하거나 이를 담당하는 기술-기계는 더 이상 변별적 경계 안에 머물지 않는다.

디지털 환경을 신체만큼 당연하게 받아들이는 세대—디지털 원주민—가 점차 더 증가하는 상황에서 모델링을 통해 정보는 인식의 결과가 아니라 인식의 논리와 구조를 결정하는 상위자 역할을 할 것이다. 정보에 관한 철학이 새로운 메타 이론-보편학의 지위로 부상하는 것이다. '세계는 발견되거나 창안된 것이 아니라 이를 경험하는 이식 주체에 의해 고안된(designed) 것'[9]이라는 관점은 이제 철학자의 정의가 아니라 일상에서의 보편적인 경험이 되어가고 있다.

플로리디에 따르면 "철학자들은 정보의 세계와 정보 사회에서 부상하는 새로운 지적 도전을 다루기 시작했다. 정보철학은 이미 존재하던 주제들을 종합하여 철학적 시나리오를 재정렬하는 것이 아니라, 인정받기 위해 고투하고 있지만 아직 전통적인 철학의 교수 요목에 자리잡지 못한 철학적 탐구의 새로운 영역을 포괄함으로써, 또한 새로운 관점에서 전통적인 문제를 다루기 위한 혁신적인 방법론을 제공함으로써 철학 연구의 지평을 넓히고자 한다."[10]

정보철학이 제일 철학으로서 메타 이론으로 성립할 수 있다면 그것은 정보 자체가 물질과 비물질의 전통적인 경계면 혹은 접촉면에 형성된-걸쳐 있는 중첩적이고 매개적 성격을 가진다는 점에서, 다시 말해 전통적인 존재론과 인식론의 경계는 물론, 인식론과 윤리학, 윤리학과 생물학 등의 학제들의 접촉면에서 유동하며 전통적인 분과적 구획과 실천들을 통합하거나 허물고 있다는 점에서 그러할 것이다. 현재 논의되고 있는 담론에서 멀거나 무관해 보이지만 경계의 통섭과 경계면의 통합에 동아시아의 전근대 철학 역시 배제되어서는 안 될 것이다. 동아시아의 전통적인 사유 역시 동아시아적 삶의 방식과 세계관을 토대로 세계를 이해하고 설명하며 유효하고 유의미한 가치를 제안하고자 했기 때문이다.

ICT라는 기반을 넘어 '정보'의 관점에서 의미론과 윤리학을 제안해야 한다는 현대적 과제 앞에서 동아시아는 어떻게 대면해야 하는가? 사실상 동아시아 철학이 이러한 문제에 개입할 필요가 있을까? 이러한 의문에 대해 "어떤 자연적인 객체-세계도, 문화가 없는 건전한 객관성들을 통해 그리하여 보편적인 과학을 통해 은유가 없고 설화가 없는 진리를 말할 수 없다."[11]는 도나 해러웨이의 말이 하나의 교훈이 될 수 있을 것이다. 어떤 과학적 성과도 문화적 토대로부터 완전히 자유로운 표백된 진리의 형태를 가질 수 없다는 점을 인정한다면 동아시아의 세계관과 철학 역시 현재의 문제를 전망하는 창으로 활용할 수 있을 것이다.

정보철학의 대두와 연결되어 있는 근원적인 질문에 접근하는 하나의 경로로, 서구와는 물론 현대의 최첨단 기술과도 멀리 떨어져 있던 동아시아의 전통적인 관념과 이를 독특한 방식으로 재구성하고자 했던 19세기 유학자 최한기의 독특한 학문 체계, '기학'(氣學)을 제안할 수 있다. 최한기가 제안하는 보편학, 즉 기의 실증성과 포괄성을 학술 구조 안에 담고자 했던 기학의 구조와 세부를 매개 삼아 정보철학이 제안하는 새로운 윤리학의 가능성을 검토해보려는 것이다.

물론 현재 우리가 경험하는 이 세계상에서 먼 외곽의 사유를 참조하려는 이 시도는 지나치게 성기거나 견강부회가 될 가능성을 충분히 내포하고 있다. 그러나 만약 정보철학이 제일 철학으로 성립될 수 있다면 이는 모든 사물과 현상의 제일 원인에 대한 탐구라는 거시적 차원에서 낯선 타자의 사유 역시 소통할 포괄성을 갖는다는 의미이기도 할 것이다. 물론 이론과 개념에 대한 세부적 차원의 이론적 연결은 또 다른 과제라는 점에서 이는 후속 연구로 미루고 이 글에서는 정보철학의 기본적인 제안과 기(氣)로 세계의 구조와 작동을 설명하려고 했던 최한기의 기학이 공명할 수 있는지, 정보철학의 핵심적 제안이 전근대 사유에도 적용 가능한지 살펴보려고 한다.

3. 정보철학 관점에서 바라본 기

정보철학이 하나의 메타 이론으로 성립할 수 있다면 이는 개별적인 철학적 시도들을 구획하고 재배치한다는 것이 아니라 개별적인 이론과 개념을 검토할 새로운 관점과 방법론을 제공한다는 의미일 것이다. 그러나 정보 이론-철학이 수학과 공학 등 현대 과학의 이론을 토대로 한다는 점, 외부에서 쉽게 개입할 수 없는 독자적 문법과 언어로 구성되어 있다는 점에서 외부의 다른 전통에서 이를 비판적으로 검토하는 것은 쉬운 일이 아니다.

특히 동아시아 철학은 현재형이 아니라 과거형으로 소비되는 경향이 강하고 따라서 사태-현상의 이론적 해석자가 아니라 해석되는 자원-대상이 되어버렸다는 문제가 있다. 대부분 서구 혹은 현대 이론에 포착된 동아시아 사유는 관찰되는 (비)체계[12]에 가깝다. 동아시아 철학이 외부의 새로운 해석을 기다리는 수동적 대상-자원의 자리를 벗어나기 위한 출발점 중 하나로 고대부터 이어져온 동아시아인들의 고유한 존재론적 관념 중 하나인 기(氣)를 제안할 수 있다.

기란 무엇인가? 이는 동아시아 철학의 전통적인 질문 혹은 논제라기보다는 현대 연구자들의 관심이 반영된 논제라고 할 수 있다.[13] 흥미롭게도 동아시아 담론에는 '기'가 무엇인지 명확하게 알려주는 정의적 서술이 많지 않다. 본래 정의란 더 많이 알려진 것으로 덜 알려진 것을, 더 명료한 것으로 덜 명료한 것을 설명하는 방식이다. 그런 맥락에서 본다면 왜 동아시아 담론에 '기'에 대한 정의적 설명이 발달하지 않았는지 알 수 있다. 인간뿐 아니라 만물의 근저이자 원리이자 그 현실화였던 기는 개념적 분석이 필요 없는, 다시 말해 다른 개념을 동원해 설명할 필요가 없는 자명한 것이었기 때문이다.

기는 세계의 구성 원리이자 물질적 구성 성분이었으며 생명이자 운동성이자 변화의 토대였다. 주지하듯 동아시아인들은 전통적으로 존재론적 개념인 기를 통해 세계와 인간, 생명과 운동, 사유와 도덕적 실천을 설명해왔다. 이와 동시에 기는 세계의 인식론적 난위이기도 했다. 기라는 존재론적 단위는 세계의 근원을 묻는 질문의 대상이 아니라 어떻게 변화하는 세계를 이해하고 감당할 것인지를 묻는 인식론적이고 윤리적인 질문의 대상에 가깝다. 고대부터 동아시아인들은 대체로 주체 또는 행위자와 그를 둘러싼 세계를 '어떻게 아는가'에는 관심을 두지 않았고 어떻게 행위하고 실천하는가에 집중했다. 그것은 아마도 아는 주체와 알아야 할 대상이 본래 같은 근원—즉 동일한 형이상학적 원리(理) 혹은 자연학적 토대(氣)—에서 출발하기 때문일 것이다. 이들은 인간이 우주와 연동되어 있다는 믿음을 전제로 본성의 차원에서 인간 자신의 본질을 미루어 거시 세계를 추상화하고 다시 동일한 원리를 주변 세계의 구체적이고 미시적인 대상에 적용했다.

자연 세계는 매우 세분화되고 구체적인 현상과 원리들로 이루어져 있지만 이 각각은 동일한 원리가 무한히 확장되고 변용된 결과일 뿐이라는 점에서 별도의 증명 과정이 필요하지 않았다. 다시 말해 동아시아인들은 서로 다른 계열의 사건을 연결하고 확장하며 상호적으로 적용하는 과정에 수학적 공리를 사용하지 않아도 자연 세계를 이해하고 이론화하는 데 큰 어려움을 느끼지 않았다. 동일한 패턴을 복합적으로 적용하면서 대단히 복잡하고 정교한 현상도 나름의 체계로 설명할 수 있었던 것이다.

전통적으로 동아시아에서 기는 본래 객관화된 지표에 따라 양적으로 측정되어 표준화되지 않았다. 물론 우리 일상어 안에도 '기온'(氣溫), '기압'(氣壓) 등 물질적 현상에 대한 수학적 측정을 바탕으로 한 단위어로 쓰이는 기의 확장어들이 존재한다. 그러나 이러한 용어들은 모두 근대 이후에 등장한 번역어들이다. 서양 철학과 자연학을 중국에 이식하려 했던 예수회 선교사들이 동아시아 자연학의 근본적 개념이자 단위인 오행(五行)을 서양 철학의 기본 단위인 사원소로 대체하는 과정에서 '기'(氣) 개념을 사원소 중 하나인 공기(air)로 바꾸고자 했다. 이후 기는 에테르를 비롯한 물질 개념의 번역어로 채택되는 등 점차 근대 과학에 연접하게 되었고 일본을 중심으로 다양한 자연과학적 개념의 번역어로 채택되면서 일상화되었다. '기'라는 개념이 활용된 과학적 개념은 모두 이러한 역사적 과정에 따라 20세기 이후 형성된 것들이다.

신 없이 세계를 설명하던 동아시아 세계관 및 철학과 대면해야 했던 예수회원들은 만물의 원리로서의 기의 역할을 최대한 낮추어 질료화하고자 했다. 질료를 철저히 수동적으로 보는 서구에서 생명성과 자율성을 가지면서 동시에 인간의 감정 등 인격적인 측면까지 포함하고 있는 기의 의미망은 인격적 신에 대한 도전이 될 수 있었기 때문이다. 그러나 근대화 과정에서 개별적인 현상들을 계측하고 계량하는 분과 지식이 일반화되자 이제 기는 알 수 없는 것, 설명할 수 없는 것, 규정할 수 없는 것이 되어 인간-자연현상으로부터 분리되고 이탈하게 되었다.

특히 고정된 실체가 아니기 때문에 기는 다양한 범주에서 구체적인 의미와 역량을 가진 개별적 의미로 바뀔 수 있다. 후한(後漢) 시대에 만들어진 중국 최초의 자전(字典)인 『설문해자』(說文解字)에서 기는 구름의 형상에서 유비된 것으로 설명된다. 이로부터 의미가 확장되어 고대 중국의 여러 경전에서 만물을 생성하는 근원적인 기라는 의미에서 원기(元氣)로, 만물을 유동하는 가장 미세한 물질이자 생명력으로서 정기(精氣)로, 생명과 순환의 원리라는 의미에서 신기(神氣)로 불렸다. 기의 파생어들은 기의 파생물이거나 부분이라기보다는 상황과 국면에 따라 붙여진 계기적인 명칭에 가깝다.

이 지점에서 질문이 다시 시작된다. 정보철학의 관점에서 기는 어떻게 해석될 수 있을까? 기와의 비교는 정보철학의 문맥에 어떤 유효한 철학적 교훈이나 지침을 제공할 수 있을까? 우선 확인할 것은 동아시아에 'information'에 대응하는 개념이 없다는 점이다. 의(意) 등 정보의 내용으로서 메시지를 의미하는 개념은 존재하지만 명확하게 "한 곳에서 선택된 메시지가 다른 곳에서 정확하게, 또는 대략적으로 재현"[14]되는 것이며 "가능한 메시지들의 집합에서 선택하는 것"[15]이라는 섀넌의 정보 개념에 해당하는 단어는 찾기 어렵다.

동아시아인들도 자연 현상이나 물질의 질서 또는 패턴을 일정한 단위로 잘라 측정해왔지만 이를 일정한 양적 단위로 전환하고 그 전송을 측정하기 위한 개념은 발달하지 않았다. 통신 기술을 바탕으로 수학-공학적으로 정보를 다루었던 섀넌 식의 정보 관념은 사실상 동아시아적 사유에 연결될 여지가 적다. 그보다는 차라리 "정보는 하나의 사물이 아니라 계 안에서 일어나는 사물의 변화, 계에 형태 변화를 산출하는 작용이다. 정보는 형태변형을 촉발하는 행위와 수용 작용을 벗어나서 정의될 수 없다."[16]는 시몽동의 정의가 동아시아적 입장에서는 좀 더 유용해 보인다. 동아시아에 한 지점에서 다른 지점으로 동일한 단위-비트로 전송되는 디지털적 '정보'의 통신 과정을 모델화할 개념-이론은 없지만 끝없이 유동하며 소통하는 존재의 패턴과 그에 대한 인식은 존재하기 때문이다.

그런 맥락에서 본다면 기가 곧 정보는 아니지만 기의 패턴이 정보라고 할 수 있을 것이다. 기에는 물질·사물·현상이자 그 사물의 질서라는 측면도 포함되어 있지만 무엇보다 기는 물질·사물·현상에 질서를 부여하는 원리이자 작용이며 그 물질적 변화를 포괄하기 때문에 '계 안에서 일어나는 사물의 변화'이자 '계에 형태 변화를 산출하는 작용'에 가깝다고 할 수 있다. 이런 맥락에서 동아시아에서 정보와 가장 가까운 개념은, 다시 말해 모든 국면을 통틀어 관찰 또는 변별 가능한 대상 즉 상태·현상·사건·존재·과정을 모두 포괄하는 보편적 개념은 기라고 할 수 있다. 모든 것을 정보로 해석할 수 있다는 것은 모든 것을 기(의 패턴으)로 해석할 수 있는 것과 같다. 전통적으로 동아시아인들은 구체적인 물질부터 자연적 현상과 기제, 생명과 그 반응, 인지, 판단, 추론과 감정, 기계와 그 구조, 기능, 작동에 이르기까지 거의 존재하는 모든 것들을 기로 설명해왔다. 기는 가장 미세하거나 세부적인 단위 및 그 현상까지 쪼개어 개념화할 수 있지만 동시에 그 모든 개별적 수준을 포괄하는 무한한 보편성을 가진 원리적 개념이기 때문이다.

결과적으로 수많은 파생형을 가진 기의 이름들이 기의 패턴을 이루며 이 패턴들이 세계에 대한 인식의 경로가 된다는 점에 주목할 필요가 있다. 국면과 계기에 따라 기가 다른 이름을 갖는다는 것은 결국 인식의 차원에서 기가 특정한 패턴으로 구성된다는 것을 의미한다. 이처럼 만물에 모두 편재하되 개체와 현상에 따라 다르게 내재되어 있으며 인식론적 추상화의 과정에 따라 다른 이름으로 불릴 수 있다는 점에서 기는 일종의 정보의 패턴과 유사한 성격을 가진다. 다시 말해 기 자체가 곧 정보는 아니지만 기의 존재와 활동은 일종의 패턴으로 변별되며 무엇보다 추상화 수준에 따라 동일한 기가 여러 맥락에 위계적으로 적용될 수 있다는 점에서 기의 패턴은 인간에게 알려지거나 혹은 구성되는 정보의 형태에 가깝다.

앞에서 언급했듯 정보 이론의 발전에 따라 생명 역시 정보의 차원에서 다룰 수 있게 되었다. 따라서 정보철학은 정보의 포괄적 범위에 생명과 그 현상을 배제하지 않는다. 이와 유사하게 기 역시 단순한 질료나 변별적으로 식별 가능한 현상 또는 존재에 한정되지 않으며 생명과 신체성에도 본질적으로 관련되어 있다. 무엇보다 기는 관찰자와 관찰대상에 동일한 근원이라는 점에서 정보와 마찬가지로 인지적 주체와 대상을 통합적·포괄적으로 다룰 수 있는 이론적 틀이다.

정보철학이 "정보 패턴이라는 공통적 속성을 통해 인간과 비인간 존재들의 연속성과 유사성에 주목하고 인간을 비롯한 모든 존재자들을 정보적 존재자로 간주함으로써, 자연과 인공, 생명과 비생명, 인간과 기계, 정신과 신체, 인지와 비인지 등 이분법적 경계를 넘는 새로운 존재론적 패러다임을 제시"[17]하려는 것이라면 이원적 분리 없이도 기를 통해 세계를 이해하고 설명하려던 동아시아적 사유에서 이런 시도는 낯설지 않다. 비록 수학적 계산에 기반을 둔 모델링이 가능하지 않더라도, 보편적인 지향성 수준의 문제의식이라 할지라도 근본적인 방향성을 공유한다는 점은 의미가 있다.

정보철학의 관점에서 "인간은 독립된 개체로 변별적으로 존재하는 뉴턴적 존재가 아니라 정보 환경과 상호적으로 연결된 유기체로서, 기술적 대상과 분리되지 않는 상태에서 비인간 행위자들과 공진화하는 존재"[18]라면 기만큼 존재자들의 상호 연결성을 보여주는 개념은 드물다. 단독자 개인이 이성적 판단과 그에 따라 구성된 규칙을 따라 규범적인 차원에서 호혜적인 연결성을 인정하고 행동하는 방식과 달리, 기의 차원에서 개별 존재자는 그것이 속한 세계 또는 장과 동일한 구성원리로 이루어져 있기 때문에 그들 간의 연결은 본질적인 조건이자 본질이 된다. 기의 세계는 이미 패턴화 자체에서 가치가 발생하는 장이다. 외부에서 윤리적 조건을 명령하지 않고 가치를 주입하지 않는다. 기의 운동성 자체가 모종의 질서를 이루는데 이 질서는 개체들이 참여하고 연대하는 과정에서 드러나는 안정성과 변화에 부여되어 있다.

정보철학에서 정보는 파생된 객체나 해석을 요구하는 대상이 아니라 그 자체 존재자로서 인간을 비롯한 모든 존재와 현상이 정보 덩어리라면, 기의 철학에서 기는 인간이 파악하는 외부의 대상이 아니라 개체와 그 현상과 그로부터 추상화된 모든 신호와 기호들을 포함한다. 다시 말해 기는 그 자체로 정보는 아니지만 기가 드러내는 무수한 패턴들과 양상들이 곧 정보라고 할 수 있다. 특히 기는 작게 자를 수 있는 최소 단위의 물질에 한정되지 않지만 근본적으로 0과 1로 이루어진 비트처럼 음과 양의 조합과 구성에 의해 패턴화되고 그리하여 무질서와 질서 사이를 오고가는 정보의 형태를 띤다. 그러니까 기는 이미 비트이면서 존재였던 것이다. 결국 기는 물질이자 생명이자 신호이자 그 모든 것들의 패턴이다.

범주적인 차이, 수학적 계산 가능성 여부, 이론의 구조와 세부 등 다양한 맥락에서 정보 개념과 기를 직접 비교하는 것은 어렵다 할지라도 모종의 지향성을 공유한다는 점에서 이 성긴 연결은 정보철학의 설명력과 포괄성을 확보하는 데 도움이 될 것이다.

4. 인포스피어와 최한기의 기학

이 성긴 연결에 좀 더 세부적인 내용을 제공할 수 있는 전근대 동아시아 학자가 있다. 한국 철학사에서 가장 독특한 인물일, 19세기 학자 혜강 최한기(惠岡 崔漢綺, 1803-1877)다. 최한기는 조선의 상업 특구였던 개성(開城)에서 태어났지만 주로 서울 지역에서 생활하며 평생 독서와 저술에만 몰두한 독특한 재야의 학자였다. 가문과 사승 관계에 따라 복잡한 학맥이 작동하고 있던 19세기 조선의 지식장 안에서 특정한 학맥에 속해 있지 않았던 최한기는 비교적 자유롭게 독자적인 학문을 구축할 수 있었다. 그의 차별성은 단순히 특정 학맥에 속하지 않았다는 점을 넘어 당대 조선 유학자들과는 다른 지적 자원을 통해 독자적인 학문을 구축하고자 했다는 점에서 찾을 수 있다.

최한기는 당시 서울 지역을 중심으로 중국에서 유입되던 새로운 학술과 서적들을 과감하게 수용했고 독특한 방식으로 자신의 저술에 활용한다. 최한기가 특히 몰두했던 지적 자원은 당시 중국에서 유통되던 서학서(西學書) 즉 기독교 전파를 위해 16세기 이후 중국에 들어와 당대 서양 철학과 자연학, 수학 등을 중국어로 번역했던 서양 선교사들의 번역서들이었다. 최한기는 당시 그가 접할 수 있었던 거의 대부분의 서학서를 백방으로 구해 읽고 자신의 관점에서 깊이 연구했고 이를 바탕으로 조선 유학의 저술 형식과 계보를 넘어서는 독창적인 저술을 내놓았다.[19]

당시 최한기는 이미 동양 전교의 주도권을 잡은 개신교의 활발한 중국 내 활동에 힘입어 상당히 세분화된 분야까지 새로운 과학적 정보들에 접근할 수 있었다. 최한기는 이 책들을 자신의 지적 자원으로 활용함으로써 전통적인 유학의 가치와 이념을 월경하지 않으면서 그 안에 서양 과학을 결합할 수 있었다.[20] 동시대 다른 유학자들과 달리 서양 과학을 적극적으로 수용했던 최한기는 서양의 분과 학문과 실험을 통해 '기'를 실증할 수 있다고 믿었다.

> 최근 기(氣)의 형(形)이 모든 기계의 시험을 통해 뚜렷하게 드러나고, 기의 신(神)이 도주(陶鑄)의 운화(運化)로 창달되었다. 질(質)에 형(形)이 있으며, 신(神)이란 어느 한 사람이 창시한 것이 아니며 천하에서 현명하고 해박한 자들이 함께 밝혀낸 것으로, (이로 인해) 체용이 겸비되고 만사가 이루어지게 되었다.[21]

이를 바탕으로 최한기는 단순히 기를 중심에 둔다는 의미를 넘어 기를 보편학의 차원에서 원리적으로 설명하면서 이를 분과 학문들로 확장하려는 일종의 보편학으로서 '기학'(氣學)을 제안한다. 최한기가 제한하는 '기학'은 단순히 이기론에서 기의 차원을 강조하는 '기의 학'이 아니다. 최한기의 기 개념은 성리학의 전통적인 기 개념을 벗어나는 독특한 층위와 문제의식에서 발현된 개념이기 때문이지만 더 나아가 최한

기 자신이 이 이름을 자신의 모든 학문을 포괄하는 보편학적 위상으로 세우고자 하기 때문이다.[22]

최한기는 기를 중심으로 모든 현상과 학문을 체계적으로 이론화하려는 자신의 구상을 '기학'이라는 새로운 학문 이름에 담는다. 본래 동아시아에서 기는 인간과 사물을 모두 포괄하는, 물질이자 생명성이자 역량으로 간주되었지만 최한기가 구상한 기는 단순히 형이상학적인 원리나 혹은 개체화된 물질에 한정되지 않는다. 무엇보다 최한기는 가장 구체적인 단계의 물리적인 메커니즘에서 기의 실질을 확인하고자 했다. 따라서 기학의 기는 이기론의 기처럼 형이상학적 특성을 갖지 않는다. 그러나 동시에 그는 자연계의 운동과 변화에 대한 설명항을 넘어 인간의 인식과 판단 차원에도 기라는 개념을 동일하게 적용한다.

전통적으로 기는 관계이고 패턴이며 양상이자 신호였으나 최한기는 이 패턴을 최상위 수준까지 추상화한다. 정보철학에서 정보가 최상위에서 만사만물(萬事萬物)을 포괄하는 기준이라면 최한기의 체계에서 기가 그와 유사한 개념적 역할을 한다. 거칠지만 최한기의 이론적 기획을 정보철학의 관점과 비교하자면 기학은 인식과 수양의 주체로서 인격의 지위를 덜 강조하는 방식으로 인식의 주체-대상의 경계를 약화시켰으며 무엇보다 기를 여러 차원에서 계층화함으로써 일종의 추상화 방법을 사용한다는 점에서 유사한 지향점을 보인다. 무엇보다 최한기에게 기는 단순히 우주적 원리나 자연 현상이 아니라 실증 가능한 구체적 대상이었다. 세계는 기와 물의 상호소통 과정을 통해 운행한다.

사람들은 보이는 것을 물(物)이라 하고 볼 수 없는 것을 기라 하는데, 우주만물은 기로 시작하여 변화하여 물이 되고 물이 다시 변화하여 기가 된다는 것을 누가 알겠는가? 대체로 물은 생성되거나 없어질 때 그 기질(氣質)은 소멸하지 않으나, 다만 눈으로 기를 볼 수 없고 물질의 형태가 없어진 것만을 보고 완전히 없어졌다고 여길 뿐이다.[23]

우주 전체를 운용하는 힘인 기를 바탕으로 인간의 층위뿐 아니라 인간을 둘러싼 사회와 우주까지 하나로 연결시킨다. 최한기는 세계의 구조를 대기운화(大氣運化), 통민운화(統民運化), 일신운화(一身運化) 등 세 층위 또는 세 단계의 장으로 설명한다.[24] 이때 대기운화의 영역은 기의 세계관을 토대로 한 우주론이면서 동시에 실질적 기의 형질과 운동을 확인할 수 있는 자연학의 영역이며, 통민운화는 정치와 사회의 구성과 운영에 관련된 일종의 사회공학적 영역을 가리킨다. 마지막으로 일신운화는 운화기로 관통되어 있는 인체와 인식 능력을 포괄하는 인간학적 영역이다. 최한기에게 세 차원의 운동과 변화 즉 '운화'(運化)는 결코 위계적이지 않으며 상호 연동되어 있다는 점에서 안정성과 개방성을 가진다.

이 통합과 연결의 가장 큰 테두리를 최한기는 운화기(運化氣)라고 부른다. 운화기는 각 영역을 통합하고 연결하는 핵심 원리이자 실질적인 힘이다. 최한기의 독특한 개념인 운화는 자생적 활력과 그로 인한 능동적 변화의 능력을 강조하는 표현으로, 기의 생명성과 운동성, 순환성과 변화성을 종합적으로 표현하는 개념이기도 하다. 운화기는 1과 0의 조합으로 이루어지는 비트처럼 존재하지만 비트의 조합으로 이루어진 개별자들의 양태들을 포괄한다. 운화기는 운동하고 활동하는 기로서 이미 비트이면서 존재다. 이런 맥락에서 운화기의 존재와 작동은 그 자체로 정보이자 정보 패턴이라고 볼 수 있다. 이 정보 패턴들은 추상화의 단계에 따라 다르게 불릴 수 있다.

> 활동운화를 가지고 공부의 조리를 분석해 본다면 '활'(活)이란, 추측을 존양하는 것이고, '동'(動)이란, 날로 새로워지는 이치를 건강하게 따르는 것이고, '운'(運)이란, 돌고 도는 운동성을 헤아림이고, 화(化)란, 조화롭고 원만하게 변통하는 것이니, 오직 이렇게 공부한 활동운화만이 한 몸에 본디 있는 활동운화를 통하여 대기의 활동운화를 받들어 자연과 인간이 한 곳에서 만나고 사물이 하나로 통하게 된다.[25]

추상화의 수준은 정보철학의 핵심 개념 중 하나다. 정보를 통해 세계를 이해하기 위해 플로리디는 LoA(the level of abstraction)라는 방법을 제안한다. LoA란 한 존재 혹은 하나의 사태가 가진 다면적인 국면이나 속성을 하나의 기준에 의해 재배치, 재정렬한 상태를 의미한다. 예를 들어 자동차라는 존재에 대해 경제적 가치를 기준으로 나머지 국면들을 배열할 수도, 안전을 기준으로 나머지를 정렬할 수도 있다. 정보는 가장 추상화된, 가장 포괄적인 LoA로서 이 안에 전통적인 윤리적 주체로서 인간 외에도 생물과 기계, 물질과 기술이 모두 포섭될 수 있다. 플로리디는 정보라는 개념을 매우 확장적으로 이해함으로써 분화되어 있던 각각의 경계를 통섭적으로 이해하고 모든 개별자들을 공통적인 속성으로 파악할 수 있게 한다.

이런 관점에서 본다면 최한기가 제안하는 운화의 단위들은 각각 하나의 추상화의 수준과 유사한 구도로 이루어져 있다고 볼 수 있다. 중력의 힘이 미치는 범위를 중력장, 전기의 힘이 미치는 범위를 전기장이라고 부르듯 장이란 특정한 질서 혹은 패턴에 의해 포괄되는 경계를 의미한다. 최한기가 설정한 인간 차원의 일신운화, 사회와 국가 차원의 통민운화, 자연-우주적 차원의 대기운화는 일종의 수직적 모델이지만 힘과 권력에서 위계적이지 않으며 상호 연동되어 있다는 점에서 안정성과 개방성을 가진다. 이 계들은 안정적이지만 개방적인 연결을 이룬다는 점에서 안정적인 변화의 네트워크에 가깝다.

플로리디가 제안하는 LoA의 방법론은 설정된 목적에 따라 추상화의 층위 역시 다르게 형성될 수 있는데 이 과정에서 각 층위들은 목적지향적이면서도 상호 의존적인 관계로 연결되어 있다.[26] 이런 구조라면 목적에 따라 일종의 위계를 가지면서도 그 위상이 고정되지 않기 때문에 계기적이고 맥락적인 상황에 따라 존재론적 구조가 재배치되거나 재정렬될 수 있을 것이다. 이 추상화 수준에 참여하는 개체들은 상황과 계기에 따라 위계화되지만 위계가 고정되지 않는다면 그 안에서 개체의 지위나 권리는 위계화되지 않을 수 있다. 최한기가 제안하는 운화기의 층위들은 마치 LoA처럼 특정한 목적에 따라 별도로 추상화된 방법적 틀이다. 무엇보다 운화기는 가장 보편적인 차원부터 가장 세밀하고 구체적인 단위에 이르기까지의 기를 관점, 맥락, 조건에 따라 새롭게 추상화할 수 있는 토대가 된다.

한편 최한기가 다른 유학자들의 기 해석과 다른 점은 그가 기를 계량화하거나 계수화할 수 있다고 본다는 점이다. 최한기의 체계에서 기는 형질을 가지고 있고 그를 바탕으로 '운화'한다. 운화기란 운동하고 변화하는 기의 본질이자 양상을 가리키는 최한기의 용어다. 이 운화의 기는 다른 말로 신기(神氣)라고도 한다. 최한기 철학의 핵심 개념 중 하나인 신기는 매우 흥미로운 개념이다. 신기란 주로 기의 가장 정미한 상태를 가리키는 개념이었지만 최한기에게서 신기는 개체에 내재된 운화하는 기의 양태이면서 동시에 인간의 인식 능력을 가리키는 용어이기도 하다.

신기는 단순히 인간의 인식 주체, 일반적으로 의식이나 정신에 해당하는 것이 아니라 기의 소통성이 인간의 인식 능력으로 작동하는 상태를 말한다. 최한기에게 신기는 인간을 특화시키는 종차의 구별점이 아니라 모든 지각 있는 존재가 공유하는 바이다. 궁극적으로 기는 언제나 계기적으로 "다르지만" 궁극적으로 "하나"이기 때문에 수준 차이가 있더라도 동물에게도 신기가 있다. 다시 말해 신기는 한 개인의 영혼-심이 아니라 기의 투명성이 잠시 인간 안에 계류하면서 인식 활동을 하는 단계를 가리킨다. 최한기는 신기에 의해 이루어지는 정보 처리 과정을 '추측'(推測)이라 부른다. 이때 추측은 우리의 일상어와 같은 의미가 아니라 사물에 대한 연역적 추론과 경험적 헤아림을 모두 포괄하는 개념이다.

> '리는 하나'이더라도 천리가 유행하는 것을 '유행의 리'라 하고, 과거 어느 날 견문으로 안 것과 두루 살펴본 것들을 미루어 앞으로 다가올 사물의 처리를 헤아리는 것을 '추측의 리'라고 하니, 사람이 사물을 추측하는 데 천리에서 어긋나지 않기는 어렵고 천리에서 어긋나기는 쉽다. 그 어긋나고 어긋나지 않는 이유를 추구해 보면 이것은 오직 추측하는 것이 마땅했는가 아닌가에 달려 있으며, 그 추측이 마땅했는지 아

닌지를 살펴보면, 오직 헤아림의 양이나 정도에 달려 있으니, 인심(人心)에 있는 추측의 리를 통해 천도 유행의 리에 어긋나지 않게 되기를 기대한다.[27]

이때 추측의 주체는 인간의 인지적 능력인 신기(神氣)로, 추측은 인간이 세계를 경험하고 계측하고 판단하는 과정이라는 점에서 정보 처리 과정과 유사하다. 그러나 이 추측은 인식 주관에 의해 포착된 외부의 객관적 정보라는 의미로 한정되지 않는다. 신기는 한 개인에서 작동하지만 근본적으로는 천지운화에 통하기 때문이다.

사람은 일신(一身)에 국한된 기를 가지고 밖으로 천지운화의 기에 통하고 있으니 이러한 것에 관해 하루 이틀 두루 살펴나가고 1년, 2년 점차 증험하여 쌓으면 스스로 앞을 미루어 뒤를 헤아리고 이것을 미루어 저것을 헤아릴 수 있으니 이 또한 조리로서 이것을 인심추측의 리라 한다.[28]

주체-자아가 경계면이 분명한 안과 밖을 오고 가는 것이 아니다. 이미 인간과 외부 환경 사이에 윤곽은 희미해졌고 경계면은 보이지 않는다. 나라는 경험, 나라고 부를 수 있는 신체 역시 고유한 단위로 변별되지 않고 윤곽은 희미해져서 미분적으로 계산될 수 없는 패턴으로 유동하고 있다. 이 패턴 역시 하나의 정보일 수 있다. '세상의 범위와 배포를 통찰해 보면, 원근에 가득한 인물(人物)의 생식사멸(生息死滅)은 다 대기운화에 따라 천변만화하고 있다. 그러므로 비록 미세한 사물이라도 이 기화(氣化)를 떠나서 이루어지는 것은 없다.'[29]고 말할 때 결국 이 세계는 기의 패턴으로서 정보로 이루어진 세계라고 말하는 것과 크게 다르지 않다.

이렇게 기의 패턴을 정보로 보고 이를 최한기 철학의 체계로 확대할 경우 기존의 유학과 달리 최한기 철학에서는 인간 행위자가 덜 강조되고 만물의 패턴들과 수평적 차원에서의 연결성과 소통성이 강조되는 효과가 있다. 기는 인간에게 고유한 변별적 능력이 아니라 존재 전체에 공통적으로 실현되어 있는 본질이면서 사건이자 현상이자 지향성이기 때문이다.

5. 정보 윤리와 기학의 제안

철학 이론으로서의 '정보'는 '탈인간중심주의의 관계론적 사고로 패러다임 전환을 도모'[30]하기 위한 문이자 통로라고 할 수 있다. 많은 이들이 경험하듯 ICT는 해석을 기다리는 해석 지평의 객관적 존재자이거나 대상이 아니라 그 자체로 인간의 인식과 관계, 구조와 양상을 모두 바꾸는 강력한 존재론적 변화의 힘을 가지고 있다. 이러한 상황을 플로리디는 '재존재화'라고 부른다.[31] 이 재존재화는 그 내부의 구성원들의 성격은 물론 그에 따른 윤리적 조건에도 영향을 미친다.

정보철학에서 파생된 정보 윤리는 도덕적 의지나 이성적 판단 능력의 여부가 기준이 되는 전통적인 윤리학과는 다른 윤리학을 구성할 수 있는 가능성을 확보한다. 도덕적 고려의 대상에게 요구되는 충족의 기준을 최대한 낮춤으로써 더 많은 존재와 현상을 포괄할 수 있게 되는 것이다.[32] 따라서 정보 윤리의 관점에서는 도덕적 행위자의 구성 요건도 달라진다. 이성에 입각해 도덕적 판단과 행위를 할 수 없는 동물이나 자율 자동차와 같은 인공적인 존재자를 배제해왔던 전통적인 윤리와 달리 정보 윤리는 정보의 관점에서 모든 것을 도덕적 행위자로 통합할 수 있다.[33] 플로리디는 정보의 관점에서 이 도덕적 행위자들을 정보 유기체로 간주하고 새롭게 명명한다.

플로리디는 인간을 상호 연결된 정보유기체(information organism)로서 인포그(inforg)라고 부르고 이러한 정보 존재자가 다른 정보 존재자와 상호 연결되어 있는 환경 전체를 생물권에 빗대어 정보권 즉 인포스피어(inforsphere)라고 부른다. 플로리디의 설명에 따르면 '많은 측면에서 우리는 독립적인 존재자라기보다 상호 연결된 정보적 유기체 즉 인포그(inforg)로서, 생물학적 행위자들 및 공학적 인공물들과 함께 궁극적으로 정보로 이루어진 총제적 환경 즉 인포스피어(inforsphere)를 공유한다. 인포스피어는 모든 정보 처리 과정들, 서비스들, 존재자들로 형성된 정보적 환경으로서, 그 안에서 정보 행위자들뿐 아니라 그것들의 속성, 상호작용, 상호 관계가 모두 포함된다.'[34] 정리하자면 인포스피어는 '정보 처리 과정, 서비스, 존재자를 망라하는 정보 환경'[35]을 가리키는 조어이다.

자신과 타자의 역동적 관계가 형성되는 장이자 정보로 상호작용하는 정보 존재자들이 공존하는 장으로서 인포스피어는 물리적 현상 세계와 디지털적 가상 세계를 포괄적으로 묶는 개념이다. 인포스피어의 특징은 생명과 인공적 기술 존재자들을 차등 없이 포괄한다는 점이다. 인포스피어에서 인포그 정보 존재자는 인간과 비인간을 차등화하지 않는 모든 접속된, 접속될 존재들이다. 인포그들이 역동적으로 관계 맺는 인포스피어라는 개념은 사실상 고도로 발전된 기술적 발전을 토대로 한 디지털적 환경에 뿌리를 둔 제안이라고 볼 수 있다.

세계를 인포스피어로 규정하고 내부의 존재자들을 정보 존재자로 간주하는 방식은 신체와 정신의 이분법을 넘어 인간이 타자들과 그 실천들과 속성들과 속성들의 관계까지 상호 연결된 정보 유기체라는 점을 부각시키는 효과가 있다. 인간과 기계, 정신과 신체 등의 이분법이 해체된 인포스피어에서 인간은 특권을 가진 사용자가 아니라 다른 정보 존재자와 상호 연결된 정보 존재자 중 하나다. 이 세계를 정보에 연관된 존재, 작용, 현상의 총체인 인포스피어로 본다는 것은 생명을 생명이 아닌 다른 단위들과 통합적으로 해명할 수 있는 가능성을 확보하게 해준다.

만약 이런 인식의 전환이 가능하다면 기로 세계를 설명하려던 동아시아 전통을 하나의 참조점으로 도입할 수 있다. 전통적으로 동아시아에서는 인지, 물질, 생명을 기라는 동일한 단위로 해명하고자 했으며 이 모든 존재와 과정과 인식과 현상에 관해 인식과 행위의 주체로서의 인간에게 특권적인 권한을 주지 않았기 때문이다. 주지하듯 기는 구체적인 개별자를 이루는 질료이면서 물별의 움직임이나 계절의 순환에도 적용되며 무엇보다 생명의 원리이자 심지어 감정에도 관련되어 있는 포괄적인 개념이다. 이는 최한기가 제안하는 기학에서도 유사하다.

> 천지를 꽉 채우고 물체에 무젖어 있어 모이고 흩어지는 것이나 모이지도 않고 흩어지지도 않는 것이 어느 것이나 기 아닌 것이 없다. 내가 태어나기 이전에는 천지의 기만이 있고 내가 처음 생길 때 비로소 형

체의 기가 생기며 내가 죽은 뒤에는 다시 천지의 기가 된다. 천지의 기는 광대하고 영원히 존재하며 형체의 기는 국소적이고 잠시 머물다 없어진다.[36]

기는 모든 존재의 조건이자 모든 존재를 연결하는 조건으로서, 인간은 이를 인식하고 활용하는 능력을 가지고 있지만 이를 산출하지도, 완전히 통제할 수도 없다. 이렇게 본다면 기를 중심으로 한 동아시아적 세계관에서 인포스피어의 통합성과 인포그의 상호연결성은 이미 모든 존재자들의 본질적인 조건이었던 것이다.

이처럼 세계를 인포그들의 연결체인 인포스피어로 본다면 확실히 인식 주체의 존재론적 특권은 약화되고 인식의 인식 역시 정보와 관련된 매체와 현상들 안으로 수렴되어 둔각화될 가능성이 높다. 이러한 전환은 동시에 세계에 대한 윤리적 책임의 소재를 다시 설정해야 하는 새로운 문제로 연결된다. 정보철학은 반드시 정보 윤리의 문제와 필연적으로 결합되어 있는 것이다.

주지하듯 ICT 기술을 통해 인지가 분산될 수 있고 신체가 확장될 수 있는 상태에서 판단은 빅데이터에 근거한 통계적 추론에 맡겨지고 도덕적 판단의 토대인 경험은 그 방식과 내용이 분산되면서 중심점이 사라지며 기억 역시 자아가 형성되고 작동하게 하는 기저로서의 역할이 축소되었다. 그러나 여전히 인간을 포함한 개별자들이 도덕적 선택을 하거나 혹은 악행을 피해야 하고 동시에 그에 대한 책임이 요구되는 상황이다.

이러한 상황에서 ICT 기술로 인한 탈신체화는 규정된 도덕적 코드를 적용하는 기계적 통계 메커니즘의 작동을 통해 인간의 행위를 표준화하고 규범화할 것인가? 그렇게 된다면 신경망 회로를 통해 무한히 반복되며 점차 정교해지는 시뮬레이션 모델이 행위의 준거로 행위자/피동자들의 윤리를 결정할 것인가? 한마디로 말해 상품의 조작 설명서와 사용자 매뉴얼이 인류의 새로운 윤리의 교과서가 될 것인가?

철학적 대상이자 주제이자 관점이자 이론으로서의 정보는 다시 말해 정보철학은 아마도 정보 패턴을 가진 모든 존재들에 대해 포괄적으로 이론적 조명을 비춤과 동시에 이 전체와 세부와 각각의 추상화 수준들을 윤리적으로 네트워킹하는 지적 실천을 의미할 것이다. 다시 말해 현대가 요구하는 새로운 정보철학은 정보라는 개념을 근저에 배치함으로써 밀도를 낮추고 그 위에서 생명과 기술, 인간과 비인간, 자연과 기계, 주체와 객체를 통합적으로 다루고자 하는 시도라고 할 수 있다. 이 시도는 자연히 윤리적으로도 새로운 제안을 제공한다.

전통적인 윤리학이 행위자로서 인간의 조건과 능력과 그에 따른 책무를 강조하는 방식이었다면 정보는 엄밀히 말해 대상으로서의 정보라는 개념으로는 이를 생산-수용-배치-활용-재생산 등을 수행하는 행위자 차원이, 암묵적으로라도 인간에게 초점화되지 않는다. 식당에서 일하는 서빙 로봇도 전원이 켜져 있는 한 외부 정보를 수용하고 분리하면서 행위를 창출하고 아주 단순한 프로그램조차 정보를 통해 새로운 차이를 만들어낼 수 있다. 그 차이들이 정보권 인포스피어에 선하게 작용하는가 악하게 작용하는가에 따라 윤리적 책임이 발생하게 된다. 플로리디의 관점에 따르면 "우리는 뉴턴적 체계에서처럼 독립적이며 고유한 실재가 아니라 상호적으로 연결되어 있고 정보 환경 즉 인포스피어에 착근된(embedded) 정보적으로 체화된 유기체(인포그)이다. 우리는 여러 국면에서 이 인포스피어를 우리와 유사한 자연적 행위자 및 인공적인 행위자와 공유한다."[37]

디지털화된 세계에서 비인간-인공 존재와 그 활동이 정보 유기체의 필수적인 생존 조건이 되어가는 현재 그리고 미래에 우리의 질문은 어떻게 인간의 책임을 희석시키거나 무화시키지 않고도 책임의 강도를 주체성과 권리의 양으로 환원하지 않을 수 있나 하는 점에서 시작되어야 할 것이다. 인간뿐 아니라 자연적인 것을 특권화하지 않으면서 이미 인간 세계에 도입된 수많은 인공적인 것과 혼종적인 것들의 세계 내에서의 작용과 상호 영향을 포괄하려는 보편적 틀과 축을 수립하는 것이다. 플로리디는 정보 윤리의 범위와 특성을 다음과 같이 요약한다.

> 정보 윤리에서 윤리적 담론은 정보적으로 이해된 모든 존재자에 관심을 둔다. 즉, 단지 모든 인간 그리고 그런 인간의 문명, 행복, 사회적 상호작용만이 아니라, 단지 동물과 식물 그리고 그것들 특유의 자연적 생명만이 아니라, 그림과 책에서부터 별과 돌에 이르기까지 존재하는 모든 것, 미래 세대처럼 앞으로 존재할 수 있거나 존재하게 될 모든 것, 우리의 조상이나 오래된 문명들처럼 과거에 존재했지만 이제 더는 존재하지 않는 모든 것에 관심을 두는 것이다. 정보 윤리는 공평하고 보편적이다.[38]

정보철학의 윤리가 공평하고 보편적이라면 이처럼 인간에게 특권을 부여하지 않으면서도 모든 존재를 공평하게 윤리적 차원에 도입하려는 시도는 기의 세계관에서 낯설지 않다. 기의 세계는 그 자체로 정보 패턴으로 가득 찬 인포스피어적 환경으로 볼 수 있다. 이 안에서 개체들은 같은 수준의 다른 개체나 이용 가능한 타자뿐 아니라 그 속성과 관계들에도 모두 연결되어 있다. 이런 체계는 세계를 이성적으로 판단하고 활용하는 행위자가 '중심' 또는 외부 세계와 변별적으로 혹은 독립적으로 존재하는 '주체'가 되기 어렵다. 관계는 전방위로 확장되어 있고 매순간 유동성 속에 전개된다.

기의 세계가 패턴화된 정보의 세계라고 말할 수 있다면 기로 이루어진 세계 전체가 인포스피어와 유사하다고 말할 수 있을 것이다. 이러한 존재론적 조건에서 최한기의 기학 역시 새로운 윤리적 제안을 제공할 수 있다. 우선 최한기에게 인간의 인식 능력은 특권적이지 않다. 예를 들어 인간의 인식 능력에 해당하는 신기는 결코 인간에게만 부여된 기독교 신학의 영혼 같은 능력이 아니다.

> 천하의 모든 개개의 사물은 기와 질이 서로 합하여 생긴 것이다. (…) 기는 하나이지만 사람에 품부되면 사람의 신기가 되고, 사물에 품부되면 사물의 신기가 된다. 사람과 사물의 신기가 같지 않은 까닭은 질(質)에 있지 기에 있지 않다.[39]

이런 구도에서는 특권화된 인간 주체를 명시적으로 내세우기 어렵다. 그렇다고 인간에게 인식하는 존재로서 세계에 대한 책무가 사라지는 것은 아니다. 최한기의 기학 역시 일종의 거시 윤리의 성격을 띠고 있다. 최한기는 삼층의 운화를 설정하면서 개별 국면들을 통섭하는 거시적 구조를 설명한다. 앞에서 살펴보았듯 최한기가 설정한 개인, 사회, 우주 즉 일신운화, 통민운화, 대기운화의 삼층 구조는 우주와 그 우주 속에 위상을 부여받은 개체라는 일종의 위계적 구도를 보이지만 이 위계적 구도는 그 자체로 추상화의 수준일 뿐 가치의 위계는 아니다. 위계적이고 수직적인 구도는 연결성과 책임의 확장성을 의미하는 것일 뿐 하나의 층위가 다른 층위에 비해 더 가치 있거나 중심성을 갖는 것은 아니다. 이 세 가지의 운화 즉 세 단위의 운동 변화는 유동성과 운동성과 관계성을 보여주는 틀이며 이 안에서 기로 이루어진 모든 존재들은 상호적인 책임을 진다.

모든 것은 물리에 대한 인식과 경험을 통해, 시간의 경과를 겪은 주체의 추측을 통해 모종의 '사건'이자 '정보'로 온다. 최한기의 기학은 그런 의미에서 일종의 '사건의 존재론'이자 '정보의 동역학'이라고 볼 수 있을 것이다. 이 안에서 인간은 자기중심성을 버리고 전체에 대한 책임을 담당해야 하며 각각의 추상화 수준에 따라 보이는 현상들에 대해서도 윤리적 책임을 진다.

> 사람이 세상에 사는 데에는 윤리와 도덕과 사업이 있는데, 그 일통의 준적(準的)을 얻지 못한다면 반드시 마음의 주장이 저마다 달라 여러 가지 장해(戕害)가 있게 되니, 이 또한 인도(人道)를 구명함에 널리 찾지 않음이 없고 선악의 행사가 갖추어지지 않음이 없어야 하는 까닭이다. 사람의 생활을 깊이 궁구하면 도리에 어긋나서는 안 되고 오직 승순(承順)해야만 한다. 도(道)를 일신의 운화(運化)에서부터 교접의 운화와 통민(統民)의 운화에 이르기까지 모두 대기(大氣)의 운화를 본받는다면, 진퇴(進

退)·지속(遲速), 위합(違合)·순역(順逆)이 자연 운화의 추이에 따라 재어(裁御)가 적절하게 되고, 형세(形勢)를 따라 잘 인도한다면 천백의 이론(異論)이 모두 소멸되어 일통의 운화로 천인(天人)이 일치될 것이니, 이를 일러 인정이라고 한다.[40]

최한기 철학에서 인정(仁政)은 주로 정치적 개념으로 인식되지만 기계의 작동까지 포괄하는 운화기의 영역 안에서 정보의 패턴들을 따라 질서와 안정을 현실화해야 하는, 다시 말해 선을 지향하고 악을 피해야 한다는 점에서 정보권에 요구되는 윤리적 책무를 의미한다고도 말할 수 있을 것이다. 이런 식의 연결은 엄밀히 말해 일종의 철학적 내러티브에 가깝다. 동양과 서양, 기술과 생명을 연결하는 방법적 제안으로서 철학적 내러티브는 개념의 합리적 사용과 정당화의 구조를 밝히는 언어적 검사의 기술에 한정되지 않으며 인간 경험이 어디에 어떻게 소용되어야 하는가, 경험을 공유하게 된 비인간 존재자들과 어떻게 관계 맺을 것인가를 포괄하려는 시도이다.

6. 나가며

추상적인 것이건 물리적인 것이건 변별적인 현상들은 언제나 존재했고 그 구조와 배열과 리듬과 생성소멸을 본래의 구조와 시간에서 뽑아내 '정보'로 구축하는 것은 감각 기관과 인지 능력을 가진 존재의 생존 방식이었다. 과거에는 이러한 가능성이 인간에게만 허용되어 있었다면 현재는 기술적 환경의 변화에 따라 정보의 주체가 반드시 인간일 이유도 없고 생명체일 이유도 없어진 것일 뿐이다. 정보는 존재했던, 존재하는, 존재할 모든 것들에 개입하는, 외부 세계와 소통 가능한 모든 개별자들이 대면하는 존재 방식이자 소통 방식이다.

그렇다면 이 오래된 조건이자 새로운 보편학은 동아시아의 전통적 사유와 어떻게 만날 수 있을까? 플로리디의 제안대로 메타 이론으로서 정보철학이 "정보로 간주될 수 있는 것과 정보가 적절하게 생성되고 처리되고 관리되며 사용되는 방법에 관해 규범적이며 입법적"[41]이라면 동아시아 사유에서도 보편학의 차원에서 정보에 규범성과 입법성을 제공하는 이론 체계를 구성해 나가는 것이 불가능한 시도는 아닐 것이다. 더 나아가 정보철학이라는 현대 철학의 새로운 제안을 동아시아 사유와 접맥하고 비교하는 일은 정보로 세계를 해석하는 과정을 더 풍부하게 하고 이론의 정당화 조건을 더 넓은 문맥에서 검토할 수 있게 해주는 자원-참조점을 제공할 것이다.

사실 이러한 비교의 시도는 당연한 한계를 가지고 있다. 출발과 지향이 다른 철학적 시도들을 동일한 궤도로 비교하려는 것 자체가 무리한 시도일 수 있다. 그러나 어떤 철학도 외부의 참조점 없이 자기 내부의 이론적, 논리적 완결성만으로 설득력을 얻을 수 없을 것이다. 외부로 확장할 수 없는 내적으로 닫힌 담론은 흥미로운 지적 게임일 수는 있지만 다른 학문적 시도의 자원이 될 수 없다는 점에서 그다지 유익하지 않다. 따라서 비교의 시도 자체는 철학이 확보해야 할 설득력과 확장성의 시험이라고 보아야 할 것이다.

다만 실질적이고 구체적인 이론과 개념의 비교를 통해 보다 유의미하고 유효한 담론을 제안하려는 노력이 더 필요한 것도 사실이다. 이 글은 이러한 세부적 연구를 제안하기 위한 기초 작업에 해당한다. 언어를 사용하는 모든 내러티브가 문화적 환경을 벗어날 수 없다면 다른 경험, 다른 세계관으로 독자적 삶의 문법을 구축해온 동아시아 역시 독립적이면서도 통합 가능한 내러티브의 제공자(offerer)이자 구축자(constructor)이자 조사관(inspector)이 될 수 있을 것이다.

정보철학의 담론적 제안을 전근대 동아시아의 철학적 전통에 대입할 수 있다고 보는 것은 기의 세계관과 언어가 인간의 인지를 신체성과 주변 세계와의 상관성에서 설명하면서도 근본적으로 인간 존재-인지의 존재론적 차별성을 인정하지 않는, 다시 말해 인간을 주체적 행위자로 상정하면서도 그 존재론적 비중이 다른 것을 압도하지 않는다는 점에서 정보철학과 그 윤리에 비교될 만한 독특한 구조적 네트워크와 논리로 이루어져 있기 때문이다.

동아시아 철학에서 현대 학술의 방법론인 수학적 계산과 명제적으로 통제된 사유 실험의 모델링을 기대하기는 어렵지만 오로지 그러한 방법 외에는 철학이 될 수 없다는 강박을 벗어날 수 있다면 얼마든지 전통적인 동아시아 철학의 언어들을 하나의 내러티브로 구축해 다른 문법-언어에 의한 모델링이 가능할 것이다.

메타 이론으로서의 가능성과 정당화 조건을 구성하는 데 있어 서양에서도 현대의 기술적 환경에서도 먼 타자의 사유를 참조하는 길은 이론적 정밀함을 확보하기 어렵더라도 거친 유비와 성긴 연결 과정을 통해 얻을 수 있는 교훈이 있을 것이다. 정보철학의 관점에서도 기학의 관점에서도 우주와 인간과 세계뿐 아니라 속성과 관계까지 원리적으로 동일하며 토대 차원에서 공통적이다. 정보철학에서 이 세계에 참여하는 모든 존재자들이 정보 유기체로서 연결되어 있다면 기의 철학에서 모든 존재자, 존재자의 속성과 그 속성들의 관계들까지 모두 동일한 원리와 표현을 공유한다. 신에 의해 특권을 부여받지 않은 인간은 주변 세계와 끝없이 소통하면서 그 소통 과정의 패턴을 유의미하게 기입하고 산출하며 연결된다.

최한기의 기학이 그러했듯 현재와 미래의 기술적 환경은 정보의 기입과 산출과 연결에서 점차 주체를 지워나갈 것이다. 그러나 동시에 윤리적 책임이 사라지는 것은 아니다. 정보는 인간을 윤리적 책임에서 면죄시키는 것이 아니라 과거에 존재하지 않았던 그래서 포착하기 어려운 책임을 가시화하고 이에 대해 논의할 장을 제안한다. 이 제안을 낯선 외부의 참조점 즉 동양철학 혹은 기의 관점에서 검토하는 작업은 결국 정보철학이 메타 이론으로서 성립하는 데 유의미한 방법론적 시도가 될 것이다.

주

1 이 글은 다음의 연구를 바탕으로 수정한 것이다. 「정보 철학 관점에서 본 최한기의 기학(氣學)」, 『탈경계인문학』 34집, 2023.10.

2 Oxford English Dictionary (https://www.oed.com/dictionary/information_n?tab=meaning_and_use#416073, 2023년 8월 27일 접속).

3 제러미 리프킨, 『바이오테크 시대』, 전영택·전병기 옮김, 민음사, 1999, 380-384쪽.

4 L. Floridi, "What is the philosophy of information?", *Metaphilosophy* 33(1/2), 2002, p. 141.

5 ibid., p. 138.

6 ibid., p. 138.

7 Shannon, C.E., Sloane N.J.A. and Wyner A.D. (ed.), "The Lattice Theory of Information", *Claude E. Shannon: Collected Papers*, 1993, Wiley-IEEE Press, p. 180.

8 루치아노 플로리디, 『정보철학 입문』, 석기용 옮김, 필로소픽, 2022.

9 L. Florodi, *The Philosophy of Information*, Oxford University Press, 2011, p. 78.

10 L. Floridi, op. cit., 2002, p. 140.

11 도나 해러웨이, 『겸손한_목격자』, 민경숙 옮김, 갈무리, 2007, 416-417쪽.

12 여기서 비체계적이라는 것은 동아시아 철학에 체계가 없다는 일반적 인상에 대한 언급이기도 하지만 동아시아 철학을 자원화하려는 시도들이 대체로 본래의 체계에 관심을 두지 않거나 무시하면서 개별적인 맥락-이론-장면만을 분리해 소비하는 경향이 강하다는 것을 의미한다.

13 '기란 무엇인가?'는 현대 연구자들이 채택한 책 제목이다. 다음이 그러한 예들이다. 마루야마 도시아끼, 『氣란 무엇인가』, 박희준 옮김, 정신세계사, 1989; 이종란, 『기란 무엇인가』, 새문사, 2017.

14 세자르 히달고, 『정보의 진화』, 박병철 옮김, 문학동네, 2018, 17쪽.

15 이정민, 「정보의 개념, 섀넌과 그 이후」, 『양자·정보·생명』, 한울아카데미, 2015, 240쪽.

16 G. Simondon, "L'amplification dans les processus d'information", *Communication et Information*, 2010, *Les Éditions de La Transparence*, p. 159., 김재희, 「시몽동의 정보철학: 사이버네틱스를 넘어서」, 『철학연구』 130권, 철학연구회, 199쪽 재인용. 김재희는 이를 다음과 같이 표현한다. "정보는, 앞으로 밝혀지겠지만, 계산되고 제어되는 신호나 정확한 전송과 관련된 어떤 메시지가 아니라, 계 전체의 유의미한 변화를 개체 발생(구조 생성)으로 표현하는 사건적 작용이며, 계의 항상성 유지보다는 형태변화나 새로운 계의 발생을 야기하는 존재론적 과정의 다른 이름이다." 김재희, 앞의 논문, 195쪽.

17 송은주, 「4차 산업혁명 시대의 인문학 교육: 정보철학과 정보 윤리를 중심으로」, 『문화교

류와 다문화교육』 8(2)권, 한국국제문화교류학회, 2019, 76쪽.

18 Floridi, L., *The fourth revolution: How the infosphere is reshaping human reality*, Oxford University Press, 2014, p. 14.

19 예를 들어 영국의 선교 의사였던 홉슨은 당대 서양 의학과 그 기초 정보로서의 해부학적 지식 등을 중국어로 번역했는데 최한기는 홉슨의 번역어로 접한 서양 의학을 『신기천험』(身機踐驗)이라는 저서에서 편집하고 의견을 부기한다. 또한 19세기 중엽의 당대의 최신 천문학설이었던 코페르니쿠스의 태양중심설을 전하고 있는 허셜(John Herschel, 1792-1871)의 천문학이 담긴 중국어 번역서 『담천』(談天)을 접하고 이를 토대로 『성기운화』(星氣運化)라는 책을 저술하기도 한다. 이 책에는 전통적인 동아시아 천문학 안에 담길 수 없는 서구 근대 과학의 개념과 이론이 포함되어 있었다.

20 최한기의 서양 과학 수용에 관해서는 다음을 참조. 이현구, 『崔漢綺의 氣哲學과 西洋 科學』, 성균관대학교출판부, 2000; 김선희, 「19세기 조선 학자의 자연철학에 관하여: 최한기의 기륜설을 중심으로」, 『철학사상』, 서울대학교 철학사상연구소, 2016.

21 崔漢綺, 『氣測體義』, 『明南樓隨錄』, "挽近氣之形. 著顯於諸器試驗. 氣之神. 暢露於陶鑄運化. 質之有形有神. 非一人一時所唱始. 乃宇內賢知所共明. 體用咸備. 萬事趍駐."

22 보편학으로서의 기학에 대해서는 다음을 참조. 김선희, 「최한기를 읽기 위한 제언: 근대성과 과학의 관점에서」, 『철학사상』 52권, 서울대학교 철학사상연구소, 2014.

23 『身機踐驗』 卷7, 「物質卽氣質」, "世人以可見者爲物, 以不能見者爲氣, 孰知宇宙萬有 由氣而化成爲物, 由物而復化爲氣? 凡物成物毁, 曾不能滅其氣質, 但目力不及見氣, 但見物質之無形, 人自以爲完盡耳."

24 『人政』 卷9, 「數運化平宇內」.

25 『氣學』 卷2, 「以活動運化分晳於功夫條理」, "活乃存養推測, 動乃健 順日新, 運乃度量周旋, 化乃變通和融. 惟此功夫之活動運化, 因一身固, 有之活動運化, 承大氣之活動運化. 天人一致, 事物一貫."

26 L. Floridi, The Ethics of Information, Oxford University Press, 2013, p. 33.

27 崔漢綺, 『氣測體義』 「推測錄」 卷3, 「推情測性」 「心性理各有分」, "理是一也, 而天理流行者曰流行之理, 推前日之見聞閱歷, 測方來之處事物者曰推測之理, 則人於推測事物, 無違於天理難, 有違於天理易. 究其違與不違之故, 惟在推之宜不宜也, 究其推之宜不宜, 惟在測之量度, 期使人心推測之理, 無違於天道流行之理也."

28 최한기, 『기학』, 손병욱 옮김, 통나무, 2008, 65쪽.

29 『人政』 卷9, 「教人門」 「數運化平宇內」, "統察宇內範圍排佈, 人物彌滿, 生息起滅, 莫不因大氣運化而千變萬化. 雖微細事物, 未有捨此氣化而作成者."

30 목광수, 『루치아노 플로리디, 정보 윤리학』, 컴북스캠퍼스, 2023, xiii쪽.

31 L. Floridi, op. cit., 2014, p. 5.

32 신상규, 「자율기술과 플로리디의 정보 윤리」, 『철학논집』 45권, 서강대학교 철학연구소, 2016, 291쪽.

33 위의 논문, 291쪽.

34 루치아노 플로리디, 앞의 책, 24쪽.

35 목광수, 앞의 책, 17쪽.

36 『神氣通』 권1, 「天人之氣」 充塞天地, 漬洽物體, 而聚而散者, 不聚不散者, 莫非氣也. 我生之前, 惟有天地之氣, 我生之始, 方有形體之氣, 我沒之後, 還是天地之氣. ,天地之氣, 大而長存, 形體之氣, 小而暫滅.

37 L. Floridi, op. cit., 2013, p. 14.

38 L. Floridi, op. cit., 2002, p. 113.

39 『神氣通』 卷一, 「體通」, 天下萬殊, 在氣與質相合……氣是一也, 而賦於人, 則自然爲人之神氣, 賦於物, 則自然爲物之神氣, 人物之神氣不同, 在質而不在氣.

40 『仁政』, 「凡例」, "人之生也, 有倫有道有事有業, 而不得其一統準的, 必有各心所主, 戕害多端, 是亦究明人道之無不搜覓, 善惡行事之無所不備也. 潛究人生, 不可違越, 惟當承順之道. 自一身運化, 至交接運化, 至統民運化, 皆效則于大氣運化進退遲速違合順逆, 自有運移之裁御正宜, 因勢而利導, 千百異論, 咸歸零落, 一統運化, 脗合天人, 是謂人政."

41 L. Floridi, op. cit., 2002, p. 138.

참고문헌

원전

『氣測體義』

『氣學』

『身機踐驗』

『人政』

『增補明南樓叢書』

단행본

도나 해러웨이, 『겸손한_목격자』, 민경숙 옮김, 갈무리, 2007.

루치아노 플로리디, 『정보철학 입문』, 석기용 옮김, 필로소픽, 2022.

마루야마 도시아끼, 『氣란 무엇인가』, 박희준 옮김, 정신세계사, 1989.

목광수, 『루치아노 플로리디, 정보 윤리학』, 컴북스캠퍼스, 2023.

세자르 히달고, 『정보의 진화』, 박병철 옮김, 문학동네, 2018.

이정민 외, 『양자·정보·생명』, 한울아카데미, 2015.
이종란, 『기란 무엇인가』, 새문사, 2017.
이현구, 『崔漢綺의 氣哲學과 西洋 科學』, 성균관대학교출판부, 2000.
제러미 리프킨, 『바이오테크 시대』, 전영택 · 전병기 옮김, 민음사, 2006.
최한기, 『기학』, 손병욱 옮김, 통나무, 2008.
Floridi, L., *The Philosophy of Information*, Oxford University Press, 2011.
Floridi, L., *The Ethics of Information*, Oxford University Press, 2013.
Floridi, L., *The fourth revolution: How the infosphere is reshaping human reality*, Oxford University Press, 2014.

논문

김선희, 「19세기 조선 학자의 자연철학에 관하여: 최한기의 기륜설을 중심으로」, 『철학사상』, 서울대학교 철학사상연구소, 2016, 75-114쪽.
김선희, 「최한기를 읽기 위한 제언: 근대성과 과학의 관점에서」, 『철학사상』 52권, 서울대학교 철학사상연구소, 2014, 67-96쪽.
김영환 · 손영식, 「신유학의 기본 개념에 대한 언어철학적 분석: 기 개념을 중심으로」, 『시대와 철학』 7(1)권, 한국철학사상연구회, 1996, 273-303쪽.
김재희, 「시몽동의 정보철학: 사이버네틱스를 넘어서」, 『철학연구』 130권, 철학연구회, 189-220쪽.
송은주, 「4차 산업혁명 시대의 인문학 교육: 정보철학과 정보 윤리를 중심으로」, 『문화교류와 다문화교육』 8(2)권, 한국국제문화교류학회, 2019, 69-91쪽.
신상규, 「자율기술과 플로리디의 정보 윤리」, 『철학논집』 45권, 서강대학교 철학연구소, 2016, 269-296쪽.
Floridi, L., "What is the philosophy of information?", *Metaphilosophy* 33(1/2), 2002, pp. 123-145.
Shannon, C.E., Sloane N.J.A. and Wyner A.D. (ed.), "The Lattice Theory of Information", *Claude E. Shannon: Collected Papers*, Wiley-IEEE Press. 1993.

인터넷 자료

Oxford English Dictionary (https://www.oed.com/dictionary/information_n?tab=meaning_and_use#416073, 2023년 8월 27일 접속)

6

앨런 튜링

‘낯선’ 지능의 정보 시대를 열다

이상욱
(한양대학교, 철학과)

“

학습하는 기계라는 생각은
모순처럼 느껴질 것이다.

”

1. 지능의 기계화 혹은 '낯선' 정보처리 기계를 설계하다

앨런 튜링(Alan Turing, 1912-1954)은 영국의 수학자이자 컴퓨터 과학자이다. 현재는 이 두 분야가 대부분의 대학에서 서로 다른 단과대학에 속해 있어서 이 두 직업명을 동시에 사용하는 것이 상식적으로는 조금 이상하게 느껴질 수 있다. 하지만 튜링의 시대에는 컴퓨터 과학이라는 학문 분야가 막 생겨나던 시기였고 그런 신생 학문인 컴퓨터 과학의 탄생 과정에는 다양한 전문 분야가 기여했다. 그중에서도 튜링이나 폰 노이만처럼 수학자들의 기여가 적어도 학문 성립 초기에는 두드러졌다. 이들 수학자들의 연구가 컴퓨터 과학이 어떤 주제를 탐구하는 분야인지, 그것이 어떻게 가능한지에 대한 수학적 초석을 놓았기 때문이다.

컴퓨터 과학이라는 말을 들으면 당연히 여러분이 사용하는 개인용 컴퓨터(PC)를 떠올릴 것이다. 요즘에 한창 사회적으로 주목받고 있는 인공지능을 떠올릴 수도 있다. 사실 우리가 손에서 놓기 어려운 스마트폰도 작은 휴대용 컴퓨터에 해당된다. 조금 더 '원시적인' 의미에서는 간단한 사칙연산을 하는 전자계산기도 컴퓨터다. 따져보면 당연한 것이 컴퓨터(computer)란 계산하다(compute)라는 동사에서 나온 단어로 '계산하는 장치 혹은 기계'라는 의미이다. 결국 컴퓨터 과학은 계산하는 장치를 설계하고 만들어 활용하는 모든 영역에 걸친 과학 분야이다. 그래서 컴퓨터 과학을 다른 말로 계산 과학이라고도 한다.

중요한 점은 인류 문명의 전 시기를 거쳐 상당히 최근까지도 인간만이 이런 '계산'을 할 수 있는 유일한 지적 존재라는 생각이 받아들여졌다는 사실이다. 그래서 기계식 혹은 전자식 컴퓨터가 널리 사용되기 전까지 '컴퓨터'라는 개념은 계산을 전문적으로 하는 '사람'을 지칭했다. 예를 들어 현재는 프랑스 최고의 과학 인재들이 다니는 에콜 폴리테크니크는 18세기에 고급 장교를 양성하는 사관학교로 출발했는데, 당시 교육 과정에서 핵심적인 위치를 차지한 탄도학은 발사된 포탄이 중력과 코리올리 힘, 바람이 주는 마찰력 등의 복합적 영향을 받아 어떤 경로로 날아가 어디에 떨어질 것인지를 정확하게 '계산'하는 학문이었다. 결국 에콜 폴리테크니크의 교육 목적 중 중요한 한 가지는 '계산 잘하는 사람'을 양성하기 위한 것이었다.

이처럼 고급 인지 능력의 대명사처럼 여겨지던 계산 능력에 있어서 지금은 아무리 뛰어난 계산 천재도 문구점에서 쉽게 살 수 있는 천 원짜리 계산기에도 당할 수 없다. 그러다보니 자연스럽게 우리는 사칙연산과 같은 '단순한' 계산에 대해 하찮게 보는 경향을 갖게 되었다. 그래서 우리는 이런 진부한 계산 능력이 상당히 오랜 기간 인간 지성의 위대함을 가장 잘 보여주는 특징으로 간주되었다는 점을 납득하기 어려울 수 있다. 어떤 의미에서 우리가 그런 생각을 가질 수 있었던 이유는 튜링을 비롯한 계산 과학의 선구자들의 노력으로 인간이 아닌 잘 설계된 기계가 인간보다 계산을 더 빨리, 정확하게 할 수 있게 되었기 때문이다.

그러나 익숙함을 평범함과 혼동하지 않아야 한다. 튜링의 비범함은 인간이 계산하는 '의식적 방식'과는 사뭇 다른 방식으로 기계가 계산을 하는 것이 가능하며, 그 둘 사이에는 결과물에 있어서는 아무런 차이가 없다는 점을 수학적으로 증명한 데 있다. 조금 더 전문적으로 말한다면, 어떤 작업이 '계산가능'(computable)하기만 하면 기계가 그 작업을 수행하는 것이 원리적으로 가능하다는 점을 증명했다. 튜링은 여기에서 그치지 않고 이런 원리적 가능성을 실제로도 실현하기 위해 현대 컴퓨터와 유사한 계산 기계를 만들기도 했다. 다만 현재 우리가 사용하는 컴퓨터는 튜링의 방식이 아니라 '폰 노이만 아키텍처'라고 부르는 다른 방식의 설계 원리에 따라 만들어지고 작동한다. 그래서 일부 기술사학자들 중에서는 컴퓨터의 역사에서 튜링의 기여가 지나치게 과장되었다고 주장하는 사람들도 있다.

비록 컴퓨터의 표준 경쟁에서는 튜링의 방식이 폰 노이만의 방식에 밀린 것은 사실이지만, 인간이 계산 과정에서 보여주는 '지능'(intelligence)을 인간이 아닌 기계 장치도 결과론적으로 보여줄 수 있다는 혁신적인 생각을 엄밀하게 이론화해낸 공로는 여전히 튜링에게 돌아가야 한다. 튜링은 자신의 수학적, 공학적 연구를 통해 우리가 현재 '정보처리'라고 부르는 과정을 원칙적으로 모두 일종의 계산 과정으로 파악할 수 있음을 입증했으며, 그 결과 튜링이 선도적으로 제시한 계산 기계인 튜링 기계는 원칙적으로 정보처리 기계라는 점 또한 밝혔다. 결론적으로 튜링은 인간이 정보의 의미를 이해하고 이를 인지적으로 처리하여 결과를 얻어내는 과정을, 인간의 의식적 경험과 전혀 다른 방식으로, 복잡한 계산의 결합으로 '흉내' 낼 수 있다는 점을 이론적, 실천적으로 보였던 것이다. 현재 우리는 자신이 무슨 일을 하는지도 모르면서 깜짝 놀랄 만큼 '똑똑한' 일을 해내는 인공지능에 당혹감을 느끼는 시대에 살고 있다. 튜링은 현재의 인공지능을 비롯한 계산 기계가 인간에게는 매우 '낯선' 지능을 보여주는 정보처리 기계라는 점을 처음으로 밝혀낸 사람이었다.

2. 기계적 계산가능성을 탐구한 수학자

앨런 매시슨 튜링은 1912년 런던에서 상중류 계층 집안의 둘째 아들로 태어났다. 상중류 계층(upper-middle class)이라는 용어를 우리가 직관적으로 이해하기는 쉽지 않다. 현재까지도 유지되고 있는 영국의 계층 사회는 일단 크게 상류 계층(upper class), 중류 계층 혹은 중산층(middle class), 노동 계층(working class)으로 구별된다. 이 중에서 노동 계층은 원래 육체노동을 하는 블루칼라 노동자를 지칭했다. 산업혁명을 가장 먼저 이룩한 영국에서는 공장에서 근무하는 저임금 숙련/비숙련 노동자 계층이 유럽에서 가장 일찍 형성되었다. 이들이 주축이 되어 정치 세력화된 계층이 노동 계층이다. 상류 계층은 우리나라에서는 대개 사회적으로 고위직에 있거나 재산이 많은 사람을 뜻하지만 영국에서는 고위직이나 재산이 상류 계층을 결정짓는 요인은 아니다. 노동 계층 중에서도 상당한 자산가가 있을 수 있고, 현재는 사회 고위층 대부분은 수적으로 훨씬 더 많은 중류 계층의 엘리트 집단이 차지하고 있기 때문이다. 상류 계층은 노동 계층과 마찬가지로 문화적으로 구별된다. 좀 더 직설적으로는 예전에 귀족 가문이었거나 귀족 가문과 연결되어 있어서 생활양식이 귀족적인 사람들이 상류 계층이다. 이들 중에는 경제적으로는 넉넉하지 않은 사람들도 있는데 이런 '가난한(?)' 상류 계층이 존재한다는 것이 영국 계층 사회의 특이한 점이다.

중류 계층은 보다 복잡하다. 중류 계층은 상중류(upper-middle), 중중류(middle-middle), 하중류(lower-middle)로 나뉜다. 이 중에서 중중류가 대충 우리가 말하는 중산층에 해당된다. 대부분 대학 교육을 받았으며 출신 배경, 연소득, 사는 지역 등에서 상류 계층과 노동 계층의 중간에 놓인다. 하중류는 19세기까지는 하급 사무원이나 상점 점원, 자영업자 등을 의미했는데 연소득이나 자산 규모에 있어서는 중중류와 구별되지 않지만 대학 교육까지 받은 경우가 많지 않아 문화적으로 중중류와 노동 계층의 중간적 위치에 있다. 최근에는 영국에서도 대학 진학률이 높아지면서 하중류 계층이나 노동 계층에서도 대학을 진학하는 사람들의 비율이 늘어나고 있다. 하지만 여전히 우리나라에 비하면 이 두 계층, 특히 노동 계층의 대학 진학률은 상대적으로 낮다. 마지막으로 튜링이 속한 상중류 계층이 가장 이해하기 어려운 계층이다. 이 계층은 가문으로 귀족은 아니지만 중산층이라고 보기 어려운 생활 습관과 사회지도층 각계에 퍼져 있는 인맥으로 엮여 있는 계층이다. 어떤 의미에서는 우리나라의 상류층이 영국의 상중류에 해당된다고 볼 수 있다. 이들은 대개 자신들의 자녀를 이튼과 같은 명문 사립학교(영국 영어로는 복잡한 역사적 이유로 public school이라고 부른다)에 보내고 다른 계층의 사람들과는 잘 어울리지 않는다.

튜링의 성장기도 당연히 상중류 계층에 속한 사람들의 전형적인 패턴을 따랐다. 사실 튜링은 인도에서 태어날 뻔했다. 그의 아버지 줄리어스 튜링은 영국 제국의 관리로 인도 남부의 넓은 지역을 관리하며 공무원으로서 화려한 경력을 쌓고 있었다. 줄리어스는 튜링의 어머니 에셜 사라 스토니와 유럽으로 향하던 배 위에서 만나 사랑에 빠졌다고 한다. 물론 두 사람 모두 상중류 계층에 속한 집안사람들이었다. 두 사람은 미국 횡단 여행을 함께 하며 사랑을 나누다가 아일랜드 더블린에서 결혼하고 인도에 정착했다. 하지만 튜링의 어머니가 튜링을 임신했을 때 인도의 열악한 교육환경과 전염병을 염려한 튜링의 아버지가 어렵게 휴가를 얻어 온 가족을 런던으로 데려온 바람에 튜링은 런던에서 태어나게 되었다. 튜링의 아버지는 인도의 식민지 관리로서 영국에서 오래 머물 수 없었고, 튜링의 어머니 역시 남편과 함께 있기 위해 튜링이 만 한 살이 겨우 넘었을 때 튜링을 다른 가족에게 맡기고 인도로 떠나버렸다. 그 후 튜링의 어머니는 가끔씩 영국으로 돌아와 아들을 보긴 했지만 튜링은 부모의 따뜻한 보살핌을 모르고 자라면서 다른 사람과 잘 어울리지 못하고 내성적인 아이로 자라났다. 이 역시 당시 영국의 상중류 계층 집안의 일반적인 보육 방식이었다.

튜링은 어린 시절 당시 상중류 계층의 일반적인 관행에 따라 집에서 가정교사에게 외국어와 고전 교육을 받았고 이후에는 1922년부터 1926년까지는 도셋에 있는 헤이즐허스트(Hazelhurst) 예비학교, 1926년부터 1930년까지는 셔본(Sherborne) 학교라는 영국의 명문 기숙학교를 다녔다. 튜링은 기숙학교에서 끔찍한 시간을 보냈다. 얼마나 끔찍했는지 튜링은 훗날 자신의 인생에서 가장 불행했던 시기로 이 기숙학교 시절을 자주 언급했다. 당시 영국의 상중류 가정에서는 아이가 어느 정도 크면 기숙학교에 집어넣고 자주 보러 오지 않는 일은 흔한 일이었다. 하지만 부모의 정에 굶주렸던 튜링에게는 엄격한 학교생활에 적응하기가 더욱 힘들었던 것 같다. 그래서인지 튜링은 영국에서 없어져야 할 대표적으로 나쁜 관행으로 기숙학교에서의 괴롭힘, 특히 선배가 후

배를 노예처럼 부리고 체벌하는 전통을 꼽기도 했다. 튜링 연구자 중에서는 세속적인 가치나 권위에 대해 도전적인 그의 태도가 이 시기에 생겨났다고 보는 사람도 있다.

튜링이 학교생활에서 심적으로 매우 힘든 경험을 했던 것은 사실이지만 객관적으로는 두각을 나타낸 학생이었다. 상급생이 될수록 튜링은 학생 집단에서 중요한 위치를 차지하게 되었고 졸업 직전에는 자신이 속한 하우스의 우두머리(head boy)가 되기도 했다. 특히 튜링은 수학과 과학을 매우 잘했다. 하지만 당시 영국 기숙학교는 그리스 로마의 옛글을 읽힘으로써 마음을 수양시키고 격렬한 스포츠를 통해 신체를 단련시키는 일을 강조했다. 과학과 수학에 대한 튜링의 재능은 누구도 부정하지는 않았지만 고전이나 스포츠 분야에서의 능력에 비해 덜 중요하게 평가되었다.

튜링은 셔본 기숙학교에서 그에게 큰 영향을 끼친 크리스토퍼 모콤이라는 학생과 만나게 된다. 모콤은 튜링처럼 수학과 과학을 좋아했지만 친구들과도 잘 어울리고 글씨도 단정하게 쓰는 촉망받는 학생이었다. 튜링은 모콤을 숭배했으며 모콤처럼 되기를 원했다. 모콤에 대한 튜링의 '첫사랑'은 후일 그의 동성애 성향의 첫 신호였다. 불행하게도 모콤은 학교를 마치지 못하고 결핵으로 사망하고 말았고 튜링은 이 일로 아주 깊은 마음의 상처를 받았다.

튜링은 아주 우수한 성적으로 1931년 케임브리지 대학교 킹스 칼리지에 장학생으로 입학했다. 대학에서 튜링은 기숙학교 환경에서와 달리 자신의 수학적 천재성이 인정받는다는 사실을 발견했고 이 상황 변화를 마음껏 만끽했다. 튜링은 '중심 극한 정리'(Central Limit Theorem)라는 통계학의 중요 정리를 독자적으로 재발견해내며 자신의 수학적 재능을 입증했고, 이를 계기로 케임브리지 대학교의 특별 연구원이 된다.

1935년 튜링은 수학기초론에 대한 강의를 듣고 당대 최고 권위의 독일 수학자 힐베르트의 야심찬 계획이 젊은 신예 수학자 괴델에 의해 무산되었다는 사실을 알게 된다. 힐베르트는 모든 수학적 명제에 대해 그것이 참으로 증명가능한지의 여부를 분명하게 규정된(definite) 방식으로 확인할 수 있는 방법을 요구했다. 간단하게 말하자면 힐베르트는 우리가 참이라고 믿고 있는 모든 수학적 명제들이 정말 참인지 여부를 직관에 호소하지 않고 엄밀하게 결정할 수 있는 증명 방법을 찾기를 원했던 것이다. 이 기획이 완성된다면 수학은 인식론적으로 매우 탄탄한 기초 위에 놓일 수 있게 된다. 힐베르트의 이 원대한 프로젝트를 힐베르트 프로그램(Hilbert Program)이라 한다.

오스트리아 수학자 괴델은 이 문제를 수학을 형식화한 논리체계에서의 증명가능성으로 바꾼 다음 힐베르트의 계획이 실행가능하지 않다는 점을 증명했다. 좀 더 풀어서 말하자면, 괴델은 힐베르트의 엄격한 증명 요구를 일단 수학을 보다 엄밀한 논리체계로 표현하고(이를 '형식화'한다고 한다), 그렇게 형식화된 논리 체계에서 힐베르트가 요구하는 수준의 증명가능성을 표현한 명제가 증명가능하지 않다는 점을 보였다. 이를 괴델의 '불완전성 정리'라고 한다. 즉, 괴델은 힐베르트가 원한 방식으로 수학을 누구도 부정할 수 없는 탄탄한 토대 위에 세우는 것은 불가능하다는 점을 보인 것이다. 하지만 수학 체계가 모순이 없다는 점을 비롯하여 수학적으로 중요한 명제가 힐베르트가 요구했던 방식과 다른 방식으로 증명 불가능한 것은 아니다. 괴델은 이 사실 또한 증명했는데, 요점은 우리가 수용하는 수학이 모순이 없고 참된 지식이라는 사실을 '느슨한' 방식으로는 증명할 수 있지만(좀 더 전문적으로는 한 수학 체계에 대한 엄밀한 증명은 그 체계를 포함하는 더 큰 수학 체계에서 가능하다), 힐베르트가 원하는 것처럼 수학적으로 참인 명제를 모두 엄밀하게 증명하는 간단한 형식적 방법은 존재하지 않는다는 것을 증명한 것이다.

튜링은 괴델이 다루었던 문제를 보다 직관적으로 정의한 후 내용적으로 괴델 정리와 동등한 내용을 보다 일반적으로 증명했다. 튜링의 접근 방식은 수학기초론에서 힐베르트 프로그램에 집중한 후 괴델 숫자화(Gödel numbering)라는 특정한 형식화 방식을 사용한 괴델과 달리, 특정 수학적 명제가 증명될 수 있는 모든 가능성에 대한 보다 일반적인 접근을 취했다. 튜링은 어려운 문제를 풀 때마다 항상 지나칠 정도로 독창적이어서 원래 문제를 다른 사람이 상상할 수 없을 정도로 일반화시켜 해결하는 재주가 있었다. 튜링은 '분명하게 규정된'이라는 힐베르트의 요구사항을 숫자를 쓰고, 지우고, 다음 항목으로 움직이는 것과 같은 극단적으로 단순한 기계적 행위를 통해 이루어질 수 있는 것으로 규정하자고 제안했다. 이렇게 되면 힐베르트나 괴델에게 있어서는 보다 추상적이고 우리 마음이 이해하는 심상적 의미에서만 포착될 수 있었던 '분명하게 규정된'(definite)의 의미가 물리적 공간 내에서 기계가 수행하는, 직관적으로도 너무나 '분명하게 규정되는' 동작으로 정의될 수 있게 된다. 튜링의 생각은 이러한 작용이나 동작은 누구에게나 명백하게 이해될 수 있으니, 이런 명백하고 간단한 동작의 결합만으로 수학 명제의 참과 거짓이 결정될 수 있다면 힐베르트 프로그램은 실행 가능해질 것이다.

하지만 1936년 튜링이 도달한 결론은 괴델과 마찬가지로 부정적이었다. 괴델처럼 논리학의 추론규칙으로 한정시키지 않고 기계적으로 계산될 수 있는 모든 가능한 경우로 수학적 증명을 극단적으로 직관적으로 만들어도 힐베르트의 기대는 충족되지 않는다는 것을 증명한 것이다. 흔히 튜링의 '멈춤 문제'로 알려진 그의 증명은 특정 수학적 명제의 참과 거짓을 유한한 기계적 단계를 거쳐 계산하고 그 계산 결과로 참/거짓 여부가 확정되면 더 이상의 작동을 멈추는 기계를 상정한 후, 수학적으로 의미 있는 문제 중에는 이 기계에 답을 요구했을 때 기계가 멈추지 않고 계속해서 작동하는 경우가 있다는 점을 증명했다. 그러므로 어떤 수학적 명제는 힐베르트가 요구하는 엄밀하고 분명한 방식으로는 참/거짓을 판단할 수 없는 것이다. 물론 이 멈춤 기계에 의해 유한한 단계를 거쳐 참/거짓을 분명하게 판단할 수 있는 수학의 영역도 많은데 튜링은 이 영역을 '계산가능한' 영역으로 정의했다. 그러므로 정리하자면 튜링은 수학적 명제 전체가 계산가능하지는 않다는 점을 괴델보다 훨씬 일반적인 방식으로 증명한 것이다.

하지만 튜링의 연구가 가지는 진정한 의의는 단순히 괴델의 정리를 일반화시킨 데 있는 것이 아니었다. 튜링은 우리가 직관적으로 알지만 명확하게 규정할 수 없는 '계산가능하다'는 속성을 멈춤 기계라는 직관적으로 쉽게 이해되는 기계 장치를 활용하여 정의했다. 훗날 튜링은 이 생각을 튜링 기계라는 보다 일반화된 형태로 추상화한다. 튜링 기계란 유한한 시간 내에 작동하는 계산 기계로서 그 작동에 필요한 자원(예를 들어 기억 장치, 기록 장치 등)에는 제한이 가해지지 않는, 즉 필요한 만큼 계속해서 확장시킬 수 있는 기계를 의미한다. 결론적으로 튜링은 직관적으로 계산가능한 모든 문제는 그에 대응되는 '종류'의 튜링 기계로 계산가능하다는 주장까지 하게 된다. 이에 따르면 계산가능성 개념 자체가 특정 튜링 기계로 계산가능함을 의미하게 된다. 튜링은 이러한 대담한 생각을 자신의 생각과 논리적으로 동등한 주장을 한 프린스턴의 논리학자 알론조 처치의 지도하에 박사학위 논문을 쓰면서 공식적으로 제안하게 되는데 이를 튜링-처치 논제라고 한다.

3. 보편 튜링 기계와 기계 컴퓨터의 탄생

튜링 기계란 기계이긴 하지만 구체적인 대상으로서의 기계라기보다는 특정한 조건을 만족하는 기계 '종류'에 대한 추상적인 개념이다. 튜링 기계는 원칙적으로 무한하게 제공될 수 있고 칸이 나누어진 테이프와 그 테이프에 제한된 숫자의 기호를 읽거나, 쓰거나, 지울 수 있는 장치, 그리고 이 장치가 어떤 일을 어떤 순서로 해야 되는지를 그 장치의 내부 상태와 테이프에 기록된 기호에 따라 규정한 표로 이루어진다. 다소 복잡해 보이지만 대강 이야기하면 튜링 기계는 특정 작업을 수행할 수 있는 컴퓨터 프로그램이라고 생각하면 된다. 덧셈을 하는 프로그램을 생각해보자. 덧셈을 하기 위해서는 더할 수를 읽은 다음 두 수를 더해서 그 결과를 출력하면 된다. 이 과정이 특정 튜링 기계를 통해 수행될 수 있다는 점은 쉽게 이해할 수 있다.

다만 튜링 기계가 이를 수행하는 방식은 인간이 덧셈을 하는 방식과 '매우' 다르다는 점에 유의해야 한다. 사람은 덧셈을 각각의 수를 연속적으로 세는 방식으로 수행한다. 예를 들어 2+3은 하나, 둘까지 센 다음 세 번을 더 세어서, 즉 셋, 넷, 다섯까지 세어서 다섯에 해당되는 5라는 값을 덧셈 결과로 얻게 된다. 덧셈 튜링 기계는 이런 방식이 아니라 테이프에 숫자를 읽고 지우고 테이프를 좌우로 움직이는 매우 복잡하고 우리로서는 직관적으로 이해되지 않는 방식을 통해 덧셈을 한다. 그런데 철학적으로 중요한 점은 이렇게 사람이 덧셈을 하는 방식과 전혀 다른 방식으로 해도 결과 값은 안정적으로 동일하게 나온다는 점이다. 게다가 튜링이 처음 고안한 튜링 기계는 물리적으로 테이프에 숫자를 쓰고 지우고 하는 방식이어서 매우 느렸겠지만 현재는 이와 원리적으로 동등한 과정을 전자적으로 처리하기에 사람이 덧셈을 하는 것보다 훨씬 더 빠르다. 다른 말로 하자면 튜링 기계는 인간의 지적인 작업, 예를 들어 덧셈을 하는 방식이 논리적으로 유일한 방식도 가장 효율적인 방식도 아니라는 점을 구체적으로 실증해 보여준다.

튜링은 여기에서 더 나아가 모든 종류의 튜링 기계, 즉 모든 종류의 계산을 수행하는 프로그램을 수행할 수 있는, 그래서 결과적으로는 특수한 계산을 하는 모든 튜링 기계를 '흉내' 낼 수 있는 보편 기계를 상상했다. 이런 보편 튜링 기계(Universal Turing Machine)는 원칙적으로 모든 종류의 계산을 수행할 수 있을 것이다. 이렇게 되면 모든 계산 가능한 작업은 보편 튜링 기계로 수행할 수 있게 된다. 튜링은 이런 보편 튜링 기계에 대한 이론을 만들고 실제로 이것을 기계적으로 구현하려 노력했다. 이런 의미에서 튜링은 수학자이자 컴퓨터 공학자였다고 말할 수 있다. 사실 여러 가지 프로그램을 통해 다양한 일을 수행할 수 있는 우리의 컴퓨터가 튜링이 꿈꾸었던 보편 튜링 기계에 가장 가까운 형태이다.

비록 튜링이 계산가능성을 기계적으로 해명하면서 당시에 널리 쓰이던 전신(telegraph)이라는 구체적 기계를 염두에 두긴 하였지만, 튜링-처치 논제를 주장할 때까지만 해도 튜링의 생각은 추상적인 수준에 머물러 있었다. 하지만 튜링은 2차 대전 중에 영국 정보국을 위해 '수수께끼'(Enigma)로 알려진 독일의 암호 생성기를 연구하면서 계산기 제작의 핵심인 '조합성'(compositionality)에 주목하게 된다. 적군의 암호체계를 해독하기 위해 튜링은 수많은 '컴퓨터'를 동원했다. 당시에 컴퓨터란 앞서 설명했듯이 계산을 하는 사람을 의미했다. 튜링은 수많은 '컴퓨터'를 한 방에 모아놓고 각각은 간단한 계산만 하게 지시한 후 그것들을 엮어서 결국에는 암호의 전체 의미를 알아내는 성과를 이루었다. 튜링은 이 작업을 수행하면서 흥미로운 사실을 발견했다. 계산 과정이 워낙 복잡하기에 그 전체 구조를 파악하고 있는 튜링을 제외하고 실제 계산을 수행하는 사람은 자신의 계산이 전체 작업에 비추어 어떤 '의미'를 지니는지를 전혀 모르고 그저 주어진 계산만 수행하게 된다. 그럼에도 불구하고 그 각각의 계산을 서로 잘 연결해주면 당시 최고 수준의 독일 암호체계를 해독하는 놀라운 성취를 할 수 있다는 사실이 그것이다.

튜링은 이 점에 주목했다. 계산하는 사람 각각의 역할은 간단한 기계 장치의 작동으로 대치할 수 있는, 인지적으로 비교적 단순한 작업이었다. 예를 들어 제대로 작동하는 튜링 기계라면 인간 컴퓨터가 하는 작업을 정확하고 더 빠르게 수행할 수 있었다. 그런데 이러한 간단한 기계조작을 모두 결합하여 하나의 복합 기계를 만들면 암호 풀기나 논리적 추론, 수학 명제를 증명하기와 같이 지적으로 높은 수준의 작업도 해낼 수 있었다. 튜링은 이로부터 아무리 복잡하고 고도의 지적 능력이 요구되는 작업도 그것을 잘게 쪼개서 각각은 비교적 간단한 계산 과정으로 대체할 수 있다면 튜링 기계로 수행할 수 있다는 생각에 이르게 된 것이다. 중요한 점은 그 일을 수행하는 튜링 기계는 부분적으로든 전체적으로든 자신이 무슨 일을 하는지를 파악하지 못한 채 그 복잡한 일을 수행한다는 점이다. 그 전체의 의미를 알고 있는 것은 오직 개별적인 단순한 계산이 어떻게 구조적으로 엮여져서 복잡한 연산 결과를 산출하는지 그 '설계' 내용을 알고 있는 튜링과 같은 계산과학자뿐이었다. 결국 튜링은 이 전시 경험을 통해 현재 우리에게 익숙한 컴퓨터가 이론적으로나 현실적으로 가능하다는 깨달음을 얻은 것이다.

튜링은 여기에서 한 걸음 더 나아가 인간의 지능과 동등한 능력을 기계가 가지게 되는 시기가 조만간 도래하리라 예상하고, 특정 기계가 정말로 지능을 가졌는지의 여부를 어떻게 알 수 있을 것인지를 고민했다. 튜링은 인간 지능의 본성에 대해 철학자들이 합의에 이르지 못하고 있음을 답답해했고, 요원해 보이는 지능의 정의에 의거한 검사가 아니라 누구나 동의할 수 있는 전제에 근거한 검사를 제안했다. 누구도 인간이 지능을 가지고 있다는 점을 부인하지 않는다. 그러므로 만약 기계가 인간과 경쟁하여 뒤지지 않는 지적 행태를 보여준다면 인간과 마찬가지로 지능을 가진다고 간주해야 한다는 생각이었다. 기계가 지능을 가졌는지를 순전히 기계가 인간과 비교하여 얼마나 인간 지능을 잘 흉내 내는지, 좀 더 직설적으로 이야기하자면 기계가 인간적인 대화를 얼마나 인간과 구별되지 않을 정도로 잘 흉내 내는지 여부로 판단하는 '튜링 검사'는 이렇게 탄생했다.

지능의 본성과 같은 논쟁적인 원론적 물음을 슬쩍 비껴가면서 실제적인 문제해결을 추구하는 튜링의 이런 실용적 태도는 케임브리지 대학 재학 시절 튜링과 비트겐슈타인의 짧은 만남에서도 드러난다. 튜링은 힐베르트 문제를 놓고 고민하면서, 당시 케임브리지에서는 괴팍한 천재로 알려진 비트겐슈타인의 수학 기초에 대한 강의를 들었다. 숫자와 같은 수학적 개념이 인간의 사회적 행위를 통해 의미를 부여받는 방식이나 문화적 행동에 의해 규정되는 과정에 관련된 비트겐슈타인의 주장에 튜링은 도저히 공감할 수 없었다. 튜링이 보기에 수학에 그러한 측면이 있는 것은 사실이지만, 그러한 규약적인 측면을 강조해서는 구체적인 수학 연구에서 어떠한 진전도 이루어낼 수 없었다. 튜링에게는 문제를 명확하게 정의하여 풀 수 있는 형태로 만든 후에 이에 대한 해답을 찾는 것이 중요하게 생각되었던 것이다.

그래서 튜링은 기계가 지능을 가졌는지 여부를 검사하는 '튜링 검사'를 제안했다. 이 검사의 특징은 두 가지이다. 하나는 지능에 대한 비교 검사라는 것이고 다른 하나는 통계적 결론을 내린다는 점이다. 검사자는 피검사자인 기계와 인간에게 오직 간접적인 방식, 즉 문자화된 대화의 형태로 질문하고 답변을 듣는다. 인간과 기계는 각자 자신이 진짜 인간이라고 검사자를 설득하기 위해 최선을 다해 질문에 답한다. 검사자는 인간처럼 진정한 지능을 가진 존재만이 대답할 수 있는 여러 질문을 던지고 이에 대한 답변을 종합하여 누가 진짜 인간이고 누가 기계인지를 판단해야 한다. 검사자가 기계를 선택하면 기계는 적어도 인간에게 부여되는 지능을 가진 것으로 인정된다.

여기서도 알 수 있듯이, 튜링 검사에서 기계의 지능은 인간의 지능을 얼마나 잘 흉내 내는지에 따라 주어진다. 이는 튜링에게는 어쩔 수 없는 선택이었겠지만 실제로 기계에게 공평하지 않은 특징이라고 할 수 있다. 이는 마치 외국인에게 한국의 전통문화에 대한 질문을 던진 후 잘 대답하지 못하면 지능이 떨어진다고 말하는 것과 마찬가지이기 때문이다. 만약 외계인이 튜링 검사를 받는다면 거의 확실히 지능을 가진다고 인정받지 못할 것이다. 이런 의미에서 튜링 검사는 지나치게 인간중심적이다. 물론 튜링에게 그런 비판을 하기는 어렵다. 지능에 대한 합의된 정의가 없다는 난처한 현실을 극복하기 위한 고육지책으로 누구나 인정하는 인간의 지능에 빗대어 기계 지능을 확인하려 했던 것이기 때문이다. 튜링에게 누군가 외계인을 포함해 모든 지적 존재가 만족해야 할 지능의 기준을 수학적으로 명확하게 제시했다면 아마도 튜링은 그 기준에 입각해서 튜링 검사를 만들었을 것이다.

튜링 검사의 또 다른 특징은 주어진 질문에 대해 대답하는 대상이 지능을 가지고 있음을 보여주는 답변이 하나 이상이기에 특정 기계가 튜링 검사를 통과했는지의 여부는 여러 번의 검사를 시행하여 '평균적으로' 기계가 인간보다 성적이 좋을 때로 한정해야 한다는 것이다. 실제로 '기계적인' 답변을 하는 인간과 짝지워진 기계는 운좋게 그 한 번은 튜링 검사를 통과할 수도 있기 때문이다. 튜링은 이렇게 평균적인 승률을 따져 시행된 튜링 검사를 통과할 기계가 곧 등장할 것이라 확신했다. 하지만 튜링 이후에 이루어진 인공지능 연구는 이런 튜링의 확신을 실현하는 것이 생각보다 매우 어려운 일임을 밝혀냈다. 핵심은 인간의 '지적인 능력'을 흉내 내는 것이 어려워서가 아니었다. 지적으로 매우 도전적인 문제라도 수학적으로 잘 정의될 수 있으면 컴퓨터는 인간보다 훨씬 효율적으로 그 문제를 해결할 수 있었다. 그보다는 튜링 검사가 필수적으로 요구하는 언어 구사 능력이 기계로 구현하기에는 여러 난점이 많았기 때문이다. 그래서 현재까지 튜링 검사를 통과했다고 알려진 몇몇 사례는 대상자가 자신을 영어를 잘 못하는 외국 청소년이라고 소개해서 약간은 어눌하거나 독특한 대답을 해도 심사자가 너그럽게(?) 이해한 경우에 한정되었다.

물론 최근 생성형 인공지능의 눈부신 발전으로 적어도 튜링이 원래 고안했던 대화 형식의 튜링 검사를 통과할 수 있는 생싱형 인공지능은 이미 나왔다고 볼 수도 있다. 튜링의 기대보다는 더 오래 걸리긴 했지만 '인간 지능에 비추어' 지적이라고 평가될 수 있는 기계 지능이 실현된 것이다. 하지만 튜링 검사를 통과할 수 있는 기계 지능이 실현되었다고 가정해도 그 기계 지능이 우리에게는 매우 다른, '낯선' 종류의 지능이라는 튜링의 지적에도 함께 주목해야 한다. 아직까지도 최첨단의 기계 지능은 여전히 인간 지능을 인간과 전혀 다른 방식으로, '흉내 내고' 있다고 볼 수 있기 때문이다.

4. '흉내 내기 게임'과 '낯선 지능'의 정보철학

튜링은 전후 자신이 조국을 위해 전쟁 중에 한 일에 대해 기밀유지의 이유로 인정받지 못했다. 게다가 맨체스터에서 컴퓨터를 제작하는 작업도 충분한 지원을 얻지 못해 완성되지 못하게 되자 크나큰 좌절감에 빠졌다. 튜링은 이를 극복하기 위해 장거리 달리기를 시작하여 1948년 올림픽에서 영국 대표로 출전할 뻔했다. 하지만 튜링은 1952년 자신의 동성애 성적 취향으로 개인적 삶과 학자적 삶에 있어 결정적인 타격을 입게 된다. 그는 동네 술집에서 만난 매력적인 청년을 자신의 집에 초대해 함께 밤을 보냈는데 이 청년이 다음 날 집에서 몇 가지 물건을 훔쳐간 것을 발견하고 순진하게(?) 경찰에 신고했다. 경찰은 범인을 잡았고 그 과정에서 튜링의 동성애 사실이 알려지게 되었다. 당시 법률에 따르면 튜링은 감옥에 가거나 잘못된 성적 취향을 교정하기 위해 남성 호르몬을 정기적으로 투여 받아야 했다. 지금 기준으로 보면 가혹할 뿐 아니라 과학적으로도 근거가 없는 처벌이지만, 당시에는 동성애란 남성을 남성답게 만들고 여성을 여성답게 만드는 성호르몬이 불충분해서 발생하는 질병으로 규정했다. 그래서 동성애 남성에게는 남성성을 증강시켜 줄 수 있는 남성 호르몬을, 동성애 여성에게는 여성성을 증강시켜 줄 수 있는 여성 호르몬을 처방해줌으로써 이 질병의 치유가 가능하다고 보았다. 결국 감옥 대신 튜링은 성호르몬 치료를 받았고 수많은 부작용에 시달려야 했다. 이 모든 고초를 겪으며 튜링은 심리적으로 크게 충격을 받게 되었고 결국에는 1954년 마치 화학실험을 하다가 실수로 독극물에 감염된 것처럼 꾸며서 자살로 생을 마감한다. 자살 현장에는 반쯤 먹다 남은 독사과가 놓여 있었다. 자신이 풀기 위해 몰두하던 독일 암호체계만큼이나 수수께끼 같은 삶을 살다간 사람에게 어울리는 마지막이었다.

어느덧 우리에게 컴퓨터나 인공지능처럼 정보처리 '기계'는 너무나 일상적인 물건이 되어버렸다. 우리는 컴퓨터를 가지고 수많은 일을 한다. 그 과정에서 우리는 컴퓨터가 산출한 정보를 이해하고 그다음 작업을 지시하기도 하지만 정작 컴퓨터가 그런 정보를 '이해'하고 있는지에는 별다른 관심을 갖지 않는다. 많은 경우 인간이 감당하기 어려운 높은 수준의 지적 작업을 빠른 속도로 척척 해내는 컴퓨터가 어떤 의미로 '똑똑'한지에 대해서도 별다른 의문을 제기하지 않는다.

일단 한 가지 확실한 점은 컴퓨터는 인간이 똑똑한 방식으로 똑똑하지는 않다는 사실이다. 전자 기계로서 컴퓨터는 매우 단순한 일을 반복적으로 매우 빠른 속도로 처리할 뿐이다. 실제로 컴퓨터가 하는 일은 계산, 좀 더 근본적인 수준에서 말하자면 사칙연산에 불과하다. 그렇게 간단한 계산을 수행함으로써 어떻게 건물을 설계하고 수학적 증명을 하는 일처럼 고도의 지적인 작업을 수행할 수 있을까? 비밀은 앞서 튜링이 전시 상황에서 발견한 구성성(compositionality)에 있다. 아무리 복잡한 일도 잘게 쪼개면 그 각각은 매우 간단한 일로 만들 수 있다는 사실이다.

수십 대의 차가 서로 충돌해서 아수라장이 된 대형 교통사고를 상상해보자. 이 사태를 수습하기 위해서는 정말로 어마어마하게 많은 일을 해야 할 것이다. 이 일을 총지휘하는 사람은 경험도 많고 관련 지식도 많이 알아야 하겠지만 그보다 더 중요한 것은 유능한 부하가 많아야 한다. 아무리 뛰어난 사람이라도 큰 규모의 복잡한 사건을 혼자 처리할 수는 없다. 사고처리는 대강 다음과 같이 진행될 것이다. 사태의 전반에 대해 부하 1에게 보고받은 후, 부하 2에게 사고차량을 빨리 사고현장에서 빼내서 다른 곳으로 이동시키라고 지시한다. 부하 3에게는 사상자를 처리하도록 하고, 부하 4에게는 이런 일들이 원활하게 이루어질 수 있도록 교통통제를 맡긴다. 마지막으로 부하 5에게는 사고의 진행상황을 모두 기록하고 정리하여 언론에 알릴 수 있도록 준비하라고 지시한다.

여기에서 우리는 두 특징에 주목해야 한다. 첫째, 각각의 부하들이

처리할 일들은 개별적으로 진행되기는 하지만 일정한 순서에 따라야 할 경우가 많다는 것이다. 사고차량을 정리하기 위해서는 교통통제가 먼저 이루어져야 하고, 사상자도 사고현장에서 이동시켜야 한다. 그러므로 이렇게 잘게 쪼개진 일들은 어떤 일은 먼저하고 다른 일은 나중에 하는 식으로 일종의 작업 흐름도의 형태로 정리될 수 있다. 또 다른 특징은 이 명령을 받는 부하들도 각자 자신의 하급자들에게 다시 일을 세분해서 맡길 것이라는 점이다. 결국 이렇게 일을 나누어 맡기는 과정은 사고현장 주위에 안전선을 치는 일처럼 구체적인 수준까지 계속될 것이다.

순전히 계산만 하는 컴퓨터가 너무도 복잡하게 보이는 수많은 일을 수행할 수 있는 비법이 바로 여기에 있다. 아무리 복잡해 보이는 일도 잘게 나누다보면 점점 간단한 일이 되고, 결국에는 단순한 계산을 다양한 방식으로 결합한 것에 이르게 된다. 그래서 이진법의 사칙연산밖에 할 줄 모른다고 생각되는 컴퓨터가 상당한 지적 능력을 가진 사람들도 하기 어려운 일들을 척척 해내는 것이다. 하지만 이렇게 생각해볼 수 있다고 해서 정말로 그런 일이 가능하다는 보장은 없다. 특히 처음 컴퓨터를 제작하려는 생각을 하기 위해서는 복잡한 일을 정말로 단순한 사칙연산으로 분해할 수 있는지를 먼저 따져보고 시작했을 것이다. 게다가 교통사고 처리과정의 예에서도 보았듯이 복잡한 일들을 단순한 계산의 조합으로 실행하려면 그것들을 순차적으로 어떻게 실행할 것인지에 대한 일종의 작업 흐름도가 필요하다. 마찬가지로 컴퓨터가 복잡한 일을 할 수 있기 위해서는 어떤 일을 어떤 방식으로 차례대로 할 것인지를 컴퓨터에게 알려줄 수 있어야 한다. 현재 우리는 이 알려주는 방식을 프로그램이라고 한다. 하지만 기계장치인 컴퓨터가 우리의 언어로 된 프로그램을 직접 이해하리라고 기대할 수는 없다. 그래서 컴퓨터가 알아들을 수 있는 방식, 즉 숫자의 조합으로 할 일을 순차적으로 지시하는 것이 가능해야만 어려운 작업도 척척하는 컴퓨터를 만들 수 있게 된다.

컴퓨터를 만들기 위해 반드시 해결해야 할 이 두 가지 문제, 즉 복잡한 일이 원리적으로 단순한 사칙연산으로 분해될 수 있다는 증명과 이 과정을 기계가 알아들을 수 있는 프로그램이라는 형식으로 실현할 수 있다는 증명을 해낸 사람이 튜링이다. 이런 의미에서 튜링은 정보를 비인간적인 방식으로 잘게 쪼개어 처리해서 궁극적으로는 매우 어려운 일을 해낼 수 있다는 점을 밝혀낸 정보철학의 선구자라고 할 수 있다. 흔히 우리는 컴퓨터의 역사에서 엄청나게 크고 수많은 전선이 달린 무지막지한 컴퓨터 에니악과 이를 만드는 데 큰 기여를 한 폰 노이만에 주목하지만, 실제로 그런 기계가 제작될 수 있는 이론적 바탕은 모두 튜링의 연구에서 나왔다고 해도 과언이 아니다. 비록 자금 부족으로 튜링의 정보처리 기계 제작 노력은 미국의 경쟁자들의 작업에 의해 지금은 잊혀졌지만, 그럼에도 불구하고 계산의 본성과 지적 능력을 요구하는 작업이 계산하는 기계를 통해 이루어질 수 있는 과정에 대한 튜링의 연구는 눈부시다고밖에 말할 수 없는 탁월한 것이었다.

튜링은 1950년에 발표한 「계산 기계와 지능」이라는 논문에서 다음과 같이 주장했다.

> 학습하는 기계라는 생각은 이 글을 읽는 몇몇 독자들에게는 모순처럼

느껴질 것이다. 기계가 작동하는 규칙이 어떻게 바뀔 수 있겠는가? 작동 규칙은 기계의 과거 경험이나 앞으로 경험하게 될 변화와 무관하게 기계가 어떻게 반응해야 할지를 완벽하게 기술해야만 한다. 그런 이유로 작동 규칙은 시간에 따라 변하지 않아야 할 것이다. 이 점은 실제로 사실이다. 모순처럼 보이는 것이 실은 모순이 아님을 설명하기 위해서는 학습 과정에서 바뀌는 규칙은 늘 타당한 것이 아니라 당분간만 타당한, 다소 덜 야심적인 종류의 것이라는 사실이 중요하다. 독자들은 미국의 헌법에 대해 비슷한 상황을 떠올려 볼 수 있을 것이다.

학습하는 기계의 중요한 특징은 기계 안에서 어떤 일이 벌어지는지에 대해 가르치는 사람이 거의 전적으로 모르고 있음에도 불구하고 자신의 학생, 즉 기계가 어떤 행동을 보일지를 어느 정도까지는 예측할 수 있다는 사실이다. 이 점은 이미 효용성이 증명된 설계(혹은 프로그램)를 장착한 초보자 기계가 앞선 교육을 통해 성장한 후에 실시되는 교육에 대해서 특히 맞는 말이다. 기계를 교육하는 상황은 기계를 사용하여 계산을 할 때 따르는 표준적인 절차와 분명히 대비된다. 계산 과정에서 우리의 목표는 계산의 각 단계마다 기계가 갖는 상태에 대해 분명하게 정신적으로 파악하고 있어야 한다는 것이다. 이 목표는 오직 상당한 노력을 기울여야만 달성될 수 있다. '기계는 오직 우리가 어떻게 명령해야 하는지 아는 것만을 수행할 수 있다'는 생각은 이 점을 고려할 때 이상하게 느껴진다. 우리가 기계에 집어넣을 수 있는 프로그램의 대부분은 기계로 하여금 우리가 전혀 이해할 수 없는 일이나 완벽하게 무작위적이라고 생각되는 행동을 하게 한다. 지적인 행동은 아마도 계산 과정에서 나타나는 완벽하게 통제된 행동으로부터 벗어나는 과정에서 나타날 것이다. 하지만 이런 벗어남은 무작위적 행동이나 무의미한 반복적 행동을 결과하지 않을 정도의 약간의 벗어남이어야 한다.

이 인용문의 맨 마지막 문장이 의미심장하다. 튜링도 기계 지능이 인간 지능과 얼마나 다른지, 그리고 그런 기계 지능이 단순히 계산을 빠르게 하는 것 이상의 규칙성에 의해 어떻게 지배되는지에 대해 이야기한다. 하지만 이런 규칙성의 지배를 인간이 항상 완벽하게 알 수는 없을 것임을 암시한다. 21세기 초에 등장하여 현재 엄청난 발전을 거듭하고 있는 인공신경망 기반 인공지능이 심층 학습이나 강화 학습처럼 원리적으로는 우리가 이해할 수 있는 알고리즘에 의해 작동되지만 그 구체적인 결과물이 어떻게 나왔는지에 대해서 우리가 완벽하게 설명하거나 이해하기 어려운 '블랙 박스' 혹은 '그레이 박스'라는 사실에 비추어 볼 때 튜링의 이 지적은 비현실적인 정도로 정확해 보인다. 여기서 남는 질문은 이렇게 불투명한 현재의 인공지능이 튜링이 말하는 지적인 행동의 특징인 '약간의 벗어남'을 보여주고 있는가이다. 이 질문에 대한 올바른 답이 무엇인지와 별도로, 한 종류의 지능이 다른 종류의 지능의 행동을 완벽하게 파악하기 어려울 수밖에 없다는 튜링의 통찰은 여전히 유효해 보인다.

참고문헌

마틴 데이비스, 『수학자, 컴퓨터를 만들다: 라이프니츠에서 튜링까지』, 박정일·장영태 옮김, 지식의풍경, 2005.

앤드루 호지스, 『앨런 튜링의 이미테이션 게임』, 김희주·한지원 옮김, 동아시아, 2015.

잭 코플랜드, 『앨런 튜링』, 이재범 옮김, 지식함지, 2014.

짐 오타비아니·릴런드 퍼비스, 『앨런 튜링』, 김아림 옮김, 푸른지식, 2016.

웹자료

http://www.turing.org.uk/turing/ : 튜링에 대한 권위 있는 전기를 쓴 앤드루 호지스가 운영하는 튜링의 홈페이지.

http://www.alanturing.net/ : 튜링의 필적이 남아 있는 문서, 저작, 인공지능과 관련된 자료 등이 있는 튜링의 아카이브.

7

클로드 섀넌

정보를 측정하다

박충식
(유원대학교, AI소프트웨어학과)

"

통신의 근본적인 문제는 한 곳에서 선택된 메시지가 다른 한 곳에서 재생산되는가이다.

"

1. 시작하며

1955년 다트머스 대학의 존 맥카시와 마빈 민스키는 모종의 새로운 연구를 시작할 수 있는 워크숍을 개최하기 위한 도움을 받기 위하여 MIT에 있는 클로드 섀넌을 찾아간다. 클로드 섀넌은 IBM에 있는 나다니엘 로체스터와 협의하여 이 4명이 록펠러 재단에 자금 지원을 요청한다. 이 자금 요청이 '인공지능 다트머스 여름 연구 프로젝트 제안서'이고 자금 지원이 성공적으로 이루어지면서 인공지능의 공식적인 시작으로 인정되는 1956년 다트머스 인공지능 여름 워크숍이 개최되었다.

2016년 3월 이세돌을 물리치고 세계적인 화제가 되었던 알파고의 인공지능 역사는 그렇게 시작되었다. 비행기를 시작한 라이트 형제나 전화기를 시작한 그레이엄 벨을 기억한다면 이 이야기의 존 맥카시나 마빈 민스키는 인공지능을 시작한 인물로 기억되어야 한다(물론 같이 기억해야 할 몇 사람들이 더 있기는 하다). 하지만 현재까지 인공지능이 우리가 사는 세상에 끼치고 있는 영향을 비교하여 생각한다면 클로드 섀넌은 그보다 훨씬 큰 영향을 준 정보 이론을 시작한 인물이다. 그는 현재 우리가 사용하고 있는 휴대폰을 포함하여 모든 디지털 통신을 가능하게 하는 가장 근본적인 이론을 제시했으며, 이 점에서 컴퓨터의 가장 근본적인 이론을 제공한 튜링과 같은 위치의 인물이라고 할 수 있다. 라이트 형제나 그레이엄 벨, 튜링이 기억되어야 하듯이 그에 못지않게 기억되어야 할 클로드 섀넌이 이 글의 주인공이다.

이 글에서는 먼저 정보를 측정한다는 것이 어떤 문제인지, 정보를 정의하고 측정함으로써 정보 연구를 개척한 섀넌의 생애가 얼마나 정보 연구에 통찰을 주는 풍부한 경험의 일생을 보냈는지 간략히 알아보고, 정보 이론 분야에서 기념비적인 그의 논문 「통신의 수학적 이론」을 목차 수준에서 살펴보려고 한다. 그리고 정보의 근원적인 탐구를 목표로 하는 정보철학 관점에서 섀넌의 정보 측정을 다시 생각해보고자 한다.

2. 정보를 측정하다?

측정(測定, measurement)은 사물이나 사건을 비교하기 위하여 사물이나 사건의 속성을 수량화(quantification)하는 것이다. 다른 말로 하면 측정은 일정한 기준을 가지고 사물이나 사건의 속성의 크기(magnitude)를 수량화하는 작업이다. 우리가 흔히 사용하는 크기의 종류는 길이, 부피, 무게, 온도 등이 있을 것이다. 크기는 측정하려는 대상의 절대적 또는 상대적 크기, 범위 또는 중요성이며, 일반적으로 어떤 측정의 수치 값이고 측정의 범위를 정의한다. 그 크기는 수치 값이고 표준화된 단위로 측정된다. 가령 사물의 무게가 10kg이면 kg은 단위이고 10은 크기이다.

측정은 거래, 과학, 기술과 양적 연구 같은 많은 분야에서 기초가 된다. 역사적으로 많은 측정 체계가 인간 존재의 다양한 분야에 걸쳐 있어 왔다. 종종 이러한 것들은 거래 상대자 또는 협력자들 사이의 약속에 의해 이루어졌다. 18세기 이후로 이것들이 통합 발전되어 표준으로 인정받는 현대 세계의 도량형 표준체계가 만들어졌다.

하지만 측정의 범위와 적용은 상황과 분야에 따라 다르다. 자연과학이나 공학에서 측정은 사물이나 사건의 명목적인 속성에 적용되지 않는다. 그러나 사회과학이나 행동과학, 통계학 같은 분야에서 측정은 명목척도/분류(nominal), 순서(ordinal), 등간과 비율 척도(interval and ratio scales)를 포함하는 다양한 수준을 가질 수 있다.

길이, 부피, 무게 등의 측정은 매우 직관적으로 알 수 있지만 공간적 연장(spatial continuum)이 아닌 시간의 측정은 추상적인 측정이며, 온도의 측정 또한 온도가 분자의 운동임을 고려할 때 여러 측정의 의미를 생각하게 한다. 힘이나 에너지 등의 측정도 기본적인 측정치로부터 유도된 값들이다. 정보 이론에서 모든 자료는 속성상 부정확하고 통계적이기 때문에 측정에서 평균과 통계치를 같이 보고한다. 상대성 이론에서 물리량의 측정도 상대적이고 양자역학의 측정은 양자 시스템의 측정과 더불어 파동함수가 붕괴하여 하나의 값으로 되기 때문에 많은 점들이 고려되어야 한다. 이러한 물리량 외에 각종 경제 사회 지표들도 기본적으로 측정을 기반으로 이루어진다.

생각보다 단순하지 않은 측정에 있어서 그 대상이 정보라면 어떻게 측정되어야 할까? 측정의 개념에 따라 먼저 정보의 크기(양)를 정할 수 있는 정의를 내려야 하고 그 크기를 위한 단위를 정해야 할 것이다. 하지만 정보라는 용어가 다양한 분야에서 서로 다른 의미로 사용되기 때문에 그 용어를 의미 있게 사용하기 위해서는 다양한 분야를 아우르는 핵심적인 정보의 속성을 파악해야 한다. 섀넌의 일생을 간략히만 살펴보아도 이러한 정보 연구를 위하여 풍부한 경험과 교류가 있었다는 것을 알 수 있다. 정보가 어떤 것이어야 하는가에 대한 문제의식과 천착의 결과가 「통신의 수학적 이론」인 것이다.

3. 섀넌의 일생에 대한 간략한 정보

클로드 섀넌(Claude Elwood Shannon, 1916-2001)은 정보 이론의 아버지라고 불리는 미국의 수학자, 전기공학자, 암호 해독가이다. 사업가인 아버지와 고등학교 선생님인 어머니를 둔 섀넌은 미국 미시간주 게이로드에서 태어났다. 그는 게이로드 공립 고등학교를 다녔으며 기계나 전기 제품에 흥미를 가지고 있었고 과학과 수학 과목을 좋아했다. 집에서 피아노나 무선 조정 장치를 만들기도 했다. 유년기 그의 우상은 토머스 에디슨이었고 나중에 에디슨과는 먼 친척이라는 것을 알게 되었다고 한다.

1932년 섀넌은 미시간 대학에 입학하여 전기공학과 수학 분야에서 2개의 학사학위를 받았다. 1936년 MIT 대학원에서 전기공학을 전공하면서 조지 불의 이진수 개념을 기반으로 스위칭 보드를 설계하고 「릴레이와 스위칭 보드의 기호적 분석」이라는 석사 논문을 썼다. 전기 스위치들을 이진수 논리로 처리한 것은 모든 디지털 컴퓨터의 근본적인 개념이 되었다. 하버드 대학의 교수 하워드 가드너는 섀넌의 이 논문을 20세기에 가장 중요하고 가장 저명한 석사 논문이라고 했다. 1940년 섀넌은 멘델 유전학의 수학적 형식화를 개발하여 「이론 유전학의 대수학」이라는 제목의 박사 논문을 쓰고 MIT에서 박사학위를 받았다.

1940년 섀넌은 프린스턴 대학 고등연구소의 국가연구원이 되어 당시 그곳에 와 있던 유명한 수학자이자 이론물리학자인 헤르만 바일이나 게임 이론과 미국 최초의 컴퓨터를 만든 수학자이자 공학자인 존 폰 노이만과 토론할 수 있는 기회를 가지게 되었고 이후 수학적 정보 이론에도 영향을 받았다. 아마 그곳에 와 있던 더 유명할 수도 있는 상대성 이론의 알베르트 아인슈타인과 불완전성의 정리로 유명한 쿠르트 괴델과도 만날 수 있었을 것이다.

이후 섀넌은 벨 연구소에 합류하여 제2차 세계대전 동안 무기 제어 시스템 개발과 암호 해독 일을 하였다. 1943년 북대서양에서 독일군 유보트가 사용하는 암호의 해독 방법을 미 해군의 암호해석 팀과 공유하기 위하여 미국으로 온 영국의 수학자 앨런 튜링과 만나게 되었다. 튜링은 음성 암호화에 관심을 가지고 있었고 이를 위하여 벨 연구소에 체류하였다. 섀넌은 벨 연구소 카페테리아에서 튜링을 만났고 튜링의 '범용 튜링 기계' 논문은 섀넌의 아이디어를 많이 보완해주었다고 한다.

섀넌이 다른 동료들과 연구한 무기 제어 시스템의 이론들은 데이터와 신호 처리 이론으로 문제를 모델링하는 것이었고 정보 통신 시대의 도래를 알리는 신호탄이 되었다. 섀넌의 암호 연구는 자신의 통신 이론 개발과 더욱 밀접한 것으로서 전쟁이 끝날 때쯤 '암호의 수학적 이론'이라고 제목 붙여진 암호 연구 자료는 극비 문서로 분류되었다가, 1949년 「비밀 시스템의 통신 이론」이라는 제목으로 발표되면서 극비 문서에서 해제되었다. 그 논문에는 그의 「통신의 수학적 이론」에 나오는 개념과 수학적 형식들이 이미 포함되어 있었다. 섀넌은 전쟁 기간 동안 통신 이론과 암호에 대한 통찰력이 동시에 발전했으며 이 둘은 밀접히 관련되어 있어서 분리되지 않는다고 말했다.

1948년 그 유명한 논문「통신의 수학적 이론」이 벨 시스템 기술 저널에 발표되었다. 이 논문에 대해서는 뒤에서 좀 더 자세히 다루게 될 것이다.

1949년 세계 최초로 컴퓨터 체스 게임 프로그래밍에 대한 논문을 쓰기도 하였다. 이 논문은 인공지능 원년으로 간주되는 다트머스 여름 워크숍 개최 7년 전 학회에 접수되었다. 지금도 인터넷으로 쉽게 구해 읽어볼 수 있는 이 논문의 아이디어는 체스 판의 상태를 평가하여 수많은 경우의 수 중에서 승리할 수 있는 다음 수를 찾는, 현재 인공지능 기술에서는 '탐색'(search)이라고 부르는 것이다. 이 글의 시작 부분 일화에서 다트머스 여름 워크숍을 위하여 맥카시와 민스키가 섀넌을 찾아간 것은 섀넌이 인공지능에서도 선도적인 연구를 하고 있었기 때문이다.

1956년 섀넌은 벨 연구소를 떠나 MIT의 전자 연구 실험실 교수가 되었고, 1978년까지 봉직하였다. 그리고 2001년에는 알츠하이머가 발병하여 요양원에서 말년의 몇 년을 보내고 사망했다. 섀넌은 일생을 최초의 컴퓨터와 최초의 인공지능과 함께하면서 최초의 정보 이론의 창시자가 되었다.

4. 통신의 수학적 이론에 대한 정보

섀넌의 기념비적인 논문「통신의 수학적 이론」(A Mathematical Theory of Communication)은 1948년 벨 연구소의『벨 시스템 기술 저널』(*Bell System Technical Journal*)의 논문으로 발표되었다. 사실 이 논문은 꼭 읽어야 할 논문이라기보다는 참고문헌으로 적시되는 논문이라고 할 수 있다. 관련

공학 전공자들도 이 논문을 읽기보다는 정보 이론이 현대적으로 정리된 교과서를 공부하고 이에 필요한 수학들은 선수 과목으로 배우게 된다. 과학과 공학에 과거는 없고 현재까지 확립되어 정리된 지식으로 소비된다. 물리학을 배우기 위하여 뉴턴의 『프린키피아 마테마티카』(*Philosophiae Naturalis Principia Mathematica*, 자연철학의 수학적 원리)를 읽거나 수학을 배우기 위하여 화이트헤드와 러셀의 『프린키피아 마테마티카』(*Principia Mathematica*, 수학원리)를 읽지는 않는다. 하지만 공학적 수식에 얽매이지 않고 논문의 목차 수준에서 알아야 할 내용과 몰라도 되는 내용을 구별해서 정보의 핵심적인 중요 개념의 탄생을 이해하는 것은 의미 있는 일이라고 생각한다.

이 논문은 1949년 논문 제목의 'A'가 'The'로 변경되어 『통신의 수학적 이론』(*The Mathematical Theory of Communication*)이란 제목의 책으로 다시 발간되었다. 발간된 책은 연구의 보편적인 성격을 드러내기 위하여 제목이 변경되고 워런 위버의 해설이 보태졌다.

제목의 'Communication'은 한국식 용법의 번역어 사용에 따라 논문에서는 '통신'이었던 것이 책에서는 '커뮤니케이션'이 되었다. 위버는 수식으로 가득차서 골치 아픈 수학으로만 보이는 섀넌 논문의 의의를 설명하고 있다. 논문은 55쪽 정도의 분량이며, 책은 쪽당 분량이 줄어들고 위버의 해설이 추가되면서 131쪽 정도의 분량이 되었다. 책은 첫 번째 위버의 30쪽과 두 번째 섀넌의 101쪽으로 이루어져 있고 논문이 그대로 책으로 편집되었다.

위버의 해설이 통신의 수학적 이론의 의미를 밝혀주기는 하지만 역시 핵심은 분량으로 보나 본질적인 내용으로 보나 섀넌의 논문이다. 위버의 설명에서나 섀넌 자신의 언급으로나 이 이론은 온전히 공학적 문제를 해결하기 위한 수학적 정리이다. 논문 서론에서 섀넌은 다음과 같이 말하고 있다.

> 통신의 근본적인 문제는 다른 한 곳에서 선택된 메시지가 정확히 또는 개략적으로 다른 한 곳에서 재생산되는가이다. 종종 메시지는 의미를 가지고 있다. 의미는 어떤 물리적인 또는 개념적 대상을 지칭하거나 어떤 체계에 관련된다는 것이다. 통신의 이러한 의미적 측면은 공학적 문제와 무관하다.

통신의 공학적 문제라는 것이 대개 많은 수학적 공식으로 이루어져 있기 때문에 관심을 가질 필요가 없는 것이 아니라, 통신의 공학적 문제에 관심을 가지고 있지 않은 사람들도 그 공학적 문제가 어떤 것인지 개략적으로 알 수 있다면 왜 관심을 가지지 않아도 되는지 알게 될 것이기 때문에 논문 전체를 목차 수준에서 어떤 내용을 담고 있는지 살펴볼 것이다.

목차 수준에서 전체 논문의 내용을 알아보기 전에, 그리고 공학적 문제를 다루기 전에 전제되어야 할 내용이면서 공학적 문제를 넘어선 함의를 가진 내용이 논문 소개 부분에 기술되어 있다. 그 내용은 ① 정보에 대한 섀넌의 정의, ② 로그 함수 사용, 그리고 ③ 일반적 통신 시스템을 표현한 도식이다.

다음 문장은 섀넌이 정보를 왜 그렇게 정의했는지에 대한 생각을 단적으로 보여준다.

> 중요한 점은 실제 메시지는 가능한 메시지의 집합으로부터 선택되는 하나라는 것이다. 시스템은 단지 하나가 아닌 각기 가능한 선택을 위하여 동작되도록 설계되어야 한다. 왜냐하면 설계 시점에서는 실제로 선택될 것을 알 수 없기 때문이다. 집합에 속한 메시지의 개수가 유한하고, 해당 집합으로부터 하나의 메시지가 선택되고, 이러한 선택이 모두 동일하다면 이 메시지의 개수나 이 개수의 어떤 단조함수(monotonic function)는 이 선택에서 발생하는 정보의 측도(a measure of information)로 간주될 수 있다.

이 진술의 핵심은 하나의 메시지에 대한 정보를 다루지 않고 가능한 메시지들을 대상으로 한다는 점이다. 문장에서 단조함수는 주어진 순서를 보존하는 함수이다. 그러므로 메시지 개수의 단조함수는 메시지 집합에서 메시지의 순서를 보존한다는 의미이다. 측도는 변수를 측정한 값의 특성을 의미한다. 그래서 이 가능한 메시지의 개수나 개수의 단조함수를 정보의 특성으로 삼았다는 것이다.

로그 함수 사용에 대해서는 다음과 같이 말한다.

> 하틀리가 지적한 것처럼 대부분의 자연적 선택은 로그 함수이다. 메시지의 통계학적 영향을 고려하고 메시지의 연속적인 범위를 가질 때 이러한 정의가 일반화되어야 하지만 모든 경우에 핵심적인 로그 측도를 사용할 것이다. 로그 측도는 여러 가지 이유로 편리하다.
>
> 1. 로그 측도는 실재적으로 가장 유용하다. 시간, 대역폭, 릴레이의 개수 등 중요한 공학 변수들은 가능성의 로그 값과 선형적으로 변화하

는 경향이 있다. 가령 그룹에 한 개의 릴레이를 추가하면 릴레이의 가능한 상태의 숫자는 두 배가 된다. 이것은 이 숫자의 밑수 2의 로그에 1을 더하는 것이다. 시간을 두 배로 하는 것은 가능한 메시지가 제곱되고 로그는 두 배가 된다.

2. 로그 측도는 적절한 측도로 우리의 직관적 느낌에 가깝다. 이것은 1과 밀접하게 관련된다. 왜냐하면 사람들은 직관적으로 공통된 표준과 선형적 비교를 통하여 대상을 측정하기 때문이다. 예를 들어 사람들은 두 개의 펀치카드가 정보 저장에서 하나보다 두 배가 되고, 동일한 2개의 채널은 정보 전송을 위하여 하나보다 두 배가 된다는 것을 느낄 것이다.

3. 로그 측도는 수학적으로 적합하다. 많은 극한 연산들은 로그로 표현할 때 단순해진다. 그러나 가능성의 숫자로 표현할 때는 어색한 재언명을 필요로 할 것이다.

로그의 선택은 정보를 측정하는 단위를 선택하는 것에 해당된다. 만약 밑으로 2를 사용한다면 그 결과로 단위는 비트(bit, 투키가 제안한 용어)가 된다. 두 개의 상태를 가진 장치는 정보의 1비트를 저장할 수 있다. N개의 그러한 장치는 N비트를 저장할 수 있다. 왜냐하면 가능한 상태의 전체 수가 2N이고 $\log_2 2N = N$이기 때문이다.

이 두 가지 언명으로부터 정보량을 정의하는 유명한 공식이 나온다.

개별 사건의 정보량 $I(x_i) = -\log_2 p(x_i)$

$p(x_j)$는 x_j가 발생할 확률이다. 확률이므로 0 이상 1 이하의 어떤 실수이다. 로그의 밑 a는 어떤 정보를 측정하느냐에 따라 임의로 결정된다. 주로 2를 많이 사용하고 2일 때 정보량의 단위는 비트(bit)가 된다. 발생 확률이 적은 사건은 큰 정보량을 갖고, 발생 확률이 큰 사건은 작은 정보량을 갖는다는 뜻을 반영한다.

예를 들어 한 개의 동전을 던질 때 앞면이 나올 사건의 정보량과 두 개의 동전을 던질 때 모두 앞면이 나올 사건의 정보량을 계산하면 다음과 같다. 두 개 동전에서 두 앞면이 나올 사건의 확률이 한 개의 동전에서 앞면이 나올 사건의 확률보다 더 적기 때문에 정보량이 더 큰 것이다.

$$I(\text{한 개 동전의 앞면}) = -\log_2(\text{앞면이 나올 확률}) = -\log_2(1/2) = \log_2(2) = 1$$

$$I(\text{두 개 동전의 두 앞면}) = -\log_2(\text{두 앞면이 나올 확률}) = -\log_2(1/4) = \log_2(4) = 2$$

일반적으로 특정 결과와 관련된 정보량보다 가능한 모든 결과들의 평균 정보량에 더 큰 관심을 갖는다.

$$\text{전체 사건의 평균 정보량 } H(x) = E\{(I(x_j)\} = -\Sigma p(x_j) * \log_2 p(x_j)$$

앞의 예에 대하여 한 개의 동전을 던질 때 전체 사건의 정보량과 두 개의 동전을 던질 때 전체 사건의 정보량을 계산하면 다음과 같다. 실제 정보량 계산을 위하여 선정한 간단한 사례이기 때문에 다소 심심하지만 두 경우 모두 개별 사건의 확률이 같기 때문에 개별 사건의 정보량과 전체 사건의 평균 정보량이 같게 된다.

$$H(\text{한 개의 동전}) = -(1/2*\log_2(1/2)+1/2*\log_2(1/2)) = 1/2*\log_2(2)+1/2*\log_2(2) = 1$$

$$H(\text{두 개의 동전}) = -(1/4*\log_2(1/4)+1/4*\log_2(1/4)+1/4*\log_2(1/4)+1/4*\log_2(1/4))$$

$$= 1/4*\log_2(4)+1/4*\log_2(4)+1/4*\log_2(4)+1/4*\log_2(4) = 2$$

전체 사건의 정보량은 개별 사건 정보량의 평균으로 정의하고 열역학의 개념에 따라 엔트로피라고 한다. 엔트로피는 평균 놀람의 정도 또는 평균 불확실성으로 생각할 수 있다. 모든 결과가 비슷한 확률로 일어날 때 엔트로피가 가장 크다.

일반적 통신 시스템을 표현한 도식은 다음과 같다.

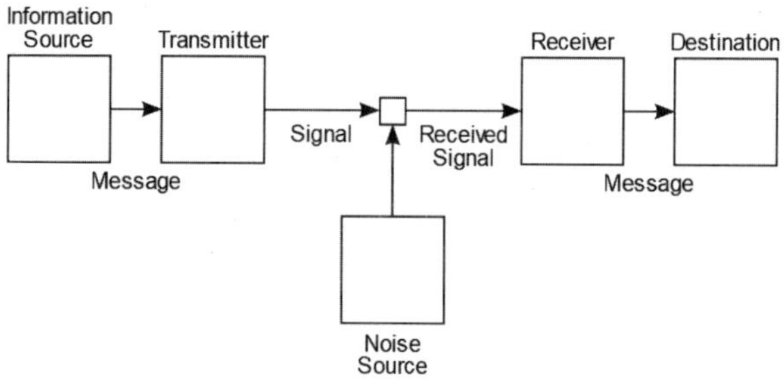

〈그림 1〉 일반적 통신 시스템의 도식

1. 정보 원천(Information Source)은 수신 장치에게 전달되어야 할 메시지(Message)나 메시지들의 열(sequence)을 생산한다.
2. 송신기(Transmitter)는 채널(Channel)로 전송하기에 적합한 신호(Signal)를 생산하는 어떤 방법으로 메시지를 처리한다.

3. 채널은 단지 송신기로부터 수신기로 신호를 전송하는 데 사용되는 매체이다.
4. 수신기(Receiver)는 일반적으로 송신기의 처리를 역처리하여 신호로부터 메시지를 재건한다.
5. 목적지(Destination)는 메시지가 의도하는 사람이나 대상이다.

도식에서 명시적으로 표시되지 않은 채널(Channel)은 〈그림 1〉에서 송신기(Transmitter)를 떠난 신호(Signal), 신호에 더해지는 잡음 원천(Noise Source), 그리고 수신된 신호(Received Signal)로 이루어진 부분이라고 생각할 수 있다.

섀넌이 제안한 이 일반적 통신 시스템의 도식은 이후 통신 관련 시스템은 물론이려니와 인문학, 사회학, 예술학에서 커뮤니케이션과 기호학적 모델로 매우 다양하게 사용된다.

섀넌은 통신 시스템과 관련된 일반적인 문제들을 고려하기를 원한다. 이를 위하여 먼저 관련된 다양한 구성요소들을 적합하게 이상화된 수학적 대상으로 표현한다. 그리고 통신 시스템을 크게 이산적, 연속적, 그리고 혼합적 시스템의 3가지 범주로 분류하였다. 이산적 시스템은 메시지와 신호가 이산적인 기호들의 열로 이루어진다. 전형적인 경우는 전신(telegraphy)으로서 문자들과 점(.), 대시(/) 그리고 공백의 열이다. 연속적 시스템은 라디오나 텔레비전같이 메시지와 신호가 연속적인 함수이다. 혼합적 시스템은 음성의 PCM 전송으로서 이산적 변수와 연속적 변수가 같이 나타난다. PCM은 간단히 말하면 연속적인 신호 즉 아날로그 신호의 디지털 표현으로, 신호 등급을 균일한 주기로

소개

1부: 이산적 무잡음 시스템

1. 이산적 무잡음 채널
2. 정보의 이산적 원천
3. 영어 문장의 근사치 급수
4. 마르코프 과정의 그래픽 표현
5. 에르고딕과 혼합 원천
6. 선택, 불확실성 그리고 엔트로피
7. 정보의 엔트로피
8. 부호화와 복호화 동작의 표현
9. 잡음 없는 채널의 기본 정리
10. 토의와 사례

2부: 잡음을 가진 이산적 채널

11. 잡음을 가진 채널의 표현
12. 모호성과 채널 용량
13. 잡음성 이산적 채널의 기본 정리
14. 토의
15. 이산적 채널의 그 용량의 사례
16. 특별한 경우의 채널 용량
17. 효율적인 코딩의 사례

부록 1: 유한 상태 조건을 가진 기호 블럭 숫자의 증가
부록 2: $H = -K\Sigma p_i \log p_i$ 의 유도
부록 3: 에르고딕 과정에 대한 정리
부록 4: 제한 조건의 시스템을 위한 비율 최대화

3부: 예비 수학

18. 집합과 함수의 앙상블
19. 함수의 밴드 제한 앙상블
20. 연속 분포의 엔트로피
21. 함수 앙상블의 엔트로피
22. 선형 필터의 엔트로피 손실
23. 두 앙상블 합의 엔트로피

4부: 연속적 채널

24. 연속적 채널의 용량
25. 평균 파워 제한을 가진 채널 용량
26. 피크 파워 제한을 가진 채널 용량

5부: 연속 정보원의 비율

27. 충실도 평가 함수
28. 충실도 평가에 상대적 원천의 비율

감사의 글
부록 5
부록 6
부록 7

〈그림 2〉 논문 「통신의 수학적 이론」의 목차

표본화한 다음 디지털 (이진) 코드로 변환하는 것이다. 이산적 경우는 통신 이론뿐만 아니라 계산 기계, 전화 교환 설계 그리고 다른 분야에도 적용된다. 더불어 이산적 경우는 연속적 그리고 혼합적 경우의 기반이 된다.

이제 목차 수준에서 전체 논문의 내용을 살펴보기로 한다. 논문 「통신의 수학적 이론」의 목차(〈그림 2〉)를 보면, 논문은 크게 4부로 이루어져 있고 1부와 2부는 이산적 통신, 3부와 4부는 연속적 통신과 혼합적 통신을 다루고 있다. 예를 들어보면 이산적 통신은 모스 부호를 보내는 경우이고 연속적 통신은 사람 목소리로 대화하는 경우라고 생각할 수 있다. 모스 부호는 개별적인 문자로 이루어져 있으므로 수학에서는 이산적이라고 하며, 사람 목소리는 말하는 시간 동안 목소리가 끊이지 않고 값을 가지기 때문에 연속적이라고 한다.

이산적 통신을 다루는 1부와 2부는 1부 잡음이 있는 채널과 2부 잡음이 없는 채널로 나누어진다. 채널은 해당 통신이 지나다니는 물리적인 매체를 의미하는데 물리적으로 존재하는 물체들은 외부의 다양한 이유로 신호가 그대로 전달될 수 없다. 연속적 통신에서 예를 든 사람 목소리인 경우는 이해가 더욱 쉬운데 두 사람이 목소리로 대화할 때 주변이 시끄러우면 알아듣기 힘들고 이런 경우 잡음이 심하다고 할 수 있다. 사실 잡음이 없는 채널은 이상적인 경우이며 현실적으로 잡음이 없을 수 없기 때문에 1부는 잡음이 없는 이상적인 경우를 다루고 2부는 이를 바탕으로 잡음이 있는 경우를 다루는 것이다.

1부를 살펴보면 정보의 이산적 원천으로서 영어 문장을 사례로 들고 있다. 마르코프 과정(Markov Process)은 간단히 말해 다음에 나올 상태에 대한 확률 값이 그 이전 과거의 역사와는 무관하고 직전 과거에만 영향을 받는 과정을 의미하는데 여기서는 영어 문자의 열에서 한 문자가 나오고 그 다음에 올 문자의 확률을 알기 위하여 고려된다. 다음에 올 문자를 안다면 더욱 효율적으로 메시지를 전달할 수 있기 때문이다. 에르고딕(Ergodic)은 엔트로피의 통계물리학자인 볼츠만이 고안한 개념으로서 수학적으로는 시스템이 가질 수 있는 가능한 모든 상태의 집합을 가정할 때 이 시스템의 시간 평균과 집합의 확률 평균의 통계적 성질이 일치하는 것을 의미한다. 쉽게 말하면 에르고딕한 시스템은 어떤 조건에서 짧은 시간 동안 얻은 관찰로 전체 시스템을 알 수 있다는 의미이다. 논문에서는 마르코프 과정 중 특별한 과정으로서 에르고딕을 가정하고 에르고딕 과정으로 생산되는 모든 열(sequence)은 통계적 성질이 같다는 의미다. 그러므로 메시지를 이루는 체계가 에르고딕하면 효과적인 전송이 가능할 것이다.

정보의 엔트로피는 정보 원천의 엔트로피를 계산하는 것이다. 부호화(encoding)와 복호화(decoding)는 송신기와 수신기에서 효과적인 통신을 위한 연산에 대한 내용이다. 잡음의 정도에 따라 에러 없이 채널을 통해 보낼 수 있는 최대 전송률을 의미하는 채널 용량은 다음과 같이 정의된다.

채널 용량 $C = W \log_2 (1 + S/N)$

W는 채널의 대역폭(bandwidth)으로서 bps(bit per second)로 나타내고, S/N은 신호 대 잡음비에 해당한다. 당연히 무잡음 채널에서는 채널 용량

서문
통신의 수학적 이론의 최근 기여 - 워런 위버, 록펠러 재단
통신의 수학적 이론 - 클로드 섀넌, 벨 전화 연구소

〈그림 3〉 책『통신의 수학적 이론』의 목차

이 대역폭이 된다. 같은 정보량을 전송하는 데 대역폭이 넓으면 채널 용량이 크기 때문에 정보를 많이 보낼 수 있으므로 시간이 적게 걸리고, 대역폭이 좁으면 채널 용량이 작은 만큼 보내는 양이 적기 때문에 시간이 많이 걸리게 된다.

3부는 4부의 연속적 채널을 다루기 위한 예비적인 수학 개념을 설명한다. 3부의 함수 앙상블은 동일한 확률 측도를 가지는 함수들의 집합들로서 복잡한 시스템을 단순화하여 다루는 방법이다.

〈그림 3〉에 보는 바와 같이 책,『통신의 수학적 이론』은 이미 언급한 것처럼 두 번째 부분에 섀넌의 논문을 전재하고 첫 번째 부분에서 그 논문의 의의를 설명한다.

위버는 '분석적 통신 연구의 일반적 배경에 대한 소개' 글에서 다음과 같이 말한다.

> 통신이라는 용어는 다른 마음에 영향을 미칠 수도 있는 모든 과정을 포함하는 넓은 범위로 사용한다고 천명하고 글과 말뿐 아니라 음악, 그림, 극장, 발레와 인간의 모든 행동에 관련된다. 어떤 연결에서 통신은 통신의 더욱 넓은 정의를 사용하는 것이 바람직할 수 있다. 즉 비행기를 추

통신의 수학적 이론의 최근 기여

1. 분석적 통신 연구의 일반적 배경에 대한 소개
    1.1. 통신
    1.2. 통신 문제의 3개 수준
    1.3. 주석
2. A 수준의 통신 문제들
    2.1. 통신 시스템과 그 문제들
    2.2. 정보
    2.3. 통신 채널의 용량
    2.4. 코딩
    2.5. 잡음
    2.6. 연속 메시지
3. 통신 문제들의 3개 수준의 상호관계
    3.1. 소개
    3.2. A 수준 이론의 일반성

〈그림 4〉「통신의 수학적 이론의 최근 기여」의 세부 목차

> 적하고 가능한 미래의 위치를 계산하는 자동 장비와 같은 작동이 이 비행기를 추적하는 유도 미사일의 작동에 영향을 미치는 과정도 포함할 수 있다.
>
> 이 글은 종종 특별한 것, 특히 광범위하고 중요한 언어의 통신에 대해서 언급하는 것으로 보이겠지만 실질적으로는 말해지는 모든 것, 음악과 같은 종류, 텔레비전의 사진과 영화에도 똑같이 적용된다.

그리고 이러한 넓은 주제와 관련하여 세 가지 수준의 문제를 상정하였다.

수준 A: 통신의 기호들이 얼마나 정확하게 전달되는가?(기술적 문제)
수준 B: 전송된 기호들이 얼마나 정확하게 원하는 의미를 전달하는가?(의미적 문제)
수준 C: 수신된 의미가 얼마나 효과적으로 원하는 방법으로 행위에 영향을 주는가?(효과성 문제)

위버는 수준 B 및 C와 관련하여 수준 A의 일반성에 대해서도 다음과 같이 언급하고 있다.

> 통신 시스템의 좋은 설계를 위한 공학적 세부 사항에만 관련된 수준 A가 상대적으로 피상적으로 보이고 반면 수준 B와 C는 통신의 일반적인 문제의 철학적 내용의 모든 것은 아니더라도 대부분을 포함하는 것으로 보인다고 생각할 수 있다.
>
> 새로운 이론의 중요성은 수준 B와 C가 수준 A에서 분석될 때 가능한 것으로 판명되는 신호의 정확성을 이용할 수 있다는 사실로부터 기인한다. 수준 A의 이론에서 발견된 한계들은 수준 B와 C에 필수적으로 적용된다. 그러나 중요성의 상당 부분은 수준 A에서의 분석이 이 수준이 순진하게 의심할 수도 있는 이상으로 다른 수준들과 중첩된다는 사실을 드러낸다는 사실로부터 나온다.

위버는 소개 글을 통하여 통신의 수학적 이론은 메시지의 신호를 전달하는 공학적 통신을 넘어서 인간의 거의 모든 사회 활동을 포함하고, 기계들이 의도된 메시지의 송신과 무관하게 관찰된 신호를 분석하고 동작하는 활동까지 포함할 수 있다고 주장한다. 위의 주장은 전방위적으로 영역을 넓힌 기호학에서 의미 전달과 의미 작용의 구별이라고 할 수 있으며 인간을 비롯한 모든 생물과 기계들까지 포함할 수 있게 된다. 5~60년이 지난 지금, 뒤돌아보면 통신의 수학적 이론의 확장에 대한 위버의 전망은 위버의 예상을 넘어 더 많은 분야의 연구에 통찰력과 영감을 주었고 많은 성과를 이루어내었다. 섀넌의 이러한 연구 분야는 '정보이론'이라고 불려진다.

정보이론은 디지털 정보의 수량화, 저장과 통신에 관한 과학적 연구 분야라고 정의되며 해리 나이퀴스트와 랄프 하틀리, 그리고 섀넌에 의하여 근본적으로 확립되었다. 이 분야는 확률이론, 통계학, 컴퓨터과학, 통계역학, 정보공학, 전기공학의 교차점에 있다. 정보이론은 직접적으로 데이터 압축 및 채널 코딩, 오류 검출 및 정정 등에 적용되면서 우주로 보내진 우주선과의 통신, 음악·영화·정보 저장을 위한 모든 광학 디스크, 휴대 전화 및 인터넷 개발에 결정적 역할을 하였다. 정보이론은 통계적 추론, 암호학, 신경생물학, 언어학, 생물 정보학, 열 물리학, 분자역학, 양자 컴퓨팅, 블랙홀, 정보 검색, 정보 수집, 표절 탐지, 패턴 인식, 이상 탐지, 인공지능, 기계학습, 빅데이터, 딥러닝, 그리고 심지어 예술 창작까지 포함하는 많은 영역에서 사용되고 있다.

5. 정보를 측정하다!

섀넌은 결국 통신의 수학적 이론 논문을 통하여 정보를 측정하였다. 다양한 분야를 아우르는 정보의 핵심적인 속성이 무엇일까에 대한 문제의식을 가지고 측정의 개념에 따라 정보의 크기(양)를 정할 수 있는 정보의 정의를 내리고 그 크기를 위한 단위를 정했다.

공학적 문제를 다루기 전에 전제되어야 할 내용이면서 공학적 문제를 넘어선 함의를 가진 그 핵심 내용은 앞서 서술한 바와 같이 ① 정보에 대한 섀넌의 정의, ② 로그 함수 사용, 그리고 ③ 일반적 통신 시스템을 표현한 도식의 3가지라고 여겨진다.

많은 학자들이 섀넌의 정보이론을 중요한 정보 연구로 인정하면서도 정보의 의미를 다룰 수 없다는 난점을 지적하지만 섀넌은 처음부터 의도적으로 정보의 의미론적 내용을 다루려고 하지 않았다. 섀넌은 "정보는 의미론적 내용과 관계없이 송신자와 수신자를 연결하는 채널을 통해 전달되기 위하여 부호화된 모든 것"으로 정의하였다.

의미에 관해서 아주 쉬운 예를 생각해보면 의자의 길이나 무게는 의자를 사용하는 사람에 따를 것이기 때문에 모든 사람들에게 서로 다른 의미를 가질 것은 너무나 당연할 것이다. 그래서 섀넌은 의미를 포기하는 것이 현존하는 많은 분야의 정보와 앞으로 등장할 새로운 분야의 정보 연구의 기반이 될 것으로 생각하였다. 그런 의미에서 통상적으로 쓰는 정보라는 용어와는 무관하게 새롭게 정보를 정의하였다. 여기서 정보는 하나의 사건이 아니라 사건들의 체계를 대상으로 정의되었다.

개별 사건의 정보량 $I(x_j) = -\log_2 p(x_j)$

전체 사건의 평균 정보량 $H(x) = E\{(I(x_j)\} = -n \Sigma j\ p(x_j) * \log_2 p(x_j)$

개별 사건의 정보량은 해당 사건의 발생 확률로 정의하고 단위는 bit

로 정했다. 해당 사건의 확률이란 관련 사건이 일어나는 전체 사건들을 통해서만 정의 가능한 것이다. bit는 무엇인가를 표현할 수 있는 가장 작은 단위이고 이 표현을 물리적으로 만들 수 있는 기계 장치도 가장 간단하다. 체계 전체를 고려할 때는 전체 사건의 평균 정보량은 물리학의 엔트로피와 유사한 개념도 아니고 같은 개념도 아니며, 그것을 포함하는 개념이 된다. 섀넌이 정보량의 크기를 나타낼 수 있도록 확률이론을 도입하여 정의했는데 그것이 물리학적 엔트로피와 동일한 모양이었고 (정보) 엔트로피라는 이름을 붙였다. 정보 엔트로피는 어떤 확률변수가 나타낼 수 있는 상태의 총합으로 정의할 수 있고, 물리학적 엔트로피는 분자들의 배열이 나타낼 수 있는 상태의 총합에 자연로그를 취한 것으로 정의할 수 있다. 즉, 물리학적 엔트로피는 정보 엔트로피의 한 형태이다. 물리학은 근본적으로 역학으로서 사물, 즉 입자들의 운동에 대한 탐구이고 운동은 하나의 상태에서 다음 상태로의 변화이므로 다음 상태로의 확률은 핵심적인 주제가 될 수밖에 없다. 정보는 다음 상태에 대한 앎과 관련되기 때문이다.

또 다른 중요한 한 가지가 일반적 통신 시스템을 표현한 도식에 등장하는 부호화(encoding)/복호화(deconing)로서 매우 중요한 의의가 있는 개념이다. 정보통신 분야에서 부호화/복호화는 문자, 소리, 이미지, 영상, 센서 신호들을 디지털화, 즉 숫자로 된 코드로 만든 것을 의미하는데 이러한 코드는 전송기가 부호화하고 수신기가 복호화하기 위하여 일정한 규칙에 의해 만들어져야 하는 하나의 시스템이라고 할 수 있다. 이러한 부호화/복호화 시스템의 코드는 정보이론에 입각하여 공용화를 위하여 표준화하거나 전송, 저장, 처리 속도 향상을 위하여 데이터의 양을 줄이거나, 잡음이 심한 경우에도 제대로 전송되도록 하거나, 메시지의 보안을 위하여 암호화할 수 있도록 만들어진다.

이러한 부호화/복호화의 코드는 관심 사건의 정보를 표현하는 체계적인 모델이어야 하기 때문에 코드는 사건의 개념 체계라고 할 수 있는 코드의 체계를 전제로 한다. 생물학은 생명체가 환경의 신호들을 감각기관을 통하여 부호화된 메시지를 복호화하여 생존하고 나아가 유전자 코드를 복호화하여 단백질 생성함으로써 세대를 이어가는 코드체계를 분석하는 일이며, 언어학은 사람들에 의하여 자연 발생적으로 만들어진 코드 체계를 구성하는 일이고, 물리학은 자연 현상 관찰과 측정에 의하여 물리 법칙이라는 코드 수신기의 규칙을 추정하는 일이고, 예술학은 음악, 미술, 무용, 영화, 사진 등이 독창적인 새로운 코드를 만드는 송신기로 합의되지 않은 수신기의 규칙을 작동시키는, 즉 영감의 코드체계를 밝히는 일이라고 할 수 있을 것이다.

이런 부호화/복호화는 세상의 사물들을 개별적으로 구별하는 가장 근본적인 단계로서 가장 기본적인 정보화라고 할 수 있다. 이러한 정보화 과정을 통해서 관심 사건들이 개념화되어 전체 사건들에서 개별 사건이 구별되고 발생 확률도 구해질 수 있다.

섀넌이 구축해놓은 정보이론의 이러한 체계가 정보통신 분야의 기초를 마련하고 다른 많은 분야에서 적용될 수 있는 영감을 주는 것이라고 할 수 있다.

6. 정보와 정보철학

여러 분야에서 정보 개념이 적용되는 이유는 정보 개념이 해당 분야에 영감을 줄 뿐 아니라 컴퓨터를 기반으로 하는 정보통신기술이 보여주듯이 정량적이고 실제적인 성과에 대한 기대 때문이다. 정보를 인문학적인 의미에서 철학적 논의의 대상으로 삼은 분야가 정보철학(philosophy of information)이라고 할 수 있다. 정보철학이라는 용어를 처음 사용한 루치아노 플로리디는 정보철학을 ① 정보의 개념적 성질과 원칙, 그리고 정보의 다이내믹스, 활용과 과학을 포함하는 중요한 연구와 ② 정보 이론적 그리고 계산적 방법론들을 철학적 문제들에 적용하고 정교화하는 새로운 철학 분야로 정의한다. 플로리디는 첫 번째 코페르니쿠스의 전회(지동설), 두 번째 다윈의 전회(진화), 세 번째 프로이트의 전회(무의식)에 이어 정보적 전회(정보)를 네 번째 혁명으로 간주한다. 그래서 플로리디는 인공지능을 철학적 대상으로 삼는 인공지능 철학을 정보철학의 전단계로 간주하면서 컴퓨터와 인공지능의 많은 개념들을 차용하여 그의 정보철학에 사용한다.

하지만 정보에 대한 근본적인 탐구로서 정보철학에 대한 수요가 있기는 하지만 아직 합의된 정의나 방법론이 있는 것은 아니다. 그래서 정보철학 연구는 정보의 정량적 연구 이론을 정립한 섀넌뿐만 아니라 컴퓨터 정보처리 이론의 기반을 세운 앨런 튜링, 사이버네틱스 이론을 주창한 노버트 위너, 컴퓨터과학과 게임이론 그리고 자기복제이론의 폰 노이만에 대한 연구와 더불어 정보와 지식 연구의 프레드 드레츠키, 개체화 이론의 질베르 시몽동, 기술과 매체 연구의 베르나르 스티글레르, 행위자-연결망 이론의 브뤼노 라투르, 사회체계이론의 니클라스 루만, 동양의 철학과 서양의 과학을 접목해 자신만의 독창적인 기철학을 발전시킨 최한기 등의 연구를 통하여 정보 개념의 재해석을 통한 폭넓은 이해를 도모하는 학제적 연구가 이루어지고 있다. 정보에 대한 이런 다양한 정보철학 연구는 정보 개념이 주는 풍부한 영감에 힘입어 새로운 차원으로 진입하는 인간과 문명에 대한 포괄적인 이해와 의사결정에 기여할 것으로 기대된다.

7. 마치며

우리는 정보를 일상용어에서 전문용어까지 다양한 뜻으로 사용하고 있다. 정보라는 말이 세상에 처음 등장한 이후로 확장에 확장을 거듭하여 이제 세상을 보는 새로운 관점을 제공하는 하나의 패러다임이 되었고 '세상 모든 것이 정보'라는 개념 과잉의 지경에 이르렀다. 하지만 컴퓨터와 정보통신은 물론이려니와 물리학, 생물학, 의학, 뇌과학, 심리학, 인지과학, 경제학, 사회학, 정치학, 행정학, 언론/홍보학, 그리고 심지어 문학이나 예술 분야에 이르기까지 정보적 관점에서 시도되는 이론들이 늘어나는 이유는 무시할 수 없는 개념의 유용성 때문일 것이다. 더구나 융합과 통섭이 요구되는 시대의 흐름에도 결코 따로 떼어 볼 수 없는 여러 분야들을 연결할 수 있는 키워드로서 정보 개념의 유용성 또한 적지 않다. 정보를 둘러싼 다양한 담론에 이러한 유용성을 유지하기 위해서는 공학자와 수학자로서 정보에 대한 수량화와 실재적 연구를 추구한 섀넌의 탐구가 기억될 필요가 있을 것이다.

참고문헌

김경환·박충식·손화철·윤영광·이성웅·최희열 (2019), 『인공지능의 이론과 실제』, 아카넷.

클로드 섀넌·워런 위버 (2016), 『수학적 커뮤니케이션 이론』, 백영민 옮김, 커뮤니케이션북스.

Gardner, Howard (1987), *The Mind's New Science: A History of the Cognitive Revolution*, Basic Books, p. 144.

McCarthy, John; Minsky, Marvin; Rochester, Nathan; Shannon, Claude (1955), "A Proposal for the Dartmouth Summer Research Project on Artificial Intelligence".

Shannon, Claude Elwood (July 1948), "A Mathematical Theory of Communication", *Bell System Technical Journal* 27 (3): 379–423.

Shannon, Claude Elwood; Weaver, Warren (1949), *The Mathematical Theory of Communication*, University of Illinois Press.

https://en.wikipedia.org/wiki/A_Mathematical_Theory_of_Communication

https://en.wikipedia.org/wiki/Claude_Shannon

8

노버트 위너

인간, 동물, 기계, 사회를 관통하는 사이버네틱스

송은주
(이화여자대학교, 이화인문과학원)

"

사이버네틱스는 자동기계와 인간 신경계의 기능에서
공통된 요소들을 찾고자 합니다.

"

1. 시작하며

20세기 초반 정보 이론의 역사는 한 부주의한 대학원생의 어이없는 실수로 뒤바뀔 뻔했다. 1946년 10월, MIT 대학원생 월터 피츠가 뉴욕에서 열리는 사이버네틱스에 관한 메이시 회의에 참석하면서 편집을 맡았던 노버트 위너의 원고를 그랜드 센트럴 역에서 부쳤으나 다시 찾아오는 것을 잊어버렸던 것이다. 5개월이 지난 1947년 봄이 되어서야 위너는 분실물로 분류되어 오래 방치되었던 원고를 간신히 되찾을 수 있었지만, 그의 분노는 하늘을 찔렀다. 위너는 피츠에게 "사정이 이렇게 되었으니 앞으로 어떤 일을 하건 부디 나와는 모든 인연을 완전히 끊어주기 바란다"는 편지를 보냈다.

위너가 이렇게 노발대발한 데에는 그럴 만한 이유가 있었다. 그는 동료인 로젠블루스에게 "이 무책임한 아이들"에 대해 불평하면서 원고를 되찾느라 시간이 지체된 탓에 경쟁자인 벨 전화회사의 섀넌이 먼저 논문을 발표할 것이고, 그러면 우리는 중요한 연구에서 우선권을 잃게 될 것이라고 걱정했다. 그가 말한 '중요한 연구'란 바로 당시 영국과 미국에서 진행 중이었던 정보 이론이었다. 위너는 1947년 클로드 섀넌이 하버드 수학 콜로키엄에서 "정보의 전송"이라는 제목으로 발표한 것을 들었기 때문에 그를 자신의 경쟁자로 생각했다. 위너는 피츠에게 "섀넌의 정보량에 관한 연구는 우리 것과 아주 비슷하다"고 말했다. 이렇게 마음을 졸이기는 했지만, 위너는 이 원고를 1948년 가을에 『사이버네

틱스: 동물과 기계에서의 제어와 커뮤니케이션』으로 출간하고 예상치 못한 대중적 성공을 거둔다.

위너가 연구의 우선권을 놓고 걱정했을 만큼 섀넌과 위너의 정보 이론은 비슷한 부분이 많다. 둘 다 인간에서든 기계에서든 커뮤니케이션 과정에서 전송되는 패턴에 따른 정보량을 측정했으며, 엔트로피의 물리적 개념에 대한 공식과 유사한 방정식으로 정보를 정의함으로써 커뮤니케이션 이론과 물리학 사이에 다리를 놓았다. 정보에서 의미를 분리함으로써 정보를 수량화할 수 있는 것으로 만들었다는 점에서 정보 이론에 대한 두 사람의 공헌은 지대하다. 로널드 클라인은 정보 이론에 대한 두 사람의 기여도에 대해서는 의견이 엇갈린다고 말한다. 많은 이들이 섀넌이 1948년 논문에서 자기 입으로 밝혔듯이 위너의 커뮤니케이션에 관한 통계 이론에 의지했다고 인정하면서도, 섀넌이 이 주제를 광범위하게 전개했다는 점에서 정보 이론의 기초를 세운 공은 그에게 돌린다.[1] 그러나 섀넌이 1948년 논문에서 정보와 통신 이론에 대해 공학적으로만 접근했다면, 위너는 섀넌의 수학적 정보 이론이 훨씬 더 유동적이고 다양한 의사소통 개념을 위한 토대가 될 수 있는 방법을 찾고자 하였다. 위너는 정보가 어떻게 세상을 움직이는지 좀 더 근본적인 원리를 설명하고 싶어 했다.

비슷한 시기에 수학자로서 같은 기반 위에서 정보에 관한 연구를 수행했다는 점에서 두 사람의 연구에 유사점이 많은 것은 사실이지만, 적어도 '사이버네틱스'라는 신학문을 창시한 공은 위너에게 돌려야 마땅하다. 이 이름은 사이버네틱스가 학문으로서의 지위를 잃고 사라진 후에도 오늘날까지 '사이버 공간', '사이보그', '사이버 문화' 등 우리의 일상 속에 남았다. 그 여전한 위력은 위너가 당시 정보를 중심으로 부상하던 다학제적 움직임을 구체화하고 싶어 한 연구자들만이 아니라, 정보로 인한 세상의 근본적인 변화를 감지하고 기대와 공포를 느꼈던 일반 대중들에게까지 소구력 있는 개념을 만들어냈음을 보여준다.

2. 위너의 생애

노버트 위너는 1894년에 태어나 매사추세츠의 터프스 칼리지와 하버드 대학에서 교육을 받았다. 하버드에서 처음에는 동물학을 연구했으나 철학으로 전공을 바꾸었고, 1913년 수리논리학으로 박사학위를 받았다. 그는 열한 살 때 대학에 입학하고 열아홉의 나이에 박사학위를 받은 신동이었다. 언어학자로 명성을 떨쳤던 그의 아버지는 아들을 홈스쿨링으로 교육하면서 어릴 때부터 신동으로 홍보했다. 그는 하버드에서 장학금을 받아 케임브리지 대학으로 가서 버트런드 러셀 밑에서 수리논리학을 공부하기도 했다. 위너는 1919년부터 MIT 수학과 교수진에 합류했다. 세계 2차 대전 중에는 많은 과학자들이 그러했듯이 레이더와 해군 발사체를 개선하는 프로젝트에 참여하여 미국의 승리에 힘을 보탰다. 전쟁이 끝난 후에는 멕시코 출신의 생리학자 아르투로 로젠블루스(Arturo Rosenblueth)와 함께 생물학 연구에도 관여했다. 위너는 원래 생물학에 관심이 컸으나 아버지의 반대가 있었고, 연구실에서 실험 도구들을 다루는 데에도 서툴렀던 탓에 생물학자의 길은 포기했다. 그러나 수학자로서 지위를 다진 후 잠들었던 흥미가 되살아나 하버드 의과대학에서 로젠블루스가 이끄는 세미나에 참여했고, 나중에 그와 합동 연구로 의학과 생물학까지 연구 분야를 확장했다. 그는 1947년부터 1952년까지 멕시코에서 로젠블루스와 함께 록펠러 재단에서 5년간 지원받아 "수학적 생물학"을 공동 연구했다. 그 기간 동안 『사이버네틱스』를 집필하고 출간했다. 그는 『사이언티픽 아메리칸』에 실린 기사에서 이렇게 설명했다. "사이버네틱스는 자동기계와 인간 신경계의 기능에서 공통된 요소들을 찾고자 합니다."

위너의 관심사는 생물학에서 그치지 않았다. 그는 전기 기술자 버니바 부시(Vannevar Bush)와도 우정을 쌓고 협력 관계를 지속했다. 위너는 공학적 관점에서 도구들에 대한 이해가 깊었고, 덕분에 부시는 새로운 아날로그 컴퓨터를 개발하면서 위너의 상상과 조언에 도움을 받을 수 있었다. 또한 위너는 전기공학부 중국인 학생 육잉 리(Yuk Wing Lee)의 박사 논문을 지도하면서 그와 함께 전기 네트워크 분석 도구를 발명하여 특허를 내기도 했다. 이처럼 생물학, 컴퓨터, 전기공학 연구에서 얻은 다양한 지식과 경험이 나중에 살아 있는 유기체와 전기공학 시스템 사이의 유사성을 인식하고 사이버네틱스라 부르게 될 거대한 융합을 만들어내는 바탕이 된다.

위너는 2차 세계대전 당시 대공 프로젝트에 참여하면서 정보에 관한 연구를 본격적으로 시작했다. 위너는 전시에 대공 사격을 가장 잘 제어하고 목표를 맞출 확률을 높이기 위해 비행기의 위치와 움직임에 대한 유용한 정보를 이용하여 미래의 코스를 통계적으로 예측하는 수학적 문제를 다루었다. 여기에서 과거에 대한 불완전한 정보를 바탕으로 최대한 미래를 예측하는 수학적 이론이 나오게 되었다. 이러한 연구를 바탕으로 위너가 1948년 출간한 『사이버네틱스』는 기술적인 면에

중점을 두었고 수식이 책의 절반 이상을 차지하고 있는데도 예상외의 베스트셀러가 되었다. 출간 넉 달 만에 7천여 부가 팔렸고, 1949년까지 만 5천 부가 판매되었다. 위너는 2차 대전 이후 미소 양국의 군비경쟁을 보며 과학자의 군사 프로젝트 참여에 회의를 느낀 나머지 군부의 지원을 받는 어떤 프로젝트에도 참여하지 않겠다고 선언한 터라, 이 책의 성공이 경제적으로도 도움이 되었다. 타임지 등 많은 대중 매체들이 위너와의 인터뷰 기사를 실었고, 흰 수염을 기르고 통통한 몸매를 가진 그를 산타클로스 같은 이미지로 묘사했다. 책에 대한 예상을 뛰어넘은 반응은 사이버네틱스라는 이 신생 학문에 대한 대중의 높은 관심, 나아가 정보라는 새로운 핵심 키워드를 이해하고자 하는 열망을 보여준다. 책의 성공에 힘입어 그는 1950년 수식을 빼고 일반 대중이 더 이해하기 쉽게 설명하고, 사회 영역을 추가하여 『인간의 인간적 활용: 사이버네틱스와 사회』를 출간한다. 그는 1946년부터 폰 노이만, 섀넌 등과 함께 메이시 재단의 후원으로 사이버네틱스에 관한 회의를 개최함으로써 사이버네틱스를 다양한 분야의 학자들이 모여 논의할 장을 마련했다. 그러나 위너는 평생 어딘가 조직에 참여하기를 내켜하지 않는 사람이었고, 메이시 회의에서도 점차 뒤로 물러섰다. 메이시 회의는 1953년 10차 회의를 마지막으로 막을 내렸다.

3. 위너의 정보 개념

위너는 『사이버네틱스』에서나 『인간의 인간적 활용』에서나, 물리학자인 기브스(Josiah Willard Gibbs)의 이야기로 시작한다. 그가 보기에 아인슈타인이나 슈뢰딩거와 같은 거물급에 비해 인지도는 낮아도 기브스야말로 17세기 말부터 19세기 후반까지 지배적이었던 뉴턴 물리학을 몰락시키고 20세기 물리학의 혁명을 일으키는 데 가장 큰 역할을 한 사람이다. 뉴턴의 세계에서는 위치와 운동량의 초기 조건을 완벽하게 알고 있는 상태에서 고정된 물리 법칙에 의하여 정확한 결과를 계산해낼 수 있으리라 기대하지만, 기브스는 절대적으로 정확한 물리적 측정이란 가능하지 않으며 사건의 불확실성과 우발성을 고려해야 한다고 주장했다. 따라서 물리학에 통계학을 도입할 필요성이 제기된다. 위너는 기브스가 이러한 놀라운 통찰을 뒷받침할 만한 구체적인 후속 연구를 내놓지 못한 탓에 20세기 물리학의 대혁명이 아인슈타인, 하이젠베르크, 플랑크의 공으로 넘어갔다고 말한다. 하지만 그의 통찰 덕분에 오늘날의 물리학은 "항상 일어나는 일을 다루는 학문"에서 "압도적인 확률로 벌어질 일을 다루는 학문"으로 위상이 변화하게 되었다.

위너는 1920년대부터 불확실성에 관심을 갖고 "대단히 활발하고 완전히 무계획적인 운동" 인 브라운 운동을 수학적으로 다루는 연구를 했다. 정보 연구에서도 위너의 관심은 잡음이 섞이고, 불확실하며, 손상된 데이터에서 통계적 방법으로 미래를 예측하는 것이었다. 위너에게 이러한 불확실성과 우발성은 우주의 근본적 요소일 뿐 아니라 인간의 행동과 사고 속에도 존재한다. 세상이 근본적으로 확률적이고, 따라서 미래의 사건이 일어나는 경로를 정확히 예측할 수 없기 때문에 제어가 필요하다. 그가 처음 제어와 커뮤니케이션 이론 연구를 시작하게 된 계기인 대공포 제어장치의 연구에서, 포의 사격 목표인 전투기의 위치가 고정되어 있지 않다는 점에 유의할 필요가 있다. 전투기는 빠른 속도로 이동할 것이므로 확률적으로 전투기의 위치를 예측해야 한다. 여기에서 불확실한 미래 예측을 위해 피드백의 개념이 중요하게 제시된다. 위너는 커뮤니케이션에서 상대방에게 메시지를 보내면 상대방은 그 메시지를 나에게서 받은 대로 다시 보내는 것이 아니라 자신이 갖고 있던 정보를 담아서 보내게 된다고 설명한다. 즉, 내가 메시지를 보낸 상대가 기계라고 가정할 경우, 메시지를 전송함으로써 기계를 작동시킨 결과가 다시 정보의 일부가 되어 기계를 지속적으로 작동시키게 된다. 위너는 피드백을 "예상되는 동작이 아니라 실제 동작에 따라 기계를 제어하는 것"이라고 정의한다. 이러한 피드백을 통해 끊임없이 변화하는 외부 환경에 효과적으로 대응할 수 있다.

피드백에서는 정보의 흐름이 중요한 역할을 한다. 위너는 정보를 "우리가 외부 세계에 적응하고, 우리의 적응이 외부 세계에 감지되게 할 때 외부 세계와 교환되는 것의 내용"이라고 정의한다. 정보를 받고 이용하는 과정은 외부 환경의 우발성에 적응하는 과정이며, 그 환경 안에서 효율적으로 살아가는 과정이다. 그는 현대 사회의 복잡성 때문에 전에 없이 이러한 정보 프로세스가 요구되고 있다고 말한다. 그의 관점에서 "효율적으로 산다는 것은 적합한 정보를 가지고 살아가는 것"이다. 그렇기에 "커뮤니케이션과 제어는 인간의 내적 삶의 본질"에 속한다. 인간의 몸은 감각 기관을 통해 살아 있는 매 순간 외부 환경으로부터 무수히 많은 정보를 받아들이고 이를 처리한다는 점에서 기억을 저장하는 정보 처리 기계이다.

시스템을 유지하기 위해서는 커뮤니케이션을 통해 정보를 전송하는 것이 중요하지만, 정보는 전송 과정에서 항상 해체되고 처음보다 느슨한 상태로 도착하게 된다. 이것이 위너와 섀넌이 제시한 정보 이론에서 엔트로피의 개념이다. 본래 열역학적 개념인 엔트로피는 증가할수록 우주와 우주 내의 모든 닫힌계에서는 확률 최소의 상태에서 확률 최대의 상태로 이동하고, 구별과 형식이 존재하는 조직과 차별의 상태에서는 카오스와 같음의 상태로 자연적으로 이동하는 경향을 보인다. 위너의 정보 이론에도 이러한 엔트로피의 자연적인 증가 경향이 적용된다. 위너는 "엔트로피가 무질서의 척도인 것과 마찬가지로, 메시지에 의해 전달되는 정보는 질서의 척도"라고 말한다. 메시지에 의해 전달된 정보는 음의 엔트로피(negative entropy)이므로, 메시지가 해체될 확률이 커질수록 거기서 얻는 정보는 적어진다. 위너는 커뮤니케이션을 소음이 있을 때 메시지를 회수하는 문제로 다룸으로써 엔트로피의 물리적 개념에 정보 이론을 연결했다. "소음이 없을 때 정확한 메시지에 의해 전달된 정보는 무한하다. 그러나 소음이 있을 때는 정보량은 유한하며, 소음의 강도가 증가할수록 급속히 0에 가까워진다." 섀넌도 열역학적 엔트로피 개념을 정보 개념과 연결했으나, 정보량을 수학적으로 양의 엔트로피와 등가로 정의하고 메시지의 커뮤니케이션에서 무질서(예측불가능성)로 나타낸 반면, 위너는 정보량을 음의 엔트로피, 일련의 메시지에서 질서(예측가능성)의 양으로 정의했다. 두 사람은 주고받은 서신에서 어떻게 정의하건 별 차이는 없다는 데 동의했으나, 무질서를 보는 관점에서 차이가 생긴다.

이렇게 정보를 가지고 더 효율적인 삶을 살기 위해 학습이 이루어진다. 위너는 고등 생명유기체가 커뮤니케이션을 하면서 과거의 경험에 따라 미래의 환경을 더욱 효과적으로 다룰 수 있는 행동 패턴으로 변화함으로써 반(反)엔트로피적 목표를 달성할 수 있다고 말하는데, 이를 학습으로 정의할 수 있다. 시스템의 과거 실행 결과를 다시 그 시스템에 집어넣음으로써 시스템을 제어하는 피드백이 단순히 시스템과 규정의 작동을 확인하는 데이터로 사용되지 않고, 실행의 방법과 패턴을 변경할 수 있다면 학습이 된다. 즉, 위너에게 학습은 우발성과 불확실성을 인간 삶의 조건으로 받아들이고 이에 효율적으로 대처할 수 있게 해준다는 점에서 중요하며, 학습은 인간만이 아니라 기계에서도 마찬가지로 이루어질 수 있다.

섀넌과 위너의 정보 이론은 정보량을 수학적으로 계산하고자 했고 엔트로피 개념을 제시했다는 점 등 여러 가지 면에서 유사하지만, 그들의 이론 사이에는 엔트로피에 대한 상반된 정의 이외에도 또 한 가지 차이가 있다. 바로 정보 이론에서 많은 논쟁을 불러일으켰던 메시지의 의미를 어떻게 다룰 것인가의 문제이다. 섀넌은 정보를 수량화하기 위해 정보에서 의미를 제거하고, 심리적 요소를 배제한 채 물리적인 면에만 초점을 맞추고자 했다. 위너 역시 정보를 계산 가능한 것으로 만들고자 했지만, 섀넌처럼 비의미론적인 입장을 고수하기보다는 정보의 정의를 의미론과 화용론을 포함하도록 확장하려 했다. 섀넌은 메시지가 의미를 가질 수도 있지만 커뮤니케이션의 의미론적 국면들은 공학적 문제와 무관하며, 메시지가 의미가 있느냐 없느냐와 무관하게 소음이 있을 때 메시지를 어떻게 정확히 전송할 것인가만이 문제가 된다고 분명히 밝혔다. 무의미한 헛소리라도 정확히 전달만 하면 된다는 것이다. 하지만 위너의 정보 정의는 선택할 수 있는 메시지들 속에서 선택의 양을 측정한다. 위너는 섀넌과 달리 정보를 질서의 척도로 보았기 때문에 이 단어를 지식을 뜻하는 더 일상적이고 의미론적인 방식으로 쓰고 싶어 한 듯하다. 이러한 위너의 정보에 대한 관점은 정보 이론을 사회의 영역에까지 확장하여 적용하고자 한 노력과 무관하지 않다.

4. 사이버네틱스를 창시하다

위너는 대공 사격의 정확도를 높이는 연구에서 피드백을 중요한 개념으로 다루었다. 레이더와 포의 제어 사이에서 정보를 주고받으며 피드백이 이루어지게 된다. 위너와 줄리언 비글로우(Julian Bigelow)는 정보와 제어의 피드백 루프와 관련하여 자동 조타 장치와 인간이 펜을 줍는 등의 동작을 하는 방식 간의 유사성을 찾아냈다. 눈이나 자기수용기로부터의 정보는 신경체계에 의해 처리되어 손을 제어하고 목표를 향해 정확히 나아가도록 조정하게 된다. 위너는 이를 로젠블루스와 토론했고, 그 결과로 나중에 동물과 기계에서 제어와 소통에 관한 이론, 사이버네틱스가 나왔다. 위너는 "살아 있는 생물체의 물리적 기능과 새롭게 등장하는 일부 커뮤니케이션 기계의 작동은 피드백을 통해 엔트로피를 통제하려는 유사한 시도를 한다는 점에서 정확히 서로 대응한다"고 말한다. 이처럼 위너는 기계와 인간 사이에 유비 관계를 성립시키는데, 이러한 유비는 결론이 어떻게 나건 일단 본질적으로 서로 다르다고 생각했던 두 개체를 비교가 가능한 기반 위에 나란히 놓았다는 점에서 인간과 기계의 관계를 재설정하게 만들었다.

위너는 2차 세계대전 이후 메시지 이론에서 전기공학 이론, 언어 연구, 컴퓨터 기계 개발, 심리학과 신경계의 반사 작용 연구 등 복합적이고 다양한 분야들의 연구를 한데 모아 가리킬 새로운 용어가 필요하다고 느꼈고, 그에 따라 '사이버네틱스'(cybernetics)라는 단어를 제안했다. 이 단어는 그리스어로 '키잡이'를 뜻하는 쿼베르네테스(kubernetes)에서 유래했다. 사이버네틱스는 살아 있는 유기체, 기계, 조직들의 제어와 커뮤니케이션의 개념을 연구하는 것을 목표로 삼고, 시스템이 어떻게 정보를 처리하고 반응하며 더 나은 기능을 위해 정보를 변화시키고 변화되는가에 초점을 맞추었다. 사이버네틱스는 태생부터 수학, 논리학, 의미론, 생리학, 생물학, 사회학의 교차로에서 시작된 다학제적 학문이었다. 사이버네틱스는 유기체와 기계를 외부 환경의 피드백을 통해 개체의 항상성(homeostasis)을 유지하는 시스템으로 보고, 그 원리를 공학적으로 연구하고자 했다. 외부 온도가 올라가면 땀이 나면서 우리의 체온이 일정하게 유지된다. 화장실 변기의 물을 내리면 물탱크 속으로 다시 물이 흘러들다가 부자가 부력으로 떠올라 마개를 막으면 멈추어서 자동으로 항상 같은 수위가 유지된다. 이런 것이 가장 기본적인 사이버네틱스의 원리를 보여주는 사례이다.

위너는 "메시지가 소음에 저항하듯이 유기체는 혼돈과 분열과 죽음에 저항한다"고 말했다. 이처럼 "살아 있는 존재가 타락과 부패의 일반적인 흐름에 저항하는 과정"을 항상성이라고 한다. 생명체의 특징은 엔트로피가 증가하는 일반적 경향을 일시적이고 국지적으로나마 거스른다는 것이다. 기계 또한 이러한 작용을 할 수 있다는 점에서 엔트로피는 기계도 생명체의 특성을 공유하므로 생명의 정의를 새롭게 해야 한다는 주장에 근거를 제공한다. 이처럼 엔트로피가 증가하는 경향에 저항하여 생명을 유지하려는 힘은 바로 정보에서 나온다. 사이버네틱스는 동물이나 기계도 개체의 생존과 유지를 위해 외부 환경으로부터 정보를 받아들이고 이에 대한 피드백을 산출하는 일종의 정보 처리 기계라는 점에서 인간과 다르지 않다는 통찰을 제공했다. 위너는 사이버네틱스의 이 기본 원리를 설명하기 위해 정신의학적 문제를 예로 들어 디지털 컴퓨터와 인간 뇌의 작용 간 유사성을 설명했다. 인간에게 전기충격을 주는 것과 컴퓨터의 메모리를 삭제하는 데에서 유사성을 찾을 수 있다. 나아가 위너는 시각장애인이 청각적 수단으로 볼 수 있게 해줄 맥컬록(Warren Sturgis McCulloch)의 보철 연구를 인용하여 나중에 사이보그라고 불리게 되는 인간과 기계의 융합 가능성까지 언급했다.

인간의 경우 커뮤니케이션이 주로 언어에 의존하여 이루어지지만, 위너는 언어가 인간이나 생명체만의 전적인 특권은 아니라고 주장한다. 위너는 기계 또한 언어를 가지고 인간과, 혹은 기계들 사이에서 소통할 수 있다는 점에서 인간과 기계 사이에서 일어나는 커뮤니케이션과 그에 기반을 둔 관계 맺음을 새롭게 정의한다. 발전 장치에 스위치를 열고 닫는 식으로 명령을 전달하고, 이에 따라 발전 장치가 작동하는 방식들 모두 언어로 간주할 수 있다. 모든 명령은 그 자체의 확률을 따라 각각 정해진 만큼의 정보량을 운반한다. 이 통찰은 인지와 추론을 비롯한 지적 능력을 계산 능력으로 환원할 수 있으며, 그러므로 기계도 충분한 계산 능력을 갖춘다면 언젠가는 인간 수준의 의식을 갖고 인간처럼 생각할 수 있게 되리라는 튜링의 생각과도 비슷하다. 정보를 기계와 인간의 공통적인 핵심 요소로 보는 이러한 관점은 튜링의 '사고하는 기계'에 대한 아이디어와 섀넌과 위너의 사이버네틱스를 거쳐 인공지능 개발에 토대를 제공하게 된다.

새로운 학문으로서 사이버네틱스는 메이시 재단 후원으로 1946년 3월 8일 뉴욕에서 열린 회의에서 시작되었다. 이 회의에는 21명의 과학자가 모여 이틀간 자유로운 분위기에서 토론을 벌였다. 위너는 목적을 가진 기계와 그것의 작동에서 정보와 피드백의 역할에 대해 발표했다. 그는 유기체 메커니즘의 생리학에서 목적과 관련된 사례들을 뽑아내고, 피드백과 정보가 어떻게 실행에 핵심적인가를 보여주었다. 이 회의가 처음 열렸을 때의 이름은 '생물학과 사회 시스템에서 순환적 인과와 피드백 메커니즘에 관한 회의'였지만, 그 이전에 이미 위너가 사이버네틱스라는 용어를 제시한 공을 기려 '사이버네틱스에 관한 회의'로 바꾸었다. 1944년 프린스턴에서 모인 집단이 핵심이었지만, 이 주제의 심리학적, 사회학적 함의를 파악한 많은 심리학자, 사회학자, 인류학자들이 참여했다. 신경 시스템 연구에서 마음을 빼놓을 수 없으므로 심리학자들의 참여가 중요했고, 생리학과 해부학 또한 필요했다. 사회학과 인류학은 조직의 메커니즘으로서 정보와 커뮤니케이션의 중요성이 개인을 넘어 공동체로 향하며, 사회적 공동체를 이해하기 위해서는 커뮤니케이션 수단의 조사가 필요했으므로 역시 중요했다.

1940년대 위너와 섀넌의 주도로 시작되었던 사이버네틱스 연구는 1950년대와 1960년대 생물학, 공학, 사회과학, 대중문화에서 채택되고 변형되면서 절정에 이르렀으나, 지금은 거의 인공지능 연구로 흡수되었다. 한때 서구의 각 대학에 신설되었던 사이버네틱스 학과들도 지금은 거의 남아 있지 않다. 사이버네틱스가 포괄적이며 융합적인 학문으로 자리 잡게 될 것이라는 위너의 기대와는 달리, 1970년대 사이버네틱스는 보편 과학으로서의 위상을 잃었다. 사이버네틱스에서 영감을 얻은 대중문화와 공상과학소설 붐으로 인공지능과 사이보그에 대한 대중의 관심이 높아졌으나, 이처럼 사이버네틱스가 대중화되면서 학계에서의 위치는 도리어 위축되었다. 그렇지만 사이버네틱스는 '기계 같은 인간'과 '인간 같은 기계'의 유사관계를 신화나 공상과학소설 속의 상상을 넘어 과학의 연구 주제로 본격적으로 탐색하였고, 학문적으로는 제 역할을 다른 분과들에 넘겨주고 물러났다 해도 정보 이론과 인공지능 연구, 인지과학에서 환경과학과 현대 경제 이론까지 수많은 새로운 기술적, 과학 분야를 탄생시키고 영감을 주거나 기여했다.

5. 사이버네틱스와 사회

위너는 기계의 커뮤니케이션과 제어를 유비 관계를 통해 인간과 생명체로까지 확대하는 데에서 그치지 않고, 이를 사회 전체에 적용하고자 했다. 외부 환경으로부터 수용한 정보를 새로운 형태로 변환하여 외부 세계에 효율적으로 대처하는 개체의 물리적 반응이 사회에서도 비슷하게 일어난다고 본 것이다. 그는 사회학자들이 "커뮤니케이션이 사회의 개별 구성원들을 한데 묶어주는 시멘트의 역할을 할 것이라는 점에 대해 간과해왔다"고 불만스럽게 지적한다. 위너 자신의 야심찬 의도가 아니라도, 제어를 핵심 개념으로 내세운 사이버네틱스는 사회 조직을 효율적으로 관리하고 통제하는 학문으로서 활용할 가치가 있다고 받아들여졌다. 1950년대 말부터 1960년대 초까지, 미소 간 우주개발 경쟁이 본격화되면서 정부 차원에서 미국 사이버네틱스 학회 결성을 후원하는 등 사이버네틱스에 대규모 자금을 투자하고 이를 군사적

용도나 민간 조직 통제 기술로 적용하려는 경향이 강해졌다. 소련에서도 1960년대 흐루쇼프 치하에서 사이버네틱스를 계획경제와 결합하여 공산주의 이상 실현의 주요 방법으로 채택함으로써 항상성과 현상 유지에 주력하는 통제와 관리 목적으로 활용하고자 했다.

그러나 이는 위너가 생각했던 사이버네틱스의 이상과는 어긋나는 것이었다. 사이버네틱스의 관점에서 본다면 "살아 있다는 것은 외부 세계로부터 끊임없이 흘러드는 영향에 참여하는 일이고 외부 세계에 대해 행동하는 일"이므로, 정보를 축적하고 저장하는 것보다 시스템들 사이에서, 그리고 시스템과 환경 사이에서 원활히 흐르게 하는 것이 중요한 문제가 된다. 그래서 위너는 전체주의적이고 중앙화된 소련 정부를 사이버네틱스의 관점에서 바람직하지 않게 보았지만, 자본주의적 가치에 매몰된 미국 사회 역시 항상성에 반하는 상태라고 보았다. 위너는 "전형적으로 미국적인 세계에서 정보의 운명이란 팔고 사는 어떤 물건이 되는 것"이라고 말한다. 이 자체를 놓고 도덕적 판단을 내리려 하지는 않지만, 위너는 상품으로서 예술품의 가치를 평가하기 어렵다는 사실을 예로 들어 정보의 가치 또한 시장에서 팔릴 수 있는지 여부만으로 결정할 수 없으며, 일방적인 소유권을 주장하기도 어렵다고 말한다. 전체주의적 체제가 군사적 목적으로 정보를 이용하는 것에 대해서는, 정보를 비밀로 분류하고 접근을 제한함으로써 비효율성이 높아진다는 점을 비판의 근거로 삼았다. 2차 대전이 끝나고 미소가 체제 경쟁에 돌입하며 군비 증강에 열을 올리는 상황에서, 위너는 이러한 경쟁이 지적 능력의 낭비이며 지구의 엔트로피를 증가시키는 결과만을 가져올 것이라고 우려했다. 위너가 2차 대전 이후 어떠한 군부 지원 프로젝트에도 참여하기를 거부한 것은 이러한 신념에서 나온 것이라 할 수 있다. 스티브 하임스(Steve Heims)는 인도주의적, 민주주의적, 자유주의적 가치가 위너의 사회 이론의 핵심이라고 말한다. 위너에게 현대사회가 경계해야 할 진짜 적은 소련이 아니라 '인간 존재의 비인간적 이용'이었으며, 여기에는 착취, 경직성, 사회 조직에서 피드백과 솔직한 쌍방 소통의 부재, 고도로 중앙화된 기술관료주의적 정보화의 가능성이 포함되었다.

위너는 과학자로서 과학의 발전을 통한 사회 진보의 낙관적 이상을 품었지만, 계몽주의의 무한한 진보에 대한 맹목적 믿음에는 비판적 태도를 보였다. 이는 엔트로피의 개념을 인간 사회로 확장 적용하여, 궁극적인 세계의 열화와 종말을 상정하는 비극적 세계관에서 나온다. "조만간 우리는 죽을 것이고 우리를 둘러싼 모든 세계의 열도 사라져, 세계는 그 어떤 새로운 일도 발생하지 않는 거대한 온도 평행 상태로 축소될 것이다." 우리는 전반적으로는 엔트로피가 증가하고 혼란과 무질서를 향해서 가는 세계에 살고 있다. 위너는 진보에 대한 맹목적 숭배와 이를 윤리적 원칙으로 믿는 태도가 역사적으로 보편적인 것이 아니라 미국인들에게 특히 국한된 경향이라고 지적한다. 가톨릭 신자나 유대교, 불교, 공산주의자들이 진보의 이상을 전적으로 받아들이지 않는 것과는 다른 이러한 경향을 서부 개척이라는 미국의 역사적 특징에서 비롯된 것으로 본다. 그러나 19세기 말 프런티어 시대가 종막을 내렸듯이, 지구의 자원이 제한된 상황에서 지난 4백여 년간 커뮤니케이션의 증가와 자연에 대한 지배력의 증가는 엔트로피의 법칙에 따라 인간에게 더 많은 제약을 가져오는 결과가 될 수 있다고 우려한다.

자동화에 대한 우려도 이와 비슷한 맥락에 있다. 위너는 증기기관으로 인한 1차 산업혁명에 이어 기계적 방식에서 전기적 방식으로 기술이 발전함으로써 도래할 2차 산업혁명을 예견하였으며, 컴퓨터가 산업에 도입되고 자동화가 대규모로 진행되리라고 보았다. 19세기 산업혁명이 에너지의 변형과 전송에 기반을 두었다면, 20세기의 산업혁명은 정보의 변형과 전송에 기반을 두고 일어난다. 자동화가 노예 노동력을 대체함으로써 인간을 단순 노동으로부터 해방시켜 준다면 좋은 일이지만, 이로 인하여 초래될 사회적, 정치적, 경제적 동요에 대해서는 우려했다. 그는 시간과 노동을 절감해주는 자동화 기술이 사람들에게 기계에 목적과 정신의 힘, 선택할 능력까지도 내주게 될 수 있다고 보았는데, 사이버네틱스 관점에서 이는 인간을 동일한 존재로 축소한다는 점에서 우려할 만한 것이었다.

그러나 사이버네틱스와 정보 기술의 선한 이용에 대한 위너의 신념에도 불구하고 실제로는 제어와 관리의 기술로 활용된 데 그의 책임이 전혀 없다고 볼 수는 없다. 위너의 사이버네틱스는 애초부터 그 안에 그의 자유주의에 대한 신념과 서로 모순되는 요소를 담고 있었다. 인간과 기계가 같은 종류의 시스템이라면 언젠가는 학습에 의해 충분히 발전한 기계가 인간을 대체하게 되는 전면적인 자동화를 피할 수 없을 것이다. 캐서린 헤일스(Katherine Hayles)는 위너가 독립적이고 자율적인 인간 주체를 상정하는 자유주의적 휴머니즘에 대한 믿음과, 인간과 기계 사이의 경계를 넘나들며 흐리게 만드는 사이버네틱스에 대한 욕망을 통합하려 했으나 실패했다고 말한다. 이 상이한 두 요소가 빚어내는 긴장을 해결하기 위해 위너는 경직되고 유연하지 않은 '나쁜 기계'와 인간과 함께 엔트로피에 저항하는 형제가 될 수 있는 '좋은 기계'를 구분하고, 경직된 나쁜 기계가 인간을 흡수하는 상황이 오지 않도록 해야 한다고 주장한다. 그러나 헤일스가 보기에 이런 식으로 인간과 기계의 경계를 유지하면서 사이버네틱스를 계속 발전시키기란 불가능한 일이었다. 사이버네틱스와 자유주의적 주체에 대한 신념은 결국 둘 다 더는 유지될 수 없었다. 하지만 위너가 인간을 닮은 모습으로 불안과 혼동을 자아내며 경계를 넘어가는 해러웨이(Donna Haraway)의 사이보그의 아버지라는 사실은 부인할 수 없을 것이다.

6. 위너의 정보 이론과 문학

위너의 정보 개념은 의미론적인 요소를 포함했다는 점에서 문학 이론에도 영향을 주었다. 그는 『인간의 인간적 활용』에서 문학에 대한 자신의 견해를 피력했다. 메시지 분석이 문학비평의 본령인 만큼, 1950년대 메이시 회의 이후로 정보 이론이 문학연구로 확산되었다. 정보를 양적인 관점에서만 보려고 한 섀넌의 견해를 따른다면, 알파벳 문자를 무작위적으로 뒤섞어 의외성을 최대한 높인 글이 가장 많은 정보량을 갖는다. 위너 또한 충분히 예측 가능한 클리셰는 전달하는 정보량이 낮다는 점에서 같은 의견이지만, 섀넌만큼 의미를 완전히 배제한 극단적인 관점으로 나아가지는 않는다. 위너는 언어의 음성학적 측면과 의미론적 측면을 구분한다. 섀넌이 제시한 사례는 음성학적으로는 영어 문장과 비슷하게 만든다면 문제가 없겠지만 의미론적으로는 좋지 않은 경우가 된다. 회화나 문학 작품이 정보로서 지니는 가치는 동시대나 이전 시대 작품들에서 쉽게 볼 수 없었던 독창적인 요소들을 얼마나 포함하고 있는가에 따라 결정되어야 한다는 위너의 주장은 단지 예측 불가능한 새로움만을 기준으로 삼지 않는다. 위너는 셰익스피어가 학생들에게 인기가 없는 이유는 익숙한 수많은 인용 문구에 불과하기 때문이며, 시대의 피상적인 클리셰로 흡수되는 것 이상으로 그 작가를 공부해야만 정보적인 라포를 재구축하여 새롭고 신선한 문학적 가치를 부여할 수 있다고 주장한다.

위너의 이러한 주장은 정보량을 결정하는 요소에서 의미가 배제되지 않으며, 정보를 받는 쪽에서 이를 해석하고 수용할 수 있는 능력도 정보량을 좌우할 수 있음을 의미한다. 즉, 정보량을 평가할 때 수신자가 정보를 해석하고 수용할 수 있는 의미론적 틀도 중요한 요소로 본다. 음악을 들을 때 소리가 감각 기관을 지나 두뇌에 도달하는 것은 언어의 음성학적 측면에서의 수용과 동일하지만, 단순히 음악 혹은 언어가 이 과정을 거쳤다는 것만으로 정보로 수용되었다고 볼 수는 없다. 음악의 미학적 구조를 이해하는 훈련을 받지 못한 사람이라면 음악 정보의 유의미한 형식에서 패턴을 파악하여 이해하는 데까지 이를 수 없을 것이므로, 전달되는 정보량은 감소하게 된다. 다시 말해서, 정보량은 단순히 보내진 양으로 측정되는 것이 아니라 수신자의 입장에서 감각기관을 통과하여 행동이나 반응을 유발할 수 있어야 한다. 위너는 사이버네틱스의 관점에서 "의미론은 의미의 정도를 정의하고 커뮤니케이션 시스템에서 일어나는 정보의 손실을 제어한다"고 말한다.

사이버네틱스가 오늘날 학문으로서는 명을 다했지만 대중문화에서는 '사이버'라는 용어로 흔적을 남기게 된 데에는 인간과 기계의 유비 관계가 대중의 SF적 상상력을 자극한 면이 크다. 위너는 『인간의 인간적 활용』에서 인간 몸의 패턴 전체 혹은 인간의 두뇌를 전송할 가능성을 제시하며 공상과학소설에 나올 법한 상상을 펼친다. 위너는 메시지를 전신으로 보내듯이 물질을 구성하는 정보 패턴을 전송하는 것만으로도 물질의 이동 없이 개체를 재구성할 수 있다고 주장한다. "몸의 개별성은 돌의 개별성이 아니라 불꽃의 개별성이다." 이는 의식을 외부 저장장치에 업로드하여 신체의 제약을 초월한 포스트휴먼이 될 수 있다는 로봇공학자 한스 모라벡(Hans Moravec)의 전망과 유사하다. 그가 제시한 시나리오에서는 로봇 의사가 인간의 두개골을 열어 뇌를 한 층씩 스캔한다. 고화질의 자기공명 측정기가 3차원의 화학적 지도를 만들고, 뉴런의 신호를 수집하여 컴퓨터에서 동일하게 시뮬레이션한다. 스캔이 완료된 뉴런은 제거해나간다. 이런 식으로 마음이 두뇌에서 완벽하게 제거되어 기계로 옮겨질 수 있다. 정보를 모든 존재의 근본적 요소로 보는 관점은 인간조차도 예외가 되지 않는다고 주장한다. 나의 정체성이 컴퓨터 프로그램과 같은 정보 패턴이라면, 그것을 다운로드한 다음 다른 신체에 업로드하면 나는 새로운 몸으로 새 인생을 시작할 수 있을 것이다. 이러한 탈물질화와 탈체현에 대한 상상은 이후 〈공각기동대〉, 『뉴로맨서』와 같은 사이버펑크 장르의 주요 소재가 된다.

7. 정보철학과 위너

위너는 『인간의 인간적 활용』에서 "메시지와 커뮤니케이션 설비가 발달함에 따라 인간과 기계 사이, 기계와 인간 사이, 기계와 기계 사이의 메시지가 점점 더 중요한 역할을 하게 될 것"이라는 말로 정보가 혁명적 변화를 가져오게 될 미래를 예측했다. 위너의 전기를 쓴 플로 콘웨이(Flo Conway)와 짐 시겔만(Jim Siegelman)은 위너의 과학이 인간 게놈의 작용에서 인간 커뮤니케이션의 흐름, 오늘날 글로벌 경제의 역학, 인터넷 네트워크까지, 현대의 복잡성을 이해하는 새로운 강력한 도구를 제공했다고 말한다. 그들은 위너가 삶의 모든 영역에서 관찰할 수 있는 메시지, 정보, 기초적 커뮤니케이션과 제어 프로세스로 우주가 구성되는 새로운 근본적 객체들의 조합을 밝혀내 수 세기 동안 철학과 과학을 비껴간 정신과 물질의 현상을 이해할 수 있게 했으며, 위너야말로 최초의 학제적 과학 혁명을 일으킨 인물이라고 주장한다. 제임스 글릭(James Gleick)은 섀넌이 자신을 수학자이자 공학자로 생각한 반면, 위너는 스스로를 최고의 철학자로 여겼다고 말한다. 위너는 정보와 커뮤니케이션을 다룰 기술을 고안하고 적용하는 것을 넘어 과학자와 공학자의 손에서 개발된 기술이 궁극적으로 사회를 어떻게 변화시키고 어떤 미래로 이끌어 갈 것인가를 고민했다는 점에서 그가 바라던 대로 정보이론가, 수학자, 과학자의 경계를 넘어 철학자로서의 위상을 인정받을 만하다. 위너는 과학이 전문화되고 관료화되는 상황에서 전통적인 지식인의 역할을 수행하고자 했다.

위너의 확장된 정보 이론은 오늘날의 정보철학과 여러 면에서 문제의식과 궁극적인 목표를 공유한다. 특히 여러 학문을 사이버네틱스라는 우산 아래 포괄하는 다학제적 학문의 터를 닦고자 했다는 점, 그리고 인간과 비인간, 환경의 상호 영향을 거시적으로 조망하는 생태적 철학을 지향했다는 점에서 비슷하다. 위너의 정보 이론에는 플로리디가 정보철학의 필요성을 주장하면서 표방한 생태철학으로서의 정보철학의 가능성이 내재해 있다. 스티브 하임스는 커뮤니케이션과 제어의 메커니즘을 통해 상호작용하는 요소들이 조직의 패턴의 창발로 이어진다는 점에서 위너의 아이디어들은 유기적인 성격을 띠며, 인간만이 아니라 다른 유기체와 환경을 영역 안에 포함시켰다는 점에서 생태적 관점을 보여준다고 평가한다. 위너는 기술에 의한 진보와 발전의 환상에 취한 이들에게 새로운 기술이 할 수 있는 일만 생각할 것이 아니라, 그것이 생태적 시스템의 일부가 됨으로써 미래를 바꿀 힘을 부여한다는 사실을 인식해야 한다는 점을 일깨우고자 했다.

플로리디의 정보철학이 21세기의 ICT로 인한 사회 전반과 인간 존재의 심대한 변화를 어떻게 이해할 것인가라는 과제를 해결하기 위하여 제기되었다면, 위너의 정보 이론은 전기공학과 진공관이 발달하면서 커뮤니케이션과 정보가 변화의 핵심 요소로 떠오른 시대를 배경으로 한다. 위너의 시대에 컴퓨터가 '생각하는 기계'로서 단순한 계산기의 기능을 넘어 전에 없던 새로운 비인간 행위자로 출현하고, 세계대전의 격동 속에서 막대한 자금 지원에 힘입어 정보기술이 급속히 발전하게 되었다. 위너의 가장 독창적이고 정교한 예언은 커뮤니케이션, 조직, 제어의 기술이 20세기 후반부에 중심을 차지하게 되리라는 것이었다. 이는 ICT가 단순한 도구가 아니며 사실상 환경적, 인류학적, 사회적, 해석적 힘으로 작용하고 있다는 플로리디의 주장과 맥이 이어진다.

주

1 *The Cybernetics Moment*, p. 11.

참고문헌

노버트 위너, 『인간의 인간적 활용: 사이버네틱스와 사회』, 이희은·김재영 옮김, 텍스트, 2011.

제임스 글릭, 『인포메이션』, 박래선·김태훈 옮김, 동아시아, 2017.

캐서린 헤일스, 『우리는 어떻게 포스트휴먼이 되었나』, 허진 옮김, 열린책들, 2013.

Conway, Flo & Jim Siegelman, *Dark hero of the information age: in search of Norbert Wiener, the father of cybernetics*, New York: Basic Books, 2005.

Heims, Steve J., *John von Neumann and Norbert Wiener: from mathematics to the technologies of life and death*, Cambridge: MIT Press, 1980.

Kline, Ronald R., *The Cybernetics Moment: or why we call our age the information age Baltimore*, MD: Johns Hopkins University Press, 2015.

Wiener, Norbert, *Cybernetics: or, control and communication in the animal and the machine*, Cambridge, Mass.: MIT Press, 1965.

9

브뤼노 라투르

인간-사물 동맹으로 정보 네트워크를 확장하다

이상욱

(한양대학교, 철학과)

“

정보 교류를 통해
과학자와 비인간 행위자 모두 ‘변화’한다.

”

1. 포스트휴먼 정보 네트워크의 철학자

현재 우리의 삶은 수많은 기술적 대상들과 복잡하게 상호작용하는 시간으로 가득 채워져 있다. 인간이 자원을 활용하여 생산해낸 모든 것을 기술이라고 정의하면 인류 역사상 기술로부터 독자적인 삶은 존재하지 않았겠지만, 그럼에도 불구하고 현대인의 삶이 특별히 기술적 대상들의 네트워크 속에 파묻혀 있다시피 하다는 사실을 부정하기는 어려워 보인다. 케빈 켈리가 강조하듯 평범한 현대인 다수가 소유하고 있는 기술적 대상의 개수만 고려해도 불과 몇 백 년 전 부유한 소수의 그것보다 훨씬 많다는 사실이 이를 잘 보여준다(Kelly 2011).

물론 이 점을 인정한다고 해서 켈리의 다른 주장, 즉 기술과 인간의 공진화 과정에 대한 낙관론적 전망이 간단하게 정당화되는 것은 아니다. 여러 논자들이 지적하듯 우리가 기술적 대상들과 맺는 관계는 단지 복잡하기만 한 것이 아니라 그 관계가 갖는 함의, 즉 그로부터 우리가 느끼는 행복감이나 기술적 대상이 우리의 의미 있는 삶에 기여하는 정도 등도 역시 복합적이기 때문이다(Tuckle 2011). 게다가 적극적인 기술옹호론자 켈리조차 기꺼이 인정하듯 우리 삶에 편리함을 안겨주고 과거에는 상상만 가능했던 일을 현실화해주는 현대 기술은 거의 필연적으로 예상하지 못한 부작용을 낳기 마련이다(Kelly 2016). '공짜 점심은 없다!'는 교훈이 기술개발의 역사에서만큼이나 확실하게 예증되는 영역도 흔하지 않다. 그러므로 기술적 대상의 윤리학은 기술적 대상의 존재론에서 간단하게 도출될 수는 없다. 기술의 미래에 대해 어떤 견해를 가지든 기술이 가져올 부작용에 대해 끊임없이 실시간으로 살펴보고 적절한 대응책을 모색하는 일에는 모든 사람이 적극적으로 나서야 할 이유가 여기에 있다.

다만 이런 대응책 모색 과정에서 기술적 대상을 우리가 마음대로 조정할 수 있는 '도구'로만 생각하기 어려운 이유에 대해 우리 시대가 주목하게 되었다는 점은 새롭다고 할 수 있는 현상이다. 첫째 이유는 기술적 대상과의 네트워크가 어느 날 갑자기 우리에게 '주어진' 것이 아니라 상당 기간의 설계, 시험 사용, 관련 제도 정비, 사용자 경험, 개선 등의 과정을 거쳐 체계적으로 이루어졌기에, 그 기술적 대상을 사용하는 우리 인간과 사회 역시 네트워크 구축 과정에서 변화할 수밖에 없었다는 데 있다. 이런 기술적 대상과 인류의 '공진화' 과정 역시 완전히 새로운 것은 아니지만 현재 진행되는 공진화는 그 속도와 영향력의 크기에 있어 과거와 비교하기 어려울 정도로 막강하다. 음악을 듣는 다양한 기술적 방식이 한 사회에서 세대를 거침에 따라 LP에서 CD로 다시 MP3 플레이어를 거쳐 온라인 스트리밍으로 달라지는 상황이 이에 해당된다(정이은·정경영·정혜윤·이상욱 2022).

둘째 이유는 우리의 일상 경험을 통해서는 잘 인식되기 어려운, 우리가 만든 기술적 대상의 '인과적 복합성'과 관련된다. 대부분의 기술적 대상은 특정 설계자의 의도에 따라 구상되고 물질적으로 실현된다. 이 실현 과정은 쉽지 않다. 우리가 세계의 인과적 구조에 대해 완벽하게 파악하고 있지 않기에 인공물을 만드는 공학적 구현 과정은 자연의 인과 작용에 대한 우리의 제한된 지식에 기초한 수많은 시행착오의 과정이 될 수밖에 없다. 그런 힘든 과정을 거쳐 우리는 설계자의 기능적 목표와 사회가 수용가능한 부작용 범위를 모두 만족할 때 그 결과물을 사회에서 사용가능한 기술적 대상으로 네트워크 내에 허용하게 된다. 그 과정은 페트로스키가 강조하듯 기술적 대상의 안정성과 경제성 사이의 맞교환(tradeoff)처럼 수많은 사회시스템적 요인의 영향을 받는다. 건축물을 짓고 준공 검사를 받을 때 만족시켜야 하는 여러 조건들이 그러한 요인의 예가 될 수 있다(Petroski 1992).

하지만 이 단계를 거친 기술적 대상조차 그것의 '인과적 힘'의 전 범위에 대해 우리가 온전히 다 파악하고 있는 것은 아니다. 특히 그 기술적 대상이 네트워크 내의 다른 대상이나 자연적 대상을 포함한 보다 큰 인과적 네트워크에서 어떤 복합적 인과 작용을 보여줄지에 대해서 우리는 대부분 무지하다. 예를 들어, 실험실 조건에서 특정 약리적 효과를 보여준 신약 후보물질이 우리 몸속에 들어갔을 때 수많은 다른 물질들과 상호작용하여 어떤 예기치 못할 부작용을 낼 수 있는지를 완벽하게 파악하는 것은 불가능에 가깝다. 과학기술 연구를 통해 우리가 알아낸 '참'은 대부분의 경우 실험실 내의 여러 통제 조건이 만족될 때에만 타당한 '조각 진리'이기 때문이다(Cartwright 1999). 그런 이유로 엄청난 비용을 들여 수많은 연구와 노력을 거쳐 탄생한 신약 중에는 시판 후 사용 과정에서 탈리도마이드처럼 예상치 못한 결과를 가져와 설계자가 의도하지 않은 사회적 해악을 일으키게 되는 것이다.

기술적 대상들의 네트워크로 이뤄진 사회의 또 다른 핵심적 특징은 지능화된 기술이 네트워크의 방식으로 사회 전체에 구조적으로 깔리게 될 것이라는 전망이다. 인공지능 기술은 이미 초보적 형태로 우리 삶에 침투해 있다. 목적 지향적 행동을 보여주는 기능을 가진 기술을 인공지능이라고 할 때 자동차의 연료 제어 기술이나 효율적인 전력 배분 기술 등은 모두 현재 실현된 인공지능 기술이라 볼 수 있다. 이처럼 지능화된 기술이 보다 높은 계산 능력을 갖게 되고 사물 인터넷으로 서로 연결되게 되면 실시간으로 축적되는 빅 데이터를 처리하여 보다 효율적인 방식으로 의도된 기능을 수행하는 것이 가능해질 것이다.

이렇게 지능화되고 초연결된 기술적 환경에서 살아가는 우리에게는 그 기술적 환경이 제대로 설계되어 있는지가 무엇보다 중요하다. 하지만 우리는 이런 거대 초연결 사회기술시스템의 위험성에 대해 인식하기 어렵다. 그 이유는 이런 지능화되고 초연결된 기술들이 우리 눈에 잘 띄지 않는 방식으로 숨어 있기 때문이다. 우리가 자동차를 운전할 때 우리는 그 차에 이미 연료 분사를 자동적으로 제어하는 인공지능이 탑재되어 있다고 의식하지 못한다. 이런 점을 고려하면 미래 사회에 인공지능이 보다 촘촘하고 광범위하게 내재될 때 우리가 이를 일상적으로 활용하면서도 의식하지 않을 가능성이 높다. 지금도 스마트폰 기술에 익숙한 사람이라면 자신이 인터넷을 통해 정보를 검색하고 활용하는 상황이 백과사전을 찾고 종이로 관련 정보를 메모해서 의사결정을 하는 상황에 비해 얼마나 기술적으로 다른 것인지를 그다지 실감하지 못한다.

이런 네트워크화된 기술의 존재를 의식하게 되는 상황은 대개 그 네트워크를 처음 만드는 과정과 평소에는 정상적으로 작동하던 네트워크가 제대로 작동하지 않을 때뿐이다. 갑자기 와이파이가 끊겨서 당황한 채 공유기와 컴퓨터의 연결 설정을 이런저런 조합으로 바꾸어본 경험이 있는 사람이라면 이 말의 의미를 알 수 있을 것이다. 매우 복잡하게 구성된 네트워크가 제대로 작동하지 않을 때에만 그 구성의 복잡한 내용을 검토하게 된다는 점은 현대 기술 문명의 중요한 특징이다. 그리고 이런 특징을 잘 설명해주는 이론이 최근 생을 마감한 프랑스 철학자이자 사회학자이며 인류학자인 브뤼노 라투르의 행위자 네트워크 이론이다(Latour 2005).

행위자 네트워크 이론(Actor-Network Theory, 이하 ANT)은 인간과 인간이 아닌 생물, 무생물을 모두 함께 동등한 '행위자'로 간주하여 그들 사이의 상호작용을 분석하는 이론 틀이다. 실제로 이 이론은 구체적인 내용을 갖는 이론이라기보다는 일종의 새로운 사회과학 연구방법론에 가깝다. 사회연결망 이론 등 기존의 사회과학 방법론과 다른 점은 기술적 대상을 포함한 비인간 행위자에게 (분명히 의식적 행위를 할 수 없음에도 불구하고) 동등한 존재론적, 인식론적 지위를 부여한다는 데 있다.

브뤼노 라투르는 인문학과 사회과학 그리고 예술 분야의 다양한 학자들에 의해 인용되고 연구되는 학자이다. 대부분의 학술적 논의에서 다양한 분야의 연구자들이 주목하는 라투르 철학의 특징은 그의 포스트휴먼 네트워크, 즉 인간 행위자와 비인간 행위자를 '동등한' 네트워크 구성원으로 인정하는 측면이다. 이에 더해 라투르의 학술적 저작이 주로 집중하는 현대 과학기술 관련 주제를 연구하는 과학기술학(STS, Science and Technology Studies) 연구자들은 라투르가 과학의 본성을 '진행 중인 과학'(science in action)으로 포착한 점이나 기술적 네트워크 형성에 대한 그의 정교한 분석에 깊은 인상을 받는다.

하지만 다음 절에서 소개할 라투르 철학의 다면성을 고려할 때 그의 인간-비인간 동맹에 기초한 네트워크는 근본적 수준에서 정보 네트워크라는 점에 주목해야 한다. 라투르의 인간-비인간 네트워크에 대한 분석은 인간의 의도가 실현된 대상이 수동적으로 인간의 의지를 실현하는 방식만으로 이루어지지 않는다. 예를 들어, 과학자가 특정 질병을 예방하기 위해 만든 백신이 항상 그 과학자의 의도대로 실험실 바깥에서 제대로 작동하는 것은 아니다. 백신을 포함한 네트워크의 다른 행위자들은 다양한 방식으로 과학자의 동맹 제안을 '거절'할 수 있다. 여기서 거절은 의식적 경험을 반드시 동반하는 것은 아니다. 백신이 제대로 작동하지 않거나 백신의 효능이 과학자들이 예상치 못한 다른 인과 관계의 영향으로 그다지 인상적이지 않은 상황을 의미하는 것이다. 이런 경험을 통해 과학자와 백신을 비롯한 네트워크의 행위자는 서로 '정보'를 주고받는다.

여기서 중요한 점은 이 정보 교류를 통해 과학자와 비인간 행위자 모두 '변화'한다는 점이다. 백신을 통해 질병을 예방하려던 '효과'를 기대했던 과학자는 백신의 '저항'에 직면하고 백신을 재설계하는 작업에 착수하게 될 것이다. 백신 역시 자신의 '저항'의 결과로 새로운 돌연변이의 등장과 같은 물질적 변화를 겪게 될 것이다. 이처럼 라투르는 인간-비인간 행위자 네트워크에서 끊임없이 전달되는 정보가 수학적 정보이론이 규정하듯 이진법 숫자로 환원될 수 있는 추상적이고 수동적 존재가 아니라 네트워크 행위자들의 '변화'를 추동해내는 구체적이고 적극적인 존재라는 점을 강조한다. 이런 측면에서 라투르는 포스트휴먼 네트워크의 정보철학자라고 할 수 있다.

2. 브뤼노 라투르 철학의 다면성

브뤼노 라투르(Bruno Latour, 1947-2022)는 1947년 포도주의 산지로 유명한 부르고뉴 지방에서 대대로 이어진 포도재배 집안에서 태어났다. 라투르라는 이름이 붙은 유명한 포도주는 보르도 지방의 샤토 라투르와 부르고뉴 지방의 루이 라투르가 있다. 라투르는 자신의 홈페이지에서 이 둘을 혼동하지 말아 달라고 특별히 부탁하고 있는데 우리는 여기서 자신의 집안에 대해 라투르가 가진 자부심을 읽을 수 있다. 라투르는 우선 철학자로 훈련받았고 이후에는 아프리카와 캘리포니아에서 현장연구를 통해 인류학자로 학문적 커리어를 쌓으면서 포도주 생산과는 거리가 먼 일을 하게 된다. 나는 1998년에 재학 중이던 런던정경대학(LSE)에서 라투르의 강연을 듣고 그와 이런저런 이야기를 나눌 기회가 있었을 때 그가 과학기술학자로 커리어를 갖게 된 것에 대해 이 유명한 포도주 가문이 어떻게 생각했냐고 물었던 적이 있다. 그때 라투르는 자신이 집안 대대로 전해오는 포도주 생산이 아니라 학자의 길을 걷겠다고 했을 때 '다시는 포도주 업계에 발을 들여놓을 생각을 마라'는 말을 가족들로부터 들었다고 농담조로 말했다. 하지만 여전히 매년 질 좋은 부르고뉴 포도주를 맘껏 마실 수 있는 가족 특권은 유지하고 있으니 그리 나쁜 직업 선택은 아니라는 말도 덧붙였다.

라투르의 교육 배경이 철학과 인류학 그에 더해 신학까지 폭넓은 영역에 걸쳐 있다는 점은 그의 사상을 이해하는 데 결정적으로 중요하다. 국내에는 그가 과학 분야를 주로 연구하는 사회학자로 알려지기 시작했지만 그의 저술 어디에도 경험적 자료의 제시나 거대이론에 입각한 분석을 강조하는 영미 사회학계의 전형적 경향을 찾아보기는 힘들다. 라투르는 프랑스 철학자답게 사회철학과 생태인류학을 넘나들며 17세기 보일-홉스 논쟁의 정치학적 함의와 20세기 말 파리 미니 전동차 시스템에 대한 연구를 결합시키는 지적 종횡무진함을 보여주었다.

그의 '인류학적' 거리두기 기법은 라투르를 영미권 학자들에게 본격적으로 알린 연구서인 『실험실 생활: 과학적 사실의 (사회적) 구성』에서부터 드러난다. 그는 소크 연구소에서의 TRF의 발견에서부터 아마존 밀림 부족의 흙에 대한 암묵지에 이르기까지 새로운 물질의 발견과 그 특성의 인정 과정을, 낯선 문화를 타인의 시선에서 분석하는 전형적인 인류학적 방법론을 원용하여 고찰하고 있다. 그렇지만 라투르가 가장 오랜 기간 교수로 재직한 프랑스 파리에 있는 국립고등광업학교(École nationale supérieure des mines)의 혁신사회학센터에서 그의 직함은 사회학 교수였고, 생애 마지막에 근무한 파리정치대학(Sciences Po)에서는 철학 교수로 근무했다. 이처럼 라투르를 사회학자나 철학자라는 특정 학문 분야로 가두기에 그의 분야횡단적 연구의 폭은 너무 넓었다.

라투르는 국립고등광업학교에서 장차 기술자가 될 학생들에게 과학기술과 사회의 상호작용에 대해 다양한 주제로 강의했다. 이런 측면에서 라투르는 국내에서 유행 중인 이공대 학생을 위한 인문학 기반 융합교육을 선도적으로 수행한 사람이라고 할 수 있다. 라투르가 '대칭적 인류학'이라 부르는 연구 결과를 1991년 출간한 『우리는 결코 근대인이었던 적이 없다』는 그의 비근대론(non-modernism)의 핵심을 간결하게 제시했고 수많은 나라에 번역 출간되었다. 특히 이 책의 출간은 예술 분야 학자들에게 라투르 철학의 매력을 알린 계기가 되었다. 그는 대부분의 책을 불어로 먼저 출간한 다음 이를 영어로 다시 출간하는 방식을 취했는데 이 과정에서 영어본의 내용이 확장되고 발전하는 경향을 보인다. 요약하자면 라투르는 국제적으로 다양한 학술 영역에서 많은 독자를 가진 독창적이고 분야횡단적 철학자로 프랑스 내부보다 외부에서 더 막강한 영향력을 발휘하고 있다고 평가할 수 있다.

독창성을 무엇보다 중요시해서 다른 사람에게 비판당하는 것은 참을 수 있어도 다른 사람의 생각과 비슷하다는 지적은 참을 수 없는 모욕으로 생각하는 것이 프랑스 학계의 특징이라고 한다. 그래서인지 프랑스 철학자들은 각각 고립된 성과 같아서 다른 학자의 작업에 의존하지 않고 인간과 자연, 그리고 사회의 여러 근본적인 물음에 대해 자신 나름대로의 거대한 체계를 쌓아올리기를 즐겨한다. 이와 같은 프랑스적 상황에서 라투르는 자신의 독특한 철학 세계를 가진 여러 철학자 중 한 사람일 뿐 데리다나 들뢰즈에 비할 만한 명성을 가지고 있지는 않다. 그러나 프랑스 바깥에서, 특히 과학기술에 대한 철학적, 역사학적, 사회과학적 연구를 수행하는 과학기술학자들 사이에서 라투르가 차지하는 지적 위치는 특별하다. 게다가 라투르의 학문적 스타일은 프랑스 학계 내에서는 지나치게 영미철학 전통에 가깝다고 여겨지고, 프랑스 바깥에서는 과학기술에 대해 프랑스 학계 특유의 도전적이고 과감한 접근을 취하고 있다고 평가된다. 학문적 영향력이나 논쟁을 불러일으키는 능력 모두에 있어 라투르의 탁월성을 보여주는 대목이다.

라투르는 우선 과학과 기술 사이의 관계를 바라보는 시각에서부터 대담하다. 그는 과학은 자연세계에 대한 순수한 탐구이고 그 결과를 응용한 것이 기술이라는 전통적인 견해에 맞서 현대에는 과학과 기술이 많은 경우 서로 구별되기 어려울 정도로 융합되어 연구되고 있음을 지적한다. 이 점을 강조하기 위해 라투르는 아예 '테크노사이언스'(techno-science)라는 용어를 새로 도입하여 유행시켰다.

그렇다고 해서 라투르가 과학과 기술 사이에 혹은 과학연구와 공학연구 사이에 어떤 차이점도 존재하지 않는다고 주장하는 것은 아니다. 연구 주제에 따라 공학적 탐구의 가능성이 거의 없는 과학연구의 영역도 있을 수 있고 과학적으로 별다른 흥미를 주지 못하지만 파급 효과면에서 크게 주목받는 신기술도 있을 수 있다. 그러나 최근 합성생물학 연구에서도 볼 수 있듯이 과학지식의 상업적 이용이 장려되는 현대 과학기술 연구의 맥락에서 과학지식과 그 응용 사이의 경계는 그다지 분명하지 않다. 특히 이미 확립되어 교과서에 실린 '지식'으로서의 과학기술이 아니라 현재 논쟁을 통해 만들어져 가고 있는, 구체적인 '활동'으로서의 과학기술에 집중하면 두 분야 사이에는 별다른 차이를 찾기도 어렵고 구태여 그러한 차이를 찾는 일이 현대 과학과 기술을 이해하는 데 도움을 주지도 못한다. 테크노사이언스의 관점에서 바라볼 때에만 이해될 수 있는 특징들이 현대 과학기술에 있기 때문이다.

이처럼 라투르의 학문 세계는 특정 분과학문으로 연구 방법론과 연구 질문을 나누는 우리에게 익숙한 학문적 틀에 잘 들어맞지 않는다. 여러 학문 분야를 넘나들면서도 각각의 분야만 전문적으로 연구하는 학자들에게까지 중요한 생각거리를 줄 수 있는 학술적 결과물을 내기란 매우 어려운 일인데 라투르는 그런 작업을 꾸준히 해왔다는 점에서 더욱 특이하다. 특히 21세기에 들어와 그는 더욱 적극적으로 예술적 전시 작업을 통해 그가 주장해왔던 과학기술의 특징을 포착해내려는 시도를 비롯한 여러 실천적 활동을 기존의 이론적 작업에 결합했다. 기후 위기에 대응하기 위해 다양한 '수준'의 행위자들의 정치적 협의체가 필요하다는 그의 자연의 정치학(politics of nature)에 입각하여 인간만이 아니라 지구상에 존재하는 다양한 비인간 행위자들의 대표자들로 의회를 구성하려는 실험적 모임을 주최한 것이 한 예이다.

3. 인간-사물 동맹으로 '진행 중인 과학'을 설명하다

행위자 네트워크 이론(ANT)은 1980년대부터 프랑스 파리 국립고등광업학교의 혁신사회학센터 소속 사회학자 미셸 칼롱, 브뤼노 라투르와 이들과 활발히 교류했던 영국 개방대학의 사회학자 존 로 등에 의해 발전된 분석틀이다. '이론'이라는 명칭이 있지만 실제로 ANT는 현상이나 세계에 대한 구체적인 주장을 담은 이론이라기보다는 현상이나 세계를 서술하고 가능하면 설명하려는 분석틀 혹은 기술방법론을 제공한다. 인류학의 민속지 방법론(ethnography methodology)과 유사하게 ANT는 현상이나 세계에 대한 진위 판단을 유보하고 그 현상이 어떻게 구성되고 작동하는지를 존재론적으로 혼성적인 행위자들 사이의 복잡한 상호작용으로 설명한다. 현재 ANT는 다양한 영역에서 활용되고 있지만 초기에는 과학기술 영역, 특히 논쟁을 통해 과학적 지식의 구성이 이루어지는 현장의 맥락을 서술하고 이해하려는 목적에서 개발되었다(Latour 1999).

라투르는 국내에 과학사회학자로 소개되기도 하지만 앞 절에서 설명한 것처럼 프랑스 지성계의 특징상 국내에서 통용되는 좁은 의미의 사회학자로 보기는 어렵다. 특히 그의 학문적 배경이 철학, 신학, 인류학이라는 점을 고려해야 한다. 투르 대학에서 취득한 그의 박사 학위가 신학을 주제로 한 것이었다는 점이 그의 학문적 배경의 혼종성을 잘 보여준다. 기후 위기에 대한 우리의 의식 전환을 강조한 최근 저서에서도 메소포타미아 지역의 도시마다 달랐던 신들 사이의 공약불가능성을 해소하는 방식에 대한 신학적 분석이 등장할 정도로 그의 복합적 지적 배경은 그의 저술 전반에 걸쳐 다채롭게 활용되었다(Latour 2017). 라투르의 저술이 다양한 학문 영역의 연구자들에게 고루 통찰력을 제공하고 널리 읽힐 수 있는 이유 역시 그의 학문적 여정이 지극히 학제적이었다는 사실과 무관하지는 않을 것이다.

행위자 네트워크 이론은 라투르 혼자서 만든 것도 아니고 현재 행위자 네트워크 이론을 활용하여 구체적인 사례 연구를 수행하는 모든 연구자가 라투르의 급진적 존재론을 포함한 그의 주장 모두를 신봉하는 것도 아니다. 그러나 라투르가 행위자 네트워크 이론의 가장 중요한 주창자이자 철학자라는 점에는 논란의 여지가 없다. 그러므로 이 절에서는 라투르 견해의 핵심적 특징이 잘 드러날 수 있는 파스퇴르에 대한 사례 연구를 중심으로 행위자 네트워크 이론의 핵심을 소개하려 한다.

적어도 나의 판단으로는 라투르의 행위자 네트워크 이론의 정수를 잘 보여주는 저술은 그가 1984년에 불어로 출간하고 1988년에 영어로 번역된 파스퇴르 연구서 『프랑스의 파스퇴르화』(*The Pasteurization of France*)이다. 이 책에서 라투르는 프랑스의 '국가대표급 과학자' 파스퇴르가 어떻게 자신의 연구를 파리고등사범학교의 실험실을 넘어 프랑스 전역으로 '확장'할 수 있었는지를 분석한다. 파스퇴르가 '국가대표급' 과학자란 표현은 과장이 아니다. 프랑스의 국립연구소 체계의 이름이 파스퇴르 연구소라는 점을 보면 파스퇴르가 프랑스 내에서 프랑스 과학자의 전형으로 간주되고 있음을 짐작할 수 있다.

파스퇴르는 당시 프랑스 농민들을 괴롭히던 탄저병의 백신을 개발하여 많은 농민들의 근심을 덜어준 것으로 유명하다. 이 과정에서 질병의 세균설에 대한 결정적인 증거를 확보하여 근대적인 미생물 연구와 의학 연구의 초석을 놓은 것으로 평가되기도 한다. 라투르는 파스퇴르의 이러한 '성공'이 탄저균의 인과적 구조에 대한 객관적 과학지식의 발견과 이 지식의 전파라는 비교적 단순한 과정이 아니라, 인간 행위자와 비인간 행위자를 모두 포함하는 복잡한 네트워크의 성장을 통해 가능했음을 설득력 있게 보여주고 있다.

우선 라투르는 파스퇴르가 세균에 대한 자신의 이론을 프랑스 전역에 확장시킨 사건은 단순히 세균에 대한 연구를 열심히 수행하고 동료 연구원들을 생산적으로 조직화해낸 것만으로 설명될 수 없다고 주장했다. 파스퇴르의 이론이 프랑스 전역에서 믿어지고 그 이론에 따른 예방접종이 만들어지고 접종이 실시되는 등의 전면적인 변화가 일어나기 위해서는 인간만이 아니라 관련 세균이나 물류 수송체계, 통신망 등과 같은 다른 행위자(actant)들을 적절히 동원하고 설득할 필요가 있었다는 것이다. 실제로 라투르의 연구에 따르면 파스퇴르의 성공에는 자연 상태에서 탄저균이 활동하는 방식을 탄저병이 창궐하는 지역의 농장에서 현장 연구한 후 이를 실험실의 통제된 조건으로 '번역'하여 탄저균을 통제할 수 있는 관리 방법을 찾았다는 사실이 중요했다. 자연에서 탄저균이 활동하는 양상과는 다른, '변형된' 방식의 활동 양상을 얻어내기 위해 파스퇴르는 탄저균의 자연 상태에 대한 지식만이 아니라 다양한 실험 기법을 동원해야 했는데, 이 자연 상태의 지식을 얻기 위해서는 농장의 농부를 포함한 다양한 이해당사자들과의 협상이 중요했고 파리고등사범학교에서 실험실을 성공적으로 운영하기 위해서도 다양한 자원을 통합하는 일이 역시 결정적이었다. 요약하자면 파스퇴르의 학술적, 실천적 성공은 단순히 객관적 자연지식을 발견하여 적용한 것이라기보다는 다양한 인간 행위자와 비인간 행위자의 이해관계를 조정하고 그들과 타협하면서 성공적인 네트워크를 구축하는 과정에서 얻어졌다는 것이다.

당시 탄저병은 프랑스 전역에서 축산업자와 수의사를 괴롭히던 질병이었다. 하지만 파스퇴르는 그 병에 대한 대책을 세우기 위해 농촌 마을로 나가서 연구를 하지 않았다. 파스퇴르의 작업은 소들이 자유로이 풀을 뜯는 들판에서 이 병을 적절한 방식으로 '채집'하여 잘 통제된 자신의 실험실로 '번역'해 들여오는 일로 시작되었다. 그런 다음 다양한 분석기법을 사용하여 질병의 특징을 추출해냄으로써 질병을 조작 가능한 상태, 즉 백신의 형태로 만들 수 있는 방법을 알아냈다. 그런 다음에야 파스퇴르는 다시 소들과 목축업자에게로 돌아갔다. 이때 파스퇴르는 자신이 만든 '통제된 탄저병'을 플라스크에 안전하게 담아 프랑스 전역에 퍼뜨릴 준비가 되어 있었고, 그는 인상적인 대중행사와 정치적 수완을 발휘하여 이 작업을 완수했다.

이 복잡한 과정을, 파스퇴르가 현미경으로 탄저균을 '발견'하고 이를 산소에 노출시키는 방식 등으로 약화시킨 후 소에 주사하면 면역력을 가지게 할 수 있다는 사실을 '발견'하여 프랑스 축산업을 구원함으로써 질병의 세균설을 성공적으로 확립한 사건으로 이해하는 것은 지나치게 단순하다. 파스퇴르는 자신의 이론과 플라스크가 제대로 작동하도록 하기 위해 프랑스의 농촌이 자신의 잘 통제된 실험실과 비슷해지도록 변화되어야 함을 잘 알고 있었다. 복잡한 사용법을 제대로 따르지 않다가 민감한 전자제품을 망가뜨려본 경험이 있는 독자는 이 점을 이해할 수 있을 것이다. 놀라운 기능을 수행하는 인공물일수록 그것이 제 기능을 할 수 있기 위해서는 상대적으로 까다로운 작동환경을 보장해 주어야 하는 것이다. 파스퇴르는 프랑스 농촌의 변화를 실현하기 위해 수많은 이해집단을 적극적으로 설득해나갔다. 탄저균과 축산업자, 수의사처럼 각기 다른 이해관계를 가진 행위자를 이러한 교섭과 동원의 과정을 통해 파스퇴르의 이론과 백신이 잘 작동하도록 뒷받침하는 일종의 연합체로 엮어냈던 것이다. 파스퇴르의 예에서 볼 수 있듯이, 특정 과학지식이 사회 전체로 퍼져나가기 위해서는 잘 조직된 행위자-연결망이 필수적이라는 것이 라투르의 주장이다.

이처럼 파스퇴르에 대한 라투르의 설명이 지닌 또 다른 진가는 그렇게 얻어진 실험실 지식이 어떻게 프랑스 전역으로 확산되어 프랑스를 '파스퇴르화'시킬 수 있었는지를 분석하는 대목에서 돋보인다. 과학이 작동하는 방식에 대한 상식적 직관에 따르면 '파스퇴르화'가 성공적일 수 있었던 이유는 탄저균을 비롯한 미생물에 대한 파스퇴르의 지식이 참 혹은 참에 가깝기 때문이라고 해야 할 것이다. 하지만 이런 생각은 실제 과학사와 기술사의 연구에 의해 지지되지 않는다. 역사적으로 올바른 이론을 갖고서도 다양한 사회적 네트워크를 활용하지 못했거나 자연에 대한 지식을 기능화할 수 있는 적절한 기술적 장치와 결합하지 못하여 실천적 영향을 끼치지 못한 사례가 무수하게 많기 때문이다. 이는 단순히 운이 없었기 때문이 아니다. 실험실에서만 타당한 '조각 진리'를 실험실 밖에서도 여전히 타당하게 만들기 위해서는 그 인과 작용을 다른 인과 작용으로부터 '차폐'(shielding)하는 것과 같은 추가적인 기술적 조치가 이루어져야 하기 때문이다. 나아가 실험실 조건을 최대한 실험실 바깥에서도 유지하도록 사용자를 설득하는 것과 같은 추가적인 사회적 조치도 필수적으로 요구된다.

한편, 특정 과학 실험실에서 얻어진 '과학적 사실'이 다른 연구팀의 실험실로 이동하는 과정도 그리 간단하지 않다. 라투르는 이 점에도 주목하면서 그 '이동'의 과정 속에서 단순히 과학적 사실에 담긴 '정보'만이 아니라 그 정보를 어떻게 실험실 내에서 얻어내는지와 관련된 다양한 실천적 암묵지와 제도적 기반이 함께 습득되어야 한다는 점을 강조한다. 라투르식으로 이야기하자면, 이는 네트워크가 확장되는 과정에서 전달되는 '정보'가 변화를 유발하는 동역학적 특징을 보여줌을 의미한다. 물론 이 정보 동역학의 과정이 우리가 컴퓨터에서 파일을 복사하는 것처럼 간단하지는 않다. 그래서 과학사회학자 콜린스는 이런 일의 인식론적, 실천적 어려움을 '실험자의 회귀'(experimenters' regress)라는 개념으로 포착했다(Collins 1992). 하지만 '실험자의 회귀'가 결코 극복할 수 없는 절대적 장벽이 아니라는 점은 라투르의 연구가 잘 보여준다. 과학자들은 인식론적 방법과 사회적 방법을 성공적으로 결합해서 이 정보의 동역학적 확산을 이끌어낼 수 있고 이를 통해 정보 네트워크를 확장할 수 있다(이상욱 2006).

이처럼 라투르는 관련 과학지식의 참됨은 그 지식의 확장에 필요조건일 수는 있어도 충분조건일 수는 없음을 강조했다. 좀 더 구체적으로 말하자면 파스퇴르의 탄저병 백신이 성공적이기 위해서는 농부들이 파스퇴르가 요구하는 사용 지침을 충실하게 따르는 것이 필수적이었는데 이는 농부들의 기존 행동 양상에 상당한 변형을 요구하는 일이었기에 쉽지 않은 변화였다. 이런 변화를 포함하여 파스퇴르가 실험실에서 얻은 결과가 실험실 바깥에서도 타당할 수 있게 해주는 여러 제도적, 문화적 장치가 작동했기에 그의 네트워크가 프랑스 전역에 퍼질 수 있었고 이런 과정에서 파스퇴르의 의식적 동맹 맺기 노력은 중요한 인과적 역할을 수행했던 것이다. 파스퇴르가 프랑스 전체를 '파스퇴르화'하는 과정은 라투르의 중요한 개념 중 하나인 '진행 중인 과학'(science in action)의 전형적인 사례라고 볼 수 있다(Latour 1987).

라투르의 행위자 네트워크 이론은 첨단 과학기술 연구 과정에서 어떻게 불확실한 지식이 다양한 시행착오와 동맹 맺기를 통해 안정화되고 네트워크를 확장하는 방식으로 '당연한' 혹은 '참인' 지식으로 성장해 가는지를 분석하기에 적합하다. 그의 이론은 파스퇴르 사례처럼 성공적인 경우만이 아니라 아라미스라 불렸던 프랑스의 자동화 철도 체계처럼 실패한 경우도 동일한 방식으로 분석가능하다는 점이 장점이다(Latour 1996). 실패한 사례에서도 성공한 사례만큼이나 다양한 동맹의 시도와 인간-비인간 행위자 사이의 상호작용이 발생하며 단지 그 결과가 충분히 생산적이지 못했을 따름이다. 실패의 원인조차 관련 과학지식의 '오류'나 객관적 근거의 부족처럼 단순하게 설명되지 않으며 네트워크를 구성하는 행위자들 사이의 연결의 강도가 충분히 안정화될 수 없었던 복합적 요인으로 제시된다.

이처럼 라투르의 행위자 네트워크 이론은 과학과 기술의 경계가 점점 불명확해지는 현대 테크노사이언스의 영역에서 인간 행위자와 비인간 행위자 사이의 다층적 동역학을 서술하고 그 특징을 분석하는 데 매우 유용한 이론으로 평가된다. 하지만 라투르의 견해는 에딘버러를 중심으로 형성된 과학지식사회학에 대한 중요한 비판을 제기하면서 관련 학계에서 논쟁을 불러일으키기도 했다. 특히 행위자의 범위를 확대해야 한다는 그의 생각은 과학지식이 형성되는 과정에서 어떤 요인이 결정적인 역할을 수행하는지와 관련된 격렬한 비판에 직면하기도 했다.

사람들 사이의 사회적 상호작용과 그 과정에서 작동하는 이해관계를 강조하는 전통적인 사회학의 입장에 서 있는 사회구성주의자들(social constructivists)은 라투르에 대해 비판적이다. 비록 라투르의 지적처럼 인간이 아닌 것들이 과학지식의 생산과 수용, 확장에 일정한 역할을 하는 것은 사실이지만, 도덕적 책임을 물을 수도 없고 사회적 결단을 요구할 수도 없는 그것(thing)에 사회적 역할을 부여하는 것은 지나치다는 것이 비판의 요지이다.

특히 콜린스나 블루어 같은 비판자들은 라투르의 관점은 과학사회학의 비판적 기능과 실천적 힘을 약화시킬 수 있기에 바람직하지 않다는 일종의 '전략적' 비판을 내놓기도 한다. 과학지식에 대한 자신들의 사회학적 분석은 과학지식의 형성 과정이 참여 과학자의 이해관계에 의해 영향을 받는 측면을 부각시킴으로써 과학연구 관행을 보다 민주적으로 바꾸려는 노력과 연계될 수 있다는 것이다. 이에 대해 라투르는 과학지식사회학자들이 전통적으로 사회학적 분석에서 제외되어온 과학지식에 대해 사회적 교섭(negotiation)의 중요성을 강조한 신선한 분석을 제공했으면서도 그 틀을 더욱 확장시킨 자신의 분석은 꺼려하는 보수적 태도를 보인다고 질타한다.

이 논쟁은 라투르와 블루어의 충돌 이후에도 각각의 입장을 지지하는 여러 후속 연구를 통해 계속되고 있다. 현재 시점에서 보자면 전반적으로 지금은 사회구성주의자들이 강조한 '사회의 역할'을 보다 유연하게 이해해야 한다는 입장이 우세한 것 같다. 다만 라투르가 사물의 정치화를 선언할 때 그것이 예를 들어 탄저균이 은유적으로 인간과 동등한 행위자의 역할을 수행한다고 여겨질 수 있다는 의미인지, 아니면 존재론적으로나 가치론적으로 둘이 진정으로 동등하다는 의미인지가 분명하지 않다는 점은 지적될 필요가 있다. 게다가 라투르는 파스퇴르가 탄저균과 일종의 '동맹'을 맺고 난 후에는 그 결과로 파스퇴르와 탄저균 모두 변화될 수밖에 없다는 점을 강조한다. 이는 파스퇴르나 탄저균과는 별도의 '파스퇴르+탄저균'이라는 새로운 존재자가 분석수준에서 탄생한 것으로 읽힐 수도 있어서 상당히 혼란스러워질 수 있다. 아마도 이 모든 복잡한 상황을 이해할 수 있는 한 가지 방법은 라투르가 엄격한 존재론적 구획 짓기에는 원래 큰 관심이 없으며 다만 과학연구 과정을 보다 잘 이해하기 위한 분석도구로 행위자 네트워크 이론을 제안했다고 보는 것이다.

4. 인공지능 정보 네트워크의 확장

라투르의 문체는 매우 독특하다. 그의 글은 정확히 무슨 말을 하는지 꼭 집어 말하기 어려울 정도로 화려한 수사와 비유, 은유로 가득 차 있다. 그렇다고 해서 도발적인 중심 메시지가 불분명한 것은 아니다. 다만 글 전체의 흐름이나 주요 논증을 주도하는 서사구조를 분명하게 집어내기가 어려운 반면 다양한 목소리를 하나의 이야기 속에 담아내려는 노력이 두드러진다고 할 수 있다. 이 점에 있어서 라투르의 글쓰기는 그의 정보에 대한 동역학적 견해와 일맥상통한다고 볼 수 있다. 자신의 글쓰기를 통해 전달하려는 '명확한' 정보가 있고 이 정보가 독자에게 오해 없이 전달되어야 한다는 생각보다는, 화려한 수사에 담긴 메시지를 독자가 나름의 방식으로 이해하고 변형한 다음 그와 연대하거나 그에 저항하는 방식으로 다시 새로운 메시지를 정보 네트워크에 퍼뜨리기를 바라는 것이다. 이렇게 이야기하면 라투르가 난해한 문장으로 독자의 상상력을 자극하는 해체주의 철학자라는 느낌을 줄 수 있는데 실제 대다수의 프랑스 철학자에 비해 라투르의 참신한 주장들은 훨씬 이해하기 쉽고 명료하다. 아마도 영미 과학기술학의 명료한 논점을 프랑스적인 화려한 문체와 잘 섞어놓았다는 것이 라투르의 학문적 스타일에 대한 공정한 평가일 것이다. 결론적으로 말하자면 라투르의 글은 분명한 메시지의 형태로 상당한 정보량을 담고 있다. 하지만 그의 글에 담긴 정보는 고정적이고 일방적으로 해석되어야 하는 정보라기보다는 독자의 적극적 실천을 통해 변형되고 네트워크의 확장이나 축소를 이끌어낼 수 있는 동역학적 성격을 지닌 정보라고 볼 수 있다.

마지막으로 라투르의 철학적 관점을 바탕으로 최근 주목받고 있는 인공지능 기술이 우리의 정보 네트워크에 어떻게 통합될 것인지를 간단하게 살펴보자. 인공지능 기술은 21세기의 대표적인 정보처리 기술이자 지능화 기술이다. 광통신 기술처럼 정보를 수동적으로 전달하기만 하는 것이 아니라 대량의 정보를 처리해서 그 안에 담긴 (많은 경우 사람들도 쉽게 찾아내지 못하는) 패턴을 읽어내어 새로운 정보의 형태로 인간 행위자에게 전달하기도 한다. 이런 측면을 고려할 때, 현 시점에서 인공지능은 라투르의 포스트휴먼 정보 네트워크의 대표적인 비인간 행위자로 통합되었다고 판단하는 데 무리는 없을 것 같다.

그런데 재미있는 점은 인공지능이 우리 사회에 널리 활용되면서 인공지능을 우리가 도구로 사용하는 일만이 아니라 인공지능의 활용이 우리의 행동 패턴을 바꾸는 일도 많아졌다는 사실이다. 이미 잘 연구된 사례가 1997년 IBM 딥 블루에게 당시 세계 체스 챔피언이었던 가스파로프가 패한 후 시작된 체스 경기 방식의 변화이다. 인공지능이 인간과 대결하여 이긴 후, 정확히 이야기하자면 컴퓨터 체스 프로그램이 등장하면서부터 체스 경기자가 인간이어야만 할 이유는 없어졌다. 라투르식으로 이야기하자면 체스와 관련된 행위자 네트워크에서 비인간 행위자인 인공지능이 공식적으로 행위자 지위를 획득한 것이다. 그렇다면 인간 행위자와 비인간 행위자의 혼성적 동맹의 가능성은 어떨까? 즉 인공지능 체스 프로그램과 인간 체스 행위자 사이의 동맹은 얼마나 효과적일 것인가? 놀랍게도 서로 충분히 조율된 인간-인공지능 연합팀은 현재 거의 모든 체스 게임에서 우위를 점하고 있다. 중요한 점은 서로 호흡을 잘 맞춘 인간-인공지능 연합팀이 어떤 인간 체스 경기자만이 아니라 어떤 인공지능 체스 프로그램과의 대결에서도 승리한다는 사실이다. 이는 인간과 인공지능의 혼성적 네트워크가 인간 혼자 발휘할 수 있었던 인지적 능력을 넘어서 일종의 '초지능'을 발휘하게 된다고 해석할 수도 있다. 물론 이 사실이 현재 인공지능 기술의 한계에 기인한 일시적인 현상일 수도 있다. 하지만 현재 인공지능은 인간이 이해하는 방식으로 의미를 처리하지 않기에 통찰력이나 유비 추론 등에 있어 인간 수준의 능력을 보여주기는 어렵다. 그런 이유로 인간과 인공지능이 각자 강점을 가진 역량을 결합할 때 가장 좋은 실행 능력을 보인다는 점에는 주목할 필요가 있다(Gerrish 2018; Mitchell 2020).

흔히 초지능 논의는 평균적인 인간을 뛰어넘는 지능을 갖춘 인공지능(약한 의미)이나 인류 전체의 지능을 뛰어넘는 지능을 갖춘 인공지능(강한 의미)에 활용된다. 이런 의미의 초지능은 잠재적으로 인류의 생존을 위협할 수 있는 실존적 위험(existential risk)을 가져온다고 간주되며 이에 대비할 수 있는 다양한 방안, 흔히 말하는 윤리적 인공지능 만들기 프로젝트 등이 모색되고 있다.

라투르의 행위자 네트워크 이론은 초지능이나 실존적 위험 등에 대해 기존 논의와는 매우 다른 신선한 분석틀을 제공한다. 우리가 인간과 비인간 사이의 혼성적 동맹에 대해 좀 더 유연한 태도를 지닐 수 있다면, 인간과 인공지능을 항상 '대결'의 상황으로만 파악하는 것이 아니라 인간과 인공지능의 생산적 공진화를 설정하는 것이 충분히 매력적으로 판단될 수 있다. 즉, 인공지능이 인간의 인지적 능력의 개별적인 영역을 구현하거나 대체하는 것이 분명 가능할 테지만 그렇다고 인간이 인공지능에 뒤처지거나 기계가 구현하지 못하는 영역을 찾아 끊임없이 실존적 위험에 시달리며 살아가는 것이 아니라, 인공지능과 협력하여 인간만의 인지 능력이 도달하지 못했던 새로운 영역으로 나아갈 수 있는 가능성이 생겨나기 때문이다.

이러한 포스트휴먼적 가능성이 '바람직한' 것인지에 대해서는 이러한 혼성적 행위자 네트워크가 얼마나 성공적인지와 별도로 윤리적 판단이 필요한 문제이다. 하지만 이런 판단은 개념적으로는 해당 네트워크의 성장과 별도의 문제이지만, 실제로는 해당 네트워크가 구성되고 확장하는 과정에서 동시에 이루어질 수밖에 없을 것이다. 그러므로 라투르의 행위자 네트워크 이론은 이런 인간-인공지능의 혼성적 네트워크의 성장 과정에서 어떻게 기술 진보와 가치 판단이 상호작용하는지에 대한 서술을 제공하는 것을 넘어서 어떤 방식으로 이러한 성장 과정이 이루어져야 할지에 대한 정책적, 윤리적 판단을 하는 데 중요한 분석 도구로 활용될 수 있을 것이다. 이처럼 인간 행위자에게만 독점적인 정치적 역할을 부여하는 기존 사회과학 이론에 비해 라투르의 행위자 네트워크 이론이 현대 첨단 과학기술의 포스트휴먼적 영향을 분석하는 맥락에서 더 유용하리라는 점에는 의심의 여지가 없어 보인다.

참고문헌

브뤼노 라투르 2012, 『브뤼노 라투르의 과학인문학 편지』, 사월의책.

이상욱 2006, 「웨버 막대와 탐침 현미경: 실험자 회귀에서 탈출하기」, 『과학철학』 9(2): 71-100.

이상욱 2020, 「인공지능과 실존적 위험: 비판적 검토」, 『인간연구』 40: 107-136.

정이은·정경영·정혜윤·이상욱 2022, 「소리 세대(sonic generation): 엔텔레키, 테크놀로지, 감성의 공동체」, 『음악논단』 47: 57-90.

홍성욱 엮음 2010, 『인간·사물·동맹: 행위자 네트워크 이론과 테크노사이언스』, 이음.

Bloor, David 1991(1976), *Knowledge and Social Imagery*, 2nd edition, Chicago, IL: University of Chicago Press.

Bloor, David 1999, "Anti-Latour", *Studies in History and Philosophy of Science* 30(1): 81-112.

Callon, Michel and Latour, Bruno 1992, "Don't Throw the Baby Out with the Bath School!: A Reply to Collins and Yearly", in *Pickering* 1992.

Cartwright, Nancy 1999, *The Dappled World: A Study of the Boundaries of Science*, Cambridge: Cambridge University Press.

Collins, H. M. 1992, *Changing Order: Replication and Induction in Scientific Practice*, 2nd Edition, Chicago, IL: University of Chicago Press.

Gerrish, Sean 2018, *How Smart Machin Think*, Cambridge, MA: The MIT Press.

Kelly, Kevin 2011, *What Technology Wants*, New York: Penguin.

Kelly, Kevin 2016, *The Inevitable: Understanding the 12 Technological Forces that will Shape Our Future*, New York: Viking Press.

Latour, Bruno and Woolgar, Steven 1986(1979), *Laboratory Life: the (Social) Construction of Scientific Facts*, Princeton, NJ: Princeton University Press.

Latour, Bruno 1987, *Science in Action: How to Follow Scientists and Engineers Through Society*, Cambridge, MA: Harvard University Press.

Latour, Bruno 1988, *The Pateurization of France*, Cambridge, MA: Harvard University Press.

Latour, Bruno 1993, *We Have Never Been Modern*, Cambridge, MA: Harvard University Press.

Latour, Bruno 1996, *Aramis or the Love of Technology*, Cambridge, MA: Harvard University Press.

Latour, Bruno 1999a, *Pandora's Hope: Essays on the Reality of Science Studies*, Cambridge, MA: Harvard University Press.

Latour, Bruno 1999b, "For David Bloor... and Beyond: A Reply to David Bloor's 'Anti-Latour'", *Studies in History and Philosophy of Science* 30(1): 113-129.

Latour, Bruno 2004, *Politics of Nature: How to Bring the Sciences into Democracy*, Cambridge, MA: Harvard University Press.

Latour, Bruno 2005, *Reassembling the Social: An Introduction to Actor-Network Theory*, Oxford: Oxford University Press.

Latour, Bruno 2010, *The Making of Law: An Ethnography of the Conseil d'Etat*, Cambridge: Polity.

Latour, Bruno 2017, *Facing Gaia*, New York: John Wiley and Sons.

Mitchell, Melanie 2020, *Artificial Intelligence: A Guide for Thinking Humans*, New York: Picador.

Petroski, Henry 1992, *To Engineer is Human: The Role of Failure in Successful Design*, New York: Vitage Books.

Pickering, Andrew 1992, *Science as Practice and Culture*, Chicago, IL: Chicago University Press.

10

베르나르 스티글레르

디지털 정보기술이라는 파르마콘

김재희
(을지대학교, 교양학부)

“

디지털 테크놀로지는 파르마콘,
즉 약인 동시에 독이다.

”

1. 정보사회를 비판한 실천 철학자, 감옥에서 탄생하다

베르나르 스티글레르(Bernard Stiegler, 1952-2020)는 어린 시절 파리 북서쪽의 사르셀(Sarcelles)에서 자랐다. 당시 사르셀은 나른한 시골 오지에서 빠르게 현대화하는 파리의 다문화 위성지구로 변모하며 그 규모가 커가고 있었다. 그의 아버지는 독학으로 배운 텔레비전 엔지니어였고 어머니는 은행에서 일했다. 나중에 회고하기를, 그는 자신과 그의 부모가 열심히 시청한 1960년대의 프랑스 공영 텔레비전 덕분에 '가난하지만 교육받은 상태'가 가능했다고 한다. 하지만 텔레비전을 보며 자란 자신이 12살 때 그리스 비극을 알게 되었다며, 그는 프랑스 노동자들이 문화를 감상하도록 도와야 할 의무를 저버린 프랑스 네트워크를 신랄하게 비판했다.

전후 프랑스의 격동기는 스티글레르의 삶에도 흔적을 남겼다. 1968년 5월, 억압적인 기존의 가치와 질서에 저항하는 학생과 노동자를 중심으로 시민 혁명이 프랑스 전역을 휩쓸었다. 16세였던 스티글레르는 학교를 중퇴하고, 당시 막강한 정치세력이었던 프랑스 공산당(PCF: Parti communiste français)의 일원으로 시위대에 참여했다. 그러나 68 혁명 이후, 시위자들이 해방시키고자 했던 개인적인 욕망을 배후에서 통제했던 초자아를 해체시킨 것은 바로 소비자본주의였다. 사회 변화의 빠른 속도에 적응하지 못한 채 스티글레르의 삶도 허무주의와 퇴폐 속으로 표류했다. 그는 알콜 중독으로 정신병원에 갇혀 있다가 탈출하기도 했고, 노숙자로 차 안에서 살다가 한 농부의 도움으로 땅을 얻어 농사를 짓고 염소를 키우기도 했다. 프랑스 영화학교(CLCF: Conservatoire Libre du Cinéma Français)에서 조감독 공부, 컴퓨터 프로그래머 임시직 등으로 전전하던 그는 가뭄으로 농장이 파괴되자 한 사창가 집을 개조하여 툴루즈(Toulouse)에 재즈 카페를 열었다. 그러나 카페마저 재정적 어려움에 직면하여 문을 닫을 지경에 이르자 스티글레르는 1976년 처음으로 지역 은행 지점을 털기 시작했다. 그는 결국 네 번째 강도 행각 중 체포되어 1978년부터 1983년까지 5년 동안 수감되었다.

20대 후반, 수감 생활을 하면서 스티글레르는 완전히 인생을 재정비하게 되었다. 재즈 카페의 단골손님으로 드나들었던 툴루즈Ⅱ대학교[1]의 제라르 그라넬(Gérard Granel) 철학 교수는 스티글레르의 재능을 일찌감치 알아보았다. 그의 도움으로 스티글레르는 감옥에서 서신을 주고받으며 본격적으로 철학을 공부하기 시작했다. 다른 수감자와 감방을 공유하는 것이 공부를 방해했기 때문에 3주 동안 단식 투쟁을 해서 독방을 얻어내기도 했다. 『행동으로 옮겨라』(*Passer à l'acte*, 2003)에 실려 있는 「나는 어떻게 철학자가 되었나」에 따르면, 그는 당시 "나는 술에 취해 있었다. 감옥이 아니었다면 나는 나쁘게 되었을 것이다."라고 자신의 수감 생활을 인생에 주어진 '선물 같은 시간'으로 회고하고 있다. 스티글레르는 수감 생활 대부분을 독서에 바쳤다. 플라톤, 아리스토텔레스, 후설, 하이데거 등의 철학, 그리고 말라르메의 시와 프루스트의 소설 등 철학과 문학에 대한 열정적인 독서와 공부로 하루하루를 보냈다. 특히 자크 데리다(Jacques Derrida)의 천재적인 텍스트 『그라마톨로지에 대하여』(*De la grammatologie*, 1967)에 놀라움을 금치 못한 스티글레르는 그라

넬의 독려로 데리다에게 직접 서신을 보내면서 데리다와 사제지간의 인연을 맺게 된다. 감옥에서 풀려난 후, 1984년 스티글레르는 데리다가 공동설립자로 있는 국제철학학교(Collège International de Philosophie)의 연구 주임을 맡아 안정적인 연구를 진행하면서 1993년 데리다의 지도 아래 고등사회과학원(École des hautes études en sciences sociales)에서 박사학위를 취득한다.

젊은 시절, 은행 강도 혐의로 복역했던 스티글레르는 사회와 단절된 감옥에서 비로소 철학자로서의 자기 소명을 깨달았다. 그는 건축, 도서관, 도시 개발 등과 관련된 컴퓨터 프로그램과 정보통신기술 프로젝트들에 참여하며 디지털 정보기술에 대한 관심 또한 놓지 않았다. 국립 시청각 연구소(INA: Institut National de l'Audiovisuel) 부소장과 현대 음향/음악 연구소(IRCAM: Institut de Recherche et Coordination Acoustique/Musique) 소장을 맡으며 디지털 미디어 기술과 문화산업의 현실을 연구하고, 콩피에뉴 공과대학교, 런던 골드스미스 대학교, 케임브리지 대학교 교수를 역임하며, 학술연구와 산업정책을 연결하는 철학자로서 왕성하게 사회 활동을 했다. 박사학위를 받은 직후 1994년부터 사망한 2020년까지 스티글레르는 대표 저작 『기술과 시간』(*La technique et le temps*) 1~3권, 『상징적 불행에 대하여』(*De la misère symbolique*) 1~2권, 『불신과 불신용』(*Mécréance et Discrédit*) 1~3권 등을 포함한 30여 권 이상의 저서들을 출판했다. 폭발적으로 터져 나온 그의 수많은 저서들은 그러나 단지 이론적 작업에 그친 것이 아니다. 스티글레르는 이론과 실천을 병행한 열정적인 실천 철학자였다.

그의 박사학위 논문이었던 첫 번째 저서 『기술과 시간 1권: 에피메

테우스의 잘못』(*La technique et le temps. Tome 1, La faute d'Epiméthée*, 1994)은 플라톤의 고대철학, 데리다의 해체론, 후설과 하이데거의 현상학, 앙드레 르루아-구랑의 고인류학, 시몽동의 개체화론 등을 비판적으로 계승한 스티글레르 철학의 핵심 아이디어를 보여준다. 스티글레르는 지금껏 기술이 철학적으로 제대로 조명되지 못했으며 본래 인간이라는 존재는 인간 자신이 사용하는 기술적 도구들과 더불어 구성되는 것이라고 주장한다. 그는 개인적, 집단적으로 우리의 삶을 구성하고 있는 기술의 문제를 드러내며 기술 지배 사회에 대한 철학적 조망을 구체적인 삶의 변화로 연결시키고자 노력했다. 가령, 소비자본주의 경제의 부상으로 인해 지식 생산이 자본의 필요에 종속되는 방식을 예측할 수 없었던 마르크스의 한계를 지적한 『새로운 정치경제학 비판을 위하여』(*Pour une nouvelle critique de l'économie politique*, 2009)에서는 하이퍼산업화된 디지털 기술 장치를 탈산업화된 지식 생산의 도구로 변환시키는 것에서 사회 혁명의 새로운 과제를 찾아야 한다고 역설한다. 『자동화 사회 1권: 노동의 미래』(*La société automatique. Tome 1, L'avenir du travail*, 2015)와 『네간트로포세』(*The Neganthropocene*, 2018)는 디지털 정보네트워크 시대의 사회와 개인들은 인간다운 삶보다는 경제적 이익을 위해 움직이는 알고리즘과 자동화 시스템에 지배되고 있음을 경고하며, 엔트로피화하는 인류세의 전 지구적 위기를 네겐트로피적으로 전환할 것을 촉구한다.

가속화하는 소비자본주의 하에서 부유하는 욕망과 디지털 정보기술 사회의 알고리즘 통치에 대한 스티글레르의 비판적 사유는 텍스트에 머물지 않고 항상 현실에서 작동 가능한 제도적 실천으로 연계되었다. 2005년 스티글레르는 정신의 테크놀로지 산업 정책을 위한 국제

협회 '아르스 앵뒤스트리알리스'(Ars Industrialis)를 주도적으로 설립하였다. 정보통신기술이 욕망을 제어하는 도구로서 시장경제의 명령에 정신적 삶을 종속시키는 현실을 비판하면서, 교육, 과학, 예술, 미디어, 공공시청각서비스, 문화산업, 정치 등 다양한 영역에 대한 이론적 토론 및 실천적 정책 제안 등을 통해 개인과 집단의 정신적 삶을 돌보는 정신생태학을 구축하려는 일종의 문화 운동 협회이다. 이 협회는 2020년 기후 위기 및 멸종에 저항하는 프랑스 청년 단체와 연합하여 '아르스 앵뒤스트리알리스—그레타 툰베리 세대의 친구들 협회'(Ars Industrialis-Generation Friends of Thunberg)로 다시 출범하였다. 2006년 파리의 조르주-퐁피두 센터 문화개발부장을 맡으면서, 스티글레르는 2009년 그 센터 산하에 '혁신연구소'(IRI: Institut de recherche et d'innovation)를 설립하였다. 그는 이 IRI를 후기 자본주의의 엔트로피적 경향에 대항하는 소수 조직 중 하나로 간주하고, 거기서 프랑스 정부를 사회 개혁의 방향으로 밀어붙이기 위한 일련의 프로젝트들을 주도했다.

또한 『청소년과 세대 돌보기 1권』(*Prendre Soin. Tome 1, De la jeunesse et des générations*, 2008), 『충격적인 상태: 21세기의 어리석음과 지식』(*Etats de choc. Bêtise et savoir au XXIe siècle*, 2012) 등에서 컴퓨터와 스마트폰의 스크린 보기와 주의력 결핍 장애의 관계를 다루며 교육의 중요성을 누구보다 강조했던 스티글레르는 2010년 자신의 '파르마콘 철학학교'(웹사이트 Pharmakon.fr)를 직접 열기도 했다. 그 학교는 지역의 고등학생들을 위한 과정, 화상 회의에 의해 진행되는 박사 과정, 그리고 주변 지역의 관심 있는 주민들뿐만 아니라 학생들이 참여하는 여름아카데미를 운영하였다. 뿐만 아니라, 2015년에는 '플레인 코뮌'(Plaine Commune)이라는 시민 공동체 프로젝트도 진행했다. 이것은 디지털 기술 자동화 시대에 파괴적인 고용 자동화에 취약한 가장 빈곤하고 다문화적인 지역 중 하나를 선정하여, 지방 정부와 다양한 기업 투자자들의 협력을 이끌어내고, 소셜 미디어와 디지털 플랫폼의 효과적인 사용에 시민들의 민주적 참여를 활성화하여, '더불어 살아갈 줄 앎'과 '기여경제'를 구현하는 새로운 시민 공동체를 구성하려는 정치 실험이었다.

스티글레르는 수감 생활이라는 특이한 이력만이 아니라, 철학, 인류학, 정치경제학, 매체이론, 정보통신기술, 산업정책 등 다양한 분야를 가로지르는 난해한 철학적 글쓰기와 급진적인 실천적 행보로도 현대 철학계의 슈퍼스타로 주목을 받았다. 그의 기술철학은 기술과 기억의 근본적 관계에 대한 통찰을 토대로, 특히 디지털 기술에 기반을 둔 오늘날의 정보 자동화 사회를 진단하고 처방하는 데 긴박한 호소력을 갖는다.

2. 파르마콘으로서의 기억기술

플라톤은 『파이드로스』에서 '자발적 기억'(anamnesis)과 '도구적 기억'(hypomnesis)을 구분한다. 자발적 기억은 영혼의 내부에서 과거를 스스로 떠올리는 것이라면, 도구적 기억은 외부 대상의 도움으로 과거를 상기하는 것이다. 『파이드로스』의 신화에 따르면, '문자'를 발명한 테우트 신은 '기억과 지혜를 증진시키는 묘약(파르마콘)'이라고 이집트 왕에게 문자 사용을 권유한다. 기억을 연마하고 망각을 막는 것이 진리를 인식하는 조건이라고 할 때, 문자는 기억의 약점인 일회적 휘발성을 보완할 수 있는 '치료약'으로서 유용하다는 것이다. 그러나 소크라테스-플라톤의 입장을 대변하는 이집트의 타무스 왕은 문자를 사용하게 되면 문자에 의존하여 영혼의 '자발적 기억' 능력이 감퇴하고, 지혜가 아니라 '지혜처럼 보이는 것'을 믿게 될 뿐이라고 문자는 '독(파르마콘)'이라고 강조한다. '말'은 생생한 자발적 기억을 그대로 전하지만, 기억 도구인 '문자'는 생명 없는 '죽은 진리', 참된 지식이 아니라 '유사-지식'을 전한다는 것이다. 『파이드로스』에서 문자는 테우트 신과 타무스 왕 모두에게 동일한 '파르마콘'(pharmakon)으로 언급되는데, 전자는 치료약의 의미로, 후자는 유해한 독의 의미로 사용된다.

스티글레르는 BC 4세기에 플라톤이 했던 우려가 첨단 디지털 정보기술 기반의 자동화 사회에서 극명하게 현실화되고 있다고 진단한다. 그는 디지털 정보기술에 기초한 '도구적 기억'의 일반화가, 우리 모두를, 자신의 기억과 지식을 기계에게 위임하여 진리에 도달하는 '사유의 역량'을 상실하고 어떻게 살아야 하는지에 대한 앎조차 박탈당한 프롤레타리아로 만들고 있다고, 정보 자동화 사회를 신랄하게 비판한다. 그렇지만 회생의 가능성 역시 오늘날의 디지털 기술 환경에서 찾을 수밖에 없다고 강조한다. 왜냐하면 기술은 생물학적, 문화사적으로 인간 존재의 근본 조건이기 때문이다. 인간은 사자의 힘이나 얼룩말의 빠른 달리기와 같은 특정 본질이 결여된 존재이며, 기술은 이러한 인간의 결여를 보충하는 데 '필수적인 보철물(prosthesis)'이다. 그에 따르면, 인간은 기술 이전에 먼저 존재하지 않았다. 인간과 기술은 그 기원에서부터 동시에 구성되었다. 인간이 기술을 발명하지만 기술 또한 인간을 발명하기 때문이다.

데리다는 『파이드로스』를 해체적으로 독해한 「플라톤의 약국」[2]에서 자발적 기억과 분리될 수 없는 '원초적인 기술성'을 밝혀내는데, 스티글레르는 이로부터 기억기술(mnemotechnics) 일반의 '파르마콘-논리'(pharmaco-logy)를 가져온다. 데리다에 따르면, 자발적 기억과 도구적 기억의 분리, 말과 문자의 대립은 불가능하다. 양자는 위계적인 이분법적 대립이 아니라 '대체보충'(supplément)의 분리 불가능한 관계를 맺고 있기 때문이다. 가령, 진리는 유일무이하고 변함없는 것으로서 언제 어디서나 반복 가능한 보편성을 갖는다. 말은 그 자리에서 직접 이 진리를 전달하기에 진리의 순수성을 유지하지만 일회적 휘발성이 약점이다. 문자는 직접 대화가 불가능한 시간과 장소에서 말의 역할을 대신하며 보충한다. 문자는 말의 의미를 보존하고 반복 가능하게 하는 '치료약'인 셈이다. 그러나 동시에 문자는 상이한 시공간에서 다양한 해석과 오해의 위험을 낳으며 그 의미를 훼손시킬 수 있는 '독'이기도 하다. 그런데 말의 약점을 보완하는 문자의 '보충'은 없어도 되는 임의적인 것이 아니다. 문자의 존재 자체가 말의 불완전성과 결여를 전제하므로 말에게 문자는 '필수불가결한 대체'이다. 따라서 문자는 말의 '가능 조건이면서 동시에 불가능 조건'이라는 점에서 '파르마콘'이다. 그런데 한 걸음 더 나아가, 문자가 지닌 '보존과 재생(반복가능성)의 기술적 역량'은 엄밀하게 말 이후에 등장한 것이 아니다. 과거의 진리를 기억하는 영혼의 순수한 자발적 능력 자체가 이미 과거의 보존과 재생이라는 문자의 특성을 전제하고 있다. 자발적 기억은 순수한 정신적 역량이 아니라 더 원초적인 문자적 기록의 역량 위에서 가능한 것이다. 원초적인 기록의 기술적 역량이 오히려 자발적 기억과 말의 가능조건으로서 선행한다.

스티글레르는 이러한 데리다의 통찰에 기초하여 '문자'가 대표하는 모든 '기억기술'이야말로 '파르마콘(독/약)'으로서 정신적인 인간 삶의 근본 조건이라고 주장한다.

고인류학자 앙드레 르루아-구랑(André Leroi-Gourhan)에 따르면, 인간은 직립보행과 더불어 손이 자유로워지자 도구를 만들고, 고개를 들게 되자 대면 대화할 수 있는 언어를 만들었다. 인류가 자신의 경험과 기억을 기술적 도구나 언어와 같은 인공물들로 '외재화'한다는 르루아-구랑의 인류학적 통찰로부터 스티글레르는 '3차 기억' 개념을 창안한다. 1차 기억이 '유전적 또는 종적 기억'(genetic or specific memory)으로서 생물학적으로 결정된 방식으로 행위하게 하는 기억이라면, 2차 기억은 '후성발생적 또는 신경적 기억'(epigenetic or nervous memory)으로서 신경계를 가진 생명체들이 갖는 과거 경험들에 대한 기억, 즉 개나 말의 훈련 가능성이 보여주듯이, 후천적 학습을 통해 새로운 행위를 할 수 있게 하는 기억이다. 3차 기억은 '후성계통발생적 또는 기술-논리적 기억'(epiphylogenetic or techno-logical memory)으로서 기술적 대상의 형태로 외재화된 기억이다. 이 기억은 개체의 '후성발생적 경험'에다가 세대 간에 공유된 경험의 '계통발생적 축적'이 결합하여 이루어진다. 경험의 세대 간 전승과 공유는 유전적 프로그램이나 개인적 경험에서 유래하지 않는다. 종적 기억(1차)이 개인의 경험에서 벗어나 있고, 신경적 기억(2차)이 해당 신체와 더불어 사라지는 것이라면, 기술적 기억(3차)은 '유산'으로서 누적되고 세대를 거쳐 전승된다. 개인의 내면화된 경험이 기술적 대상의 발명으로 외재화되어 집단에 공유되고 다시 세대를 거쳐 조정되어 다른 개인의 내면에 전승되는 방식으로 3차 기억은 시간을 가로지른다. 3차 기억은 기술적 대상의 형태로 '외재화된 기억'이자 '객관화된 지식'으로서 각 시대의 문화를 특징짓는 기술적 환경을 이룬다. '인간화'(hominization)는 바로 이 3차 기억의 형성과 더불어 진행된다. 그것은 생물학적 프로그램에 의해 결정되지 않은 가능성을 실현할 수 있게 하는 인공적 기억이며, 세대 간 기억 매체로 작동하는 물질 문화를 모두 포함한다. 스티글레르는 인간의 생물학적 진화가 기술적 진화, 즉 기억의 물질적 외재화와 더불어 진행되며, 특히 인간이 자연선택에 의한 적응의 한계를 넘어설 수 있었던 것은 이 '3차 기억'을 발명한 덕분이라고 본다.

이러한 기억의 외재화 과정을 스티글레르는 또한 '체외기관화'(exo-somatisation) 과정이라고 해석한다. 알프레드 로트카(Alfred Lotka)에서 가져온 개념인 '체외기관화'는 기관발생(organogenesis)의 일종으로, 살아있는 것은 아니지만 유기체의 생존에 필수적인 기관들, 즉 비-생물학적인 인공적 기관들을 만드는 작용이다. 체내 기관발생이 유기적 기관들을 만드는 것이라면, 체외 기관발생은 '비유기적이지만 유기화된 기관들', 즉 기술적 인공물들을 만드는 것이다. 3차 기억은 인류의 체외기관화 과정의 열매이다. 생물학적 삶이 종들의 '체내' 기관발생을 통해 진화한다면, 인간의 지성적 삶은 '체외' 기관발생에 의해 진화한다.

기억의 기술적 외재화와 체외기관화는 인간에 고유한 '지성적 차연'(noetic différance)의 특징이다. 가령, 말로 직접 전달할 수 있는 의미를 글로 쓰다 보면 그 의미가 달라지고 의미의 결정이 뒤로 미뤄지는 것처럼, 기억기술은 직접적인 생물학적 삶의 욕망을 다른 차원으로 승화시키는 '차연'[3] 작용을 한다. 인간의 삶은 단순히 생명-논리적인 것이 아니다. 3차 기억이 마련하는 기술적, 상징적 환경은 단기적 충동의 에너지를 장기적 욕망의 에너지로 승화시키며 충동의 만족을 지연시킬 줄 아는 인간화를 가능하게 한다. 기술적 대상들은 외재화된 기억이자 체외기관으로서 무기물(물리학의 대상)도 유기물(생물학의 대상)도 아닌 제3의 '유기적인 무기물'(organised inorganic matter)이다. 인간의 지성적 삶은 이러한 체외기관들의 장착과 더불어 발달한다. 그런데 체내기관들과 달리 체외기관들 사이의 관계는 비결정적이다. 기술적 도구와 장치들이 대를 이어 사용되며 달라지듯이, 체외기관들은 신체로부터 탈착되고 분리되어 시공간을 가로지르며 달라질 수 있는 기관들이기 때문이다. 그래서 체외기관화는 인간의 삶을 '가능하게 하는 것이면서 동시에 불가능하게 하는' 파르마콘-논리적 상황을 야기할 수 있다. 요컨대 기술은 무기물질의 유기적 조직화를 수행하는 모든 인간 행위를 포괄하며, 기억의 외재화와 체외기관화 작용으로서 인간적 삶의 파르마콘적 조건이다.

3. 디지털 정보기술과 알고리즘 통치성

> 디지털 테크놀로지는 파르마콘, 즉 약인 동시에 독이다. 마케팅이라는 목적과 단기적 이윤만을 위해 이용된다면 그것은 서서히, 그러나 확실하게 우리의 육체와 영혼을 사멸시키고 우리를 빈민화하는, 다시 말해 우리 자신의 능력을 박탈하고 우리의 앎, 할-줄-앎과 살-줄-앎을 조직적으로 파괴하는 무시무시한 보조수단이 될 것이다.[4]

3차 기억의 역사는 과거를 저장하고 재생하는 기억기술 인공물의 변천사다. 기억기술은 문자, 아날로그, 디지털 등의 형태로 변화하며 상이한 방식의 '기록작용'(grammatization)으로 우리의 지성, 지식, 삶의 방식을 규제한다. 연속적인 생각과 말의 흐름을 분절하고 형식화하는 문법처럼, '기록작용'이란 우리 경험의 연속적인 흐름들을 시공간적으로 분절하고 물질화하면서 분리된 구조들을 생산하는 이산(離散)작용(discretization)을 의미한다. 가령, 알파벳은 지식의 기술-논리적(techno-logical) 조건으로서 서구 정신의 단일화와 통제에 기여했다. 오늘날에는 언어 영역을 넘어서 이미지, 소리, 몸짓, 행위 등을 데이터와 디지털 코드 형태로 프로그래밍하는 정보기술공학의 기록작용이 우리의 정신적 삶을 규제한다.

NBIC(나노테크놀로지, 바이오테크놀로지, 정보테크놀로지, 인지테크놀로지)의 수렴은 '정보' 개념이 통치하는 시대를 열었다. 튜링, 섀넌, 위너의 정보이론과 사이버네틱스가 등장한 이후, 정보는 '계산 가능한 것'으로서 물질적 매체와 독립적인 '추상적 형식'이 되었다. 정보의 디지털화는 온라인 오프라인을 가로지르며, 유기체든 비유기체든 모든 존재자들을 연결하는 '스마트'하고 '자동화'된 소통과 상호작용의 네트워크를 전 지구적 차원에서 실현시키고 있다. 디지털 기억기술은 인간 존재의 필수불가결한 연합환경이 되어 '인포스피어'(infosphere: 정보권)를 구축하고 있다. 정보철학자 플로리디(L. Floridi)의 말대로, 인간은 이제 "인포스피어와 연결이 끊어질 때마다 마치 물 밖에 나온 물고기처럼 무언가 박탈되고 배제되고 장애를 얻고 빈곤한 느낌을 갖는" 정보적 유기체 "인포그"(Inforg)로서 살아간다.[5]

스티글레르는 이러한 디지털 대전환 시대의 '알고리즘 통치성'(algorithmic governmentality)이 야기하는 부정적 효과에 주목한다. 알고리즘 통치성이란 컴퓨팅 사고와 자동화 프로세스가 사회의 지배적 패러다임이 된다는 것이다. 컴퓨팅 사고는 모든 대상을 알고리즘 처리 가능한 데이터로 포착하며, 양화될 수 없는 질들이나 연속적인 관계적 맥락을 삭제한다. 디지털화라는 이진코드 기록작용은 마이크로전자공학과 나노테크놀로지의 비가시적인 미시적 수준에서 물질에 작동하는 기술적 조작을 블랙박스로 만들고 정보의 물질적 토대를 감춘다. 사물들은 의미와 가치의 질적 차이들을 사상한 채 끊임없이 생성되고 무차별적으로 등록되는 데이터들로 변모하고, 정보는 이 방대한 데이터들 가운데 실용성을 기준으로 선별된 것에 지나지 않는다. 데이터화된 추상적 정보는 사물의 본질과 기능에 대한 체계적이고 보편적인 이해로서의 전통적인 지식을 대체한다. 공유되고 계승되는 지식보다는 신선 상품처럼 소모되는 정보들이 도처에 널려 있다.

디지털 정보혁명은 어떤 시스템(사물이나 조직 등)의 본성과 구조를 디지털 방식으로 재-구축하는 것이며, 이는 디지털 기술이 존재 세계의 질서에 복무하는 단순 도구가 아니라 존재 세계의 질서 자체를 공학적 도식에 따라 재분류하고 재구성한다는 것을 의미한다. 철학에서 존재론을 의미하는 '온톨로지'(ontology)가 ICT(Infomation and Communication Technology)에서는 컴퓨터가 처리할 수 있는 방식으로 데이터들에 기능적 의미를 부여하는 공학적 작업이다. 인터넷의 온톨로지 설계는 단어들이나 개념들 사이의 본질적인 의미 연관관계를 그때그때 달라지는 사람들의 관심사에 따라 통계적 관계로 대체한다. 검색창을 여는 순간, '관심사를 반영한 콘텍스트 자동완성'은 나의 관심에 따른 정보 탐색과 지식의 구성 과정을 평균적인 남들의 관심과 선별적으로 설계된 연관 정보들로 인도한다. 사물과 사물의 본질적 의미 연관에 대한 창의적 탐색이 주어진 데이터와 데이터의 연관검색어 관계로 대체되는 것이다.

개인의 행동방식과 집단의 위계질서를 '규율'로 잡았던 것이 푸코가 본 '근대의 규율사회'였다면, 개인과 집단을 채굴 가능한 정보 데이터 꾸러미로 변환시켜 패스워드로 '통제'하는 것이 들뢰즈가 본 '현대의 통제사회'다. 스티글레르는 이 통제사회를 정보기술에 기반을 둔 '자동화 사회'로 이해한다. '데이터'와 '계산'이라는 기술논리적 도식에 기초한 자동화 사회에서는 주체의 자발적인 정보 선택과 해석 및 결정 능력을 빅데이터와 AI의 결합 시스템이 대체한다. 지성의 목적의식과 미래전망은 맞춤형 스마트 마케팅과 슈퍼컴퓨터의 빅데이터 집약계산으로 자동 생산된 예측에 점점 더 의존하게 되고 자율적인 판단 능력은 약화된다.

인류의 지성적 삶은, 스티글레르에 따르면, 심리적 개체화(나), 집단적 개체화(우리), 기술적 개체화(나와 우리를 연결하는 기억기술적 환경)가 분리 불가능하게 삼중으로 얽혀 있는 관(貫)개체화(transindividuation)에 의해 구성된다. 심리적, 집단적, 기술적인 이 세 형태의 개체화는 각각 준안정적인 과정들로 그들 중 어느 하나도 다른 둘이 없으면 안 되는 방식으로 다른 두 형태들과의 '변환적 관계' 속에서 존재한다. 시몽동(G. Simondon)의 개체화론에서 유래한 '변환'(transduction) 작용은, 서로 불일치하는 두 망막이미지가 제3의 차원에서 하나의 새로운 망막이미지를 형성하듯이, 불일치하는 항들 사이의 공존 관계를 새로운 차원에서 형상화하는 방식이다. '나'라는 심리적 개체는 집단적 개체인 '우리'에 속하지 않고서는 생각될 수 없다. '나'는 집단의 역사적 유산을 '채택'(나의 직계 선조의 것이 아닌 과거를 내 것으로 받아들임)하는 과정을 통해 구성되기 때문이다. '나'는 실체적인 상태가 아니라 준안정적인 하나의 과정, 심리적으로 개체화하는 과정이며, '우리' 역시 집단적으로 개체화하는 하나의 과정이다. '나'의 개체화가 거기에 기입되어 있고, '우리'의 개체화는 '나'들 사이의 갈등하는 개체화들을 통해서 발생한다. '나'의 개체화는 '우리' 안에서, '우리'의 개체화는 '나'들 사이에서, '나'와 '우리'의 관계는 '기술적 환경' 안에서 각각 '변환적으로' 발생한다. 심리적인 것, 집단적인 것, 기술적인 것, 이 세 줄기가 상호 작용하면서 동시결정화(syncrystallization)하는 '심리적-집단적-기술적 개체화'는 세 수준의 개체화들을 '관통하면서 넘어서는'(trans) 관개체화를 형성한다.

지식의 모든 형태 역시 세 수준의 '기관들'(organs)—개체를 구성하는 심신 기관들, 개체들을 조직화하는 모든 형태의 사회적 제도들과 집단들, 기술이 산출한 모든 종류의 인공적 기관들—사이의 상호접속에 의해 형성된다. 지식은 기억기술적 장치들을 매개로 개체적, 집단적 개체화 과정들과 연루되어 형성된다. 기술적 대상들은 심리적인 것과 집단적인 것을 연결시키는 단순 매개체가 아니라, 개체적이면서 동시에 집단적인 개체화—즉, 관개체화—의 발생에 동등하게 참여한다. 가령, 글쓰기와 출판의 기억기술은 개인적 경험을 공유되고, 비판되고, 해석될 수 있는 사회적 공론장으로 연결하며, 이를 통해 개인들 간에 공유된 지식의 새로운 관개체화 회로를 생성하고, 이로부터 새로운 사회적 주체를 산출하는 데 기여한다.

스티글레르는 문화와 상징계를 형성하는 이러한 관개체화 과정을 정보 자동화 시스템이 해체하고 있는 상황에 주목한다. 가령, 언어의 다양성은 관용어(idiom: 집단적인 것)와 개인어(idiolect: 개인적인 것) 두 차원의 변환 작용으로 형성되는데, 언어적 수행들을 재설정하는 자동화된 기술논리적 수행성이 대화에서의 기호적 다양성과 의미의 지성적 확산을 평균치의 계산적 통제 아래 놓으면서 언어 수행능력을 광범위하게 궁핍화한다. 스마트폰이나 인터넷 사용에서 글쓰기의 자동 완성과 자동 교정 기능은 편리함을 넘어서 어휘력 부족이나 맞춤법 제대로 쓰기 능력을 약화시킨다. '이해'의 분석적 기능을 자동화하는 언어 산업의 '기록작용'은 관용어와 개인어의 강화보다 전 지구적 차원에서의 언어 살해에 기여하며 관개체화의 새로운 회로 생성을 막고 있다. 관용어와 개인어 다양성의 엄청난 축소는 지성에 기초한 지식 형태들의 파괴와 빈곤화로 이어진다. 또한 알고리즘 편향성과 인지 편향을 강화하는 소셜 네트워크는 오히려 독특성과 차이들을 지우는 '엔트로피'로 작동한다. 스티글레르는 유치원부터 대학에 이르기까지, 생리학적 크레틴병(요오드 결핍에 의한 백치증)과 같은 '지성적 크레틴병'(지성 능력의 결핍에 의한 백치증)이 확산되고 있다고 일갈한다.

오늘날 자동화 사회의 기억기술은 디지털 네크워크를 활용하는 문화적 생산과 소비의 양식들을 자본주의 경제의 정언명령들과 결합시키며 '정신력'의 위기를 낳고 있다. 기업 마케팅에 의한 현대 문화의 과잉 결정은 장기적으로 공유된 목표와 미래전망을 향한 집단적 욕망을 소비를 통해 쉽게 만족되는 단기 충동들로 변질시키고 '사회적 관계들의 액체화'를 야기한다. 스티글레르는 하이퍼-산업화된 디지털 자동화 사회의 마케팅 기술과 문화 산업의 소비주의가 각자의 리비도를 통제하면서 인간 개체에게 고유한 욕망의 실현을 동일한 소비 대상을 향한 충동으로 퇴행시켰다고 신랄하게 비판한다. 젊은 세대의 디지털 기술에 대한 과도한 집착, ADHD와 같은 주의력의 약화, 사유의 성숙과 사회화 능력 발달의 차단 등과 같은 독성들은 경제 마케팅이 네트워크에 침입한 결과 야기된 '욕망의 충동화'를 통해 발현된 것이다. 스티글레르는 디지털 정보기술의 매개가 '나'와 '우리'의 관계를 재편성하는 방식에 비판적으로 개입하면서 정보기술을 다른 방식으로 활용할 수 있게 하는 디지털 리터러시 교육이 시급하다고 주장한다.

4. 주의의 상업적 포획과 앎의 능력 박탈

디지털 기억기술에 기초한 자동화 사회는 점점 더 통계적 정보가 지식을 대체하고 자동화된 알고리즘이 '삶에 대한 주의'를 포획하는 방향으로 나아가고 있다. '주의'(attention)의 상업적 포획은 지식의 형성과정을 해체할 뿐 아니라, '삶을 살아갈 줄 앎'을 지닌 지성의 독특성(singularity)을 제거한다. '주의'는 라틴어 'attendere'(주의를 돌리다, 환자에게 주의를 기울이다, 그의 병을 돌보다)에서 파생된 단어다. '주의를 기울이다'(paying attention)는 '돌보다'(taking care)와 동의어이다. 그런데 관심 대상을 향해서 주의를 기울인다는 것은 단지 대상에 '집중'하는 것에 그치는 것이 아니라 대상에 대해 '사려 깊은 태도'를 취하는 것이기도 하다. 대상의 어디를 어떤 방식으로 보고 다루어야 할지 신중하고 사려 깊게 대하는 것은 문화적 태도로서 사회적 현상이며, 교육을 통해 형성되어야만 하는 것이다. 다시 말해, '주의'는 그 자체로 '돌봄'을 함축하는 것일 뿐만 아니라, 심리적 개체화와 집단적 개체화의 '인터페이스'가 되는 것이다.

스티글레르는 '주의'를 익히게 하는 '교육'이야말로 심리적이면서 사회적인 개체를 형성하는 과정의 핵심이라고 본다. 심리적 개체는 끊임없이 변형되는 과정 속에 있으며 그 자체로 안정적 상태나 동일자가 아니다. 심리적 개체화의 과정은 집단적 개체화의 과정 속에 기입되는 한에서만 가능하다. 심리적이면서 집단적인 개체화의 분리 불가능한 두 차원들 사이의 연결이 형성되고 구체화되는 것은 바로 기술에 대한 '교육'을 통해서다. 주의하는 방식들이 정교해지고 안정화되는 것은 교육을 통해 집단적 경험을 배우면서, 세대들의 축적된 경험을 유산으로 받으면서, 개별 기억들의 관개체화를 통해서 이루어진다. 삶을 꾸려 나가는 데 필요한 여러 가지 생활기술이나 인지적이고 이론적인 지식들은 '주의'의 여러 형태들이다. 공부를 하고 지식을 얻으려면 글을 읽고 쓸 줄 알아야 하는데, 이는 곧 글에 대한 특정한 '주의'를 갖고 있다는 것이다. 말하기, 글쓰기, 활이나 칼 등 도구 사용하기, 계산하기 등 수천 가지 방식으로 사물을 '다루는, 즉 돌보는 것'을 배우는 것은 체외기관화가 인류 삶의 초기부터 요구하던 '앎'이다. '주의'는 기억기술에 의해 조건지어진다. '문화'라는 것은 개별 경험이 집단화되는 과정—심리사회적 기억이 기술적으로 외재화되고 매체화되어 관개체적으로 전승되는 과정—에서 발명된 '주의 형태들의 세대 간 전송'이다. 모든 사회들은 주의의 형태들, 지식의 유형들, 관심과 돌봄의 체계들, 자신과 타자를 돌보기 위한 기술의 유형들, 문화적 유형들에 의해 특징지어진다.

자동화된 디지털 정보 시스템이 이 '주의'를 포획하면서, 심리적-집단적 개체화의 생성이 막히고, 비판적 사유의 가능성이 차단되며, 심리적·사회적·경제적·생태적인 모든 수준에서 엔트로피 상태가 생산되고 있다고 스티글레르는 경고한다. 디지털 기술은 소비 자본주의 생산자들에게 막강한 힘을 부여한다. 그 힘은 거대한 스케일로, 외과적으로 세분화된 방식으로, 개별 의식들에 접근한다. 디지털 정보기술은 엄청난 수의 소비자나 사용자의 데이터를 채굴하여 그들의 욕망과 행위를 통제하는 데 기여하며, 디지털 정보환경에 노출되어 있는 어린이와 젊은이들의 '주의'를 포획하여 교육을 통해 전승되는 지식을 내면화할 시간과 사유 능력을 빼앗는다. 글을 읽고 쓰는 데는 문자의 탈코드화(이해와 해석)와 코드화(선별과 재구성)로 인한 '시간적 지연'이 수반된다. 그러나 자동화된 정보시스템은 이해, 해석, 선별, 재구성 등에 요구되는 시간적 지연을 제거함으로서 지성의 활동 기회를 앗아간다. "자동화된 '지식'은 더 이상 사유를 필요로 하지 않는다."[6] 알고리즘의 힘은 결국 행위 규범이나 삶의 모델을 산출하던 '이론'의 쇠퇴로 이어질 것이다.

자동화된 디지털 기억장치들에 주의가 포획되어 심리적-집단적 고유성을 상실한 개체는 단지 시장의 이익에 복무하는 데이터 꾸러미, 바꿔 말해 들뢰즈의 '가분체'(dividual)—심리적, 집단적으로 개체화된 존재(individual)가 아니라 분석적으로 분해되고 확률 계산적으로 소집되고 구성되는 데이터 집합체—에 지나지 않는다. 스티글레르는 가분체로서의 '나'는 진정한 '우리'를 만들 수 없다고 강조한다. 가분체들의 집합인 '우리'는 그냥 '아무나'일 뿐이다. '아무나'는 개체화 자체의 액체화다. 산업화된 대상들(일회용품)을 소비하는 방식으로 파지(과거종합)와 예지(미래전망)가 통제됨으로써 네트워크의 기술적 시스템 안에서 하나의 기능적 요소로 작동하는 존재, 데이터베이스를 찾으면서 곧 그 데이터베이스의 일부가 되고 자신이 소비하는 곳에서 그 자신을 소진하는 존재, 이런 존재들로 구성된 '아무나'는 "사회의 절지동물 되기"[7]를 산출한다. 하이퍼-산업화된 디지털 기술환경 안에서 인간 생체에 접속된 다양한 인공적 보철물들이 상징적, 정신적, 운동적 기능들을 외재화시키며 이 보철물들을 통해 통제하기 때문이다. 즉 인간은 개미(스마트폰과 웨어러블 장치의 보철물들로 뒤덮임)와 스파이더(자신으로부터 정보네트워크를 짜면서 다시 그 속에서 자신을 소비) 사이의 절지동물과 같은 것이 되고, 인간 사회는 곤충 사회와 같은 멀티-에이전트 시스템에 지나지 않게 된다는 것이다.

스티글레르는 디지털 기억기술에 의한 자동화 사회가 발전할수록 기술적 인식·지성적 종합능력·발명능력을 갖춘 '기술자 주체'가 양산되는 것이 아니라, 오히려 기억과 지식을 자동화된 기계들에게 위임한 사유 무능력자, 과거에 기초하여 미래를 변화시켜가는 개인적 집단적 예지 능력이 박탈된 '프롤레타리아들'을 산출하고 있다고 한탄한다. 여기서 프롤레타리아는 단순히 자본이 없는 노동자가 아니다. 프롤레타리아는 기계들을 만들거나 고치고 다룰 줄 아는 기술적 앎도 없고, 따라서 기술적 도구들을 매개로 자기 삶을 개성적으로 운영해 갈 줄 아는 앎도 없는, 탈-개체화된(심리적-집단적 개체화에 실패한) 존재다. 스티글레르는 자동화 사회에서 압도적 다수가 이러한 '앎'의 박탈로 정신적 빈곤 상태에 처해 있으며, 극소수만이 생각하며 창조적 발명의 활동을 할 수 있다고 진단한다. 디지털 정보환경이 완전 자동화를 구축하기 전에, 디지털 기억기술의 '독성'을 다시 '치료약'으로 전환해야 한다고, 우리의 지성을 회복해야 한다고, 스티글레르는 강조한다.

5. 자동화를 토대로 탈-자동화하기: 돌봄사회와 기여경제

기억은 과거를 보존하고 이를 현재로 연장하여 미래를 변화시키는 기능이다. 특히 3차 기억은 기술적 형태로 경험을 외재화하며 시간을 가로질러 지식을 공유하는 인류의 고유한 지성적 활동이다. 기억과 지성은 본성상 생명의 기능이다. 인간이 지식을 추구하는 것은 삶을 변화시키고 새로운 삶의 형태를 만들어내기 위함이지, 단지 알기 위해서 아는 데 그치고자 함이 아니다. 스티글레르는 이런 맥락에서 '생각'(pensée)이 '돌봄'(pansée)과 관련된다는 점에 주목한다. "생각한다는 것은 돌보는 것, 관심을 기울이는 것, 말하는 것, 행동하는 것, 차연을 만드는 것이다."[8] '무언가에 대해 생각한다'는 것은 그것이 무엇인지 아는 데 그치는 것이 아니라, 그것에 주의를 기울이고 돌보고 그것에 관해 말하고 실천하면서 삶을 변화시키는 것이다. 지성적 활동은 일차적으로 '삶에 주의하는 의식'이다. 삶의 변화에 기여하는 앎은 계산 가능한 닫힌 세계가 아니라 예측할 수 없는 우연의 무한한 세계로 열려 있어야 한다. 이런 앎이, 데이터 경제와 더불어 소멸되고 있으며, 디지털 기록작용을 통해서 계산 가능한 정보로 변형되고 있다. 스티글레르는 마치 탈이 난 몸을 돌보면서 망가진 정신력을 회복하듯이, '주의와 지성적 삶'을 회복하기 위해서는 현 단계 기술적 파르마콘을 돌보아야 한다고 주장한다. 이것은 디지털 기술환경에 단순히 저항하거나 순응하는 것이 아니다. 자동화 기술을 버리자는 것이 아니라, 오히려 '삶에 주의하는 돌봄'

의 도구로 전환하여 탈-자동화의 가능성을 열자는 것이다.

PC, 아이팟, 스마트폰, 노트북, GPS 등이 연합된 인터넷은 본질적으로 파르마콘이기에, 이윤추구에 포획된 '계산'의 도구(독)로 머무를 수도 있지만 또한 지식공유에 기반을 둔 '돌봄'(care)의 도구(약)로 방향 전환될 수도 있다. 스티글레르는 디지털 기술 매체들이 삶을 돌보는 앎의 도구가 될 수 있음을 다양한 제도적 실험을 통해 실천해 보였다. 가령, '프리웨어'는 모든 사용자들에게 그 사용과 연구, 수정, 복제, 배포가 기술적, 법적으로 허용되어 있는 소프트웨어로서 모두에게 개방되어 있으면서 모두의 기여에 의해 지속적으로 보완된다. 또 스티글레르가 실제로 학생들과 운영한 '해석 웹'은 강의 노트를 공유하고 그에 대한 해석을 각자 제공하며 공동지식에 기여하는 플랫폼으로서, 소비되고 폐기되는 앎이 아니라 공유되고 계승되고 확장되는 앎의 가능성을 열어주는, 디지털 네트워크의 비-자동화된 특성을 보여주는 사례다. 고도로 발전한 기술적 자동성을 탈-자동화의 계기로 변환시키는 것은 어디까지나 기술의 차원에서 가능하다. 기술적 자동성은 생물학적 자동성을 넘어서는 것이며, 기술이 가져온 체외기관화된 앎은 교육과 학습에 의해 전달된다. 이 자동성을 습득하고 내면화해야 한층 더 나아간 비-자동화된 창조적 일을 할 수 있다. 광범위한 궁핍화를 가져오는 자동화에 '중독'되는 데 그치는 것이 아니라, 기술적 자동성을 익히고 활용하여 비-자동화의 발명적 활동으로 나아갈 수 있도록 '치유'하는 작업이 현 단계 자동화 사회에서 요구된다. 이는 자동화된 기술시스템에 고용된 기계로 전락하는 것이 아니라 오히려 기술의 자동성을 바탕으로 새로운 것을 발명하고 창조할 줄 아는 능력(비자동화 능력)을 키울 수 있는 정치경제적 조건과 더불어 가능하다.

디지털 정보환경의 잠재성을 독에서 약으로 전환시키고, 자동화 역량으로부터 비-자동화 역량을 끌어내기 위해서는, 무엇보다 '무관심의 경제 체제'로부터 '기여경제 체제'로의 전환이 필요하다고 스티글레르는 제안한다. '무관심의 경제'는 경쟁과 소비를 가속화하고 냉혹한 자본 논리 외에 나와 타인의 삶에 대한 어떠한 관심도 없는 체제이다. 삶에 대한 주의를 상업적으로 포획하는 소비자본주의와 이에 기여하는 자동화 기술시스템은 개인적, 집단적 차원에서 삶을 돌보지 않는 무관심의 체제를 가속화했다. 즉 국가와 문화와 사회 조직과 제도가 기본적으로 가져야 할 사람들에 대한 관심, 즉 시민, 노동자, 청년세대, 노인세대 가릴 것 없이 모든 사람에 대해 가져야 할 '돌봄'을 체계적으로 파괴시켰다. 이에 대항하여 스티글레르가 제시하는 '기여경제'는 자신의 앎을 나누고 그 혜택을 함께 누리면서 더불어 살아가는 삶을 지향하고 돌보는 체제, 사용가치나 교환가치보다 실용가치를 창출하는 체제다. '실용가치'는 시장에서 일회적인 상품으로 소비되는 '고용된 노동'의 생산물에 붙는 것이 아니라, 지속적으로 공유되고 확산되고 계승되면서 더 나은 가치들을 창출할 수 있는 '고유한 일'의 생산물에 붙는 것이다. 소비주의 안에서 통용되는 사용가치나 교환가치가 아닌 실용가치는 그 자체로 가치 있으면서 동시대뿐 아니라 세대를 가로질러 공유되며 앎의 가치를 높여준다. 기여경제 체제에서는 고용과 임금 노동으로 살아가는 것이 아니라 실용가치를 창출하는 일과 기여소득으로 살아간다. '기여소득'은 실용가치를 창출하는 일, 즉 고용과 상관없이 자신의 잠재성을 실현하는 일을 통해 사회적으로 가치 있는 앎을 발명하는 사람들에게 지급되는 소득이다. 가령, 사용자 모두의 삶을 발전시키는 데 기여하는 프리웨어 개발자들이나 새로운 문화적 가치를 창조하는 비정규직 예술인들에게 기여소득 지급이 가능할 것이다. 기여소득은 임금이나 실업 수당이 아닌 방식으로, 다시 말해 '고용된 노동'이 아닌 '자유로운 일'의 관점에서 부를 분배하는 방식이다.

스티글레르는 특히 인공지능과 디지털 자동화 시스템으로 인해 냉혹하게 불어 닥칠 고용 한파야말로 고용으로 환원된 노동을 강요하는 '무관심의 경제'에서 자기 고유의 일을 하며 기여소득으로도 살아갈 수 있는 '기여경제'로 체제 혁명을 일으킬 수 있는 결정적 계기가 될 것이라 내다보았다. 인공지능이 노동을 대신할 수 있을 때 우리는 인공지능과 경쟁할 것이 아니라, 공유할 만한 가치가 있는 일에 자유롭게 몰두하자는 것, 즉 자동화로 얻은 시간을 탈-자동화의 역량으로 투여하자는 것이다. 자신과 타인의 삶에 무관심하며 정신적, 정서적으로 궁핍한 '고용된 노동'이 아니라 자신의 '고유한 일'을 하며 살아갈 수 있는 사회, 기술적 도구들을 자유롭게 사용할 줄 알고 이를 통해 자신과 타인의 삶을 돌보며 함께 공동체를 꾸려가는 삶의 테크닉이 공유되는 사회, 바로 이런 사회를 만들어가기 위해서 디지털 정보네트워크와 자동화 기술을 독에서 치료약으로 전환하자는 것이 스티글레르의 주장이다.[9]

6. 의의

스티글레르는 파르마콘(독/약)으로서의 기술을 인간 삶의 근본 조건으로 놓고, 현 단계 디지털 정보기술이 어떻게 우리 삶을 구성하고 있는지 비판적으로 고찰한다. 오늘날 디지털 기술의 자동화된 알고리즘은 삶을 편리하게 해주고 더 나은 삶을 창조하는 데 기여하기보다는 오히려 삶에 대한 주의를 상업적으로 포획하면서 인류의 정신적 역량을 약화시키고 문화적 빈곤을 초래하는 방향으로 가속화되고 있다. 스티글레르는 인류의 생존 조건이 된 정보네트워크가 상업적 계산과 이윤추구의 도구가 되어 '무관심의 체제'를 강화하고 있는 현실을 신랄하게 비판하면서, 동시에 디지털 기술을 탈-자동화의 역량으로 전환시켜 개인과 집단의 삶을 돌보는 '기여 체제'의 미래를 만들어가려는 실천적 노력을 강조했다.

오늘날 인공지능을 비롯한 정보 자동화 기술의 위력은 점점 더 놀라운 성과를 내고 있다. 인공지능 프로그램은 단순한 정보 검색에 그치지 않고, 글쓰기, 그림 그리기, 작곡하기, 프로그램 짜기 등 방대한 데이터 학습에 기초해 놀라운 생산 실력을 보여주고 있다. 단순 노동만이 아니라 탐구와 창작의 기초 노동까지 인공지능에게 맡긴다면, 인류는 과연 어떤 방향으로 나아갈 것인가? 자동화된 지식에 의존해 더 이상 스스로 생각하고 판단할 필요를 못 느끼면서 개인적, 집단적 삶을 영위할 능력이 박탈된 무능력한 데이터 꾸러미들로 머물 것인가, 아니면 자동화 기술을 활용하여 더 창의적이고 자유롭게 상상력을 펼치면서 서로의 삶을 돌보며 더불어 살아갈 줄 아는 미래를 열어갈 것인가?

게다가 현 단계의 디지털 기술은 성장 중심의 혁신패러다임과 연동되어 지구 생태계를 파괴하는 인류의 경제활동을 가속화하며 인류세의 위기를 강화하고 있다. 인류세(Anthropocene)는 인간의 활동이 지구 시스템의 변화를 야기하는 주된 요인이 된 새로운 지질 시대를 말한다.

산업혁명 이후 인간의 경제활동은 해수면 상승, 사막화, 가뭄 등의 기후변화를 비롯해 인류를 포함한 다양한 생명 종들의 멸종으로 이어지는 지구 시스템의 파괴 요인으로 지목받고 있다. 스티글레르의 마지막 저서 『방향을 바꾸자: 선택의 여지가 없다』(*Bifurquer: Il n'y a pas d'alternative*, 2020)는 인류세에 증가하는 엔트로피를 상쇄할 네겐트로피 생산에 기여하도록 디지털 정보 기술의 활용 방식을 바꾸어야 한다는 긴급한 호소가 담겨 있다. 이 저서는 하이퍼-산업화된 정보네트워크와 인류세 시대에, 인류에 대한 착취와 지구 황폐화를 막기 위한 이론적 토대를 만들고자 여러 분야에서 모인 국제연구자집단(Collectif Internation)과 스티글레르의 공동 작업이다.

2020년 7월에 출간된 이 저서의 초안을 만들고 편집하는 과정에서 치명적인 패혈증과 건강 이상으로 입원하게 된 스티글레르는 8월 5일 68세의 이른 나이에 스스로 생을 마감한다. 빅테크의 압도적인 부상이 프리웨어 운동의 실패로 보여지는 절대적 허무주의 앞에서도 자신의 기술철학에 기초한 정치적, 문화적 운동의 끈을 놓지 않고 병상에서도 후속 작업들의 초안을 구상하고 있었다던 스티글레르! 코로나 팬데믹으로 전 세계가 일시 정지되어 있던 상황에서 알려진 그의 갑작스런 죽음에 대해서는 치유 불가능한 고통 속에서 차분하고 단호한 결단이었다는 동료의 전언이 있을 뿐이다.

스티글레르의 기술철학은 오늘날 진행되고 있는 '디지털 대전환'(Digital Transformation)이 만물의 데이터화에 기초한 알고리즘 통치성의 강화가 아니라, 네겐트로피적이고 기여경제적인 돌봄 체제로의 전환이 되어야 함을 긴급하게 호소한다. 디지털 정보네트워크의 자동화 기술과 더불어 우리가 꿈꿀 수 있는 미래를 만들어가는 데 다른 대안은 없을 것이다.

주

1 https://leiterreports.typepad.com/blog/2013/11/dretskes-last-interview.html.1) 툴루즈 지역에 있는 3개 대학교 중 하나로, 스티글레르가 다녔던 시기에서 2014년까지는 툴루즈-2-르-미라일 대학교(Toulouse-II-Le Mirail University)였다가 현재 툴루즈-2-장-조레스 대학교(Toulouse-II-Jean-Jaurès University)로 명칭이 바뀌었다.

2 Derrida, *La Dissémination*, Éditions du Seuil, 1972. 기술이 독이면서 동시에 약이라는 스티글레르의 이해는 데리다의 파르마콘 개념에 근거한다. 데리다는 소크라테스를 현실 세계에서 죽인 독약이면서 동시에 이데아의 초월적 세계로 돌려보낸 치료약이 바로 '파르마콘(독당근)'이라는 점에 주목하여, 독과 약의 절대적 이분법을 넘어서는 해체 전략을 세웠다.

3 '차연'(différance)은 데리다가 만든 개념어로서, 프랑스어 différer(다르다, 뒤로 미루다)에서 유래한다. 기존의 différence는 '차이'라는 의미만 가지므로, 여기서 e를 a로 변형하여 différance를 '차이'와 '미루다'의 두 의미를 모두 함축하는 것으로 새로 만들었다. 차이와 지연을 동시에 의미하는 단어 '차연'은 사물의 본질이나 의미는 단번에 정해지는 것이 아니라 관계적 맥락에 따라 달라지기에 그 의미의 확정이 뒤로 미뤄질 수밖에 없음을 보여준다. 가령 '인간이란 무엇인가?'라는 물음에 대해 '이성적 동물'이라고 답한다면, 다시 '이성'이란 무엇이고, '동물'이란 무엇인지 물어야 하는 방식으로 그 답은 확정되지 않고 계속 다른 표현들로 달라지면서 그 의미의 결정이 미뤄진다. 그런데 différence와 différance는 발음상으로는 '디페랑스'로 동일하고 오직 글로 써보아야만 두 단어가 다름을 알 수 있다. 이는 음성(말)보다는 쓰기(문자)가 어떤 것의 정체성(동일성, 본성)을 만들어내는 데 더 원초적인 조건임을 보여주는 대표적인 해체주의 전략(음성중심주의-로고스중심주의를 해체하는 전략)이다.

4 베르나르 스티글레르·아리엘 키루, 『고용은 끝났다, 일이여 오라!』, 권오룡 옮김, 문학과지성사, 2018, 23쪽.

5 루치아노 플로리디, 『정보철학 입문』, 석기용 옮김, 필로소픽, 2022, 28-9쪽, 14쪽.

6 스티글레르, 『자동화 사회 1: 알고리즘의 인문학과 노동의 미래』, 김지현 외 옮김, 새물결, 2019, 174쪽.

7 Bernard Stiegler, *Symbolic Misery*, Polity Press, 2014, p. 74.

8 Bernard Stiegler, "What is called caring? beyond the anthropocene", *Techné: Research in Philosophy and Technology* 21:2-3, 2017, p. 398. '차이'와 '차연'이 그렇듯이, 공교롭게도 불어에서 'penser'(생각하다)와 'panser'(붕대를 감다, 상처를 치료하다)는 발음이 모두 '빵세'로 동일해서 글로 써 보아야만 그 의미가 구분된다.

9 이 글의 본문은 「스티글레르를 통해 본 정보기술의 파르마콘적 의미와 돌봄으로서의 앎」(김재희, 『탈경계인문학』, Vol. 14, No. 2, 30집, October 2021)에 주로 기초하고 있다.

참고문헌

김재희, 「스티글레르를 통해 본 정보기술의 파르마콘적 의미와 돌봄으로서의 앎」, 『탈경계인문학』, Vol. 14, No. 2, 30집, October 2021.

루치아노 플로리디, 『정보철학 입문』, 석기용 옮김, 필로소픽, 2022.

베르나르 스티글레르, 『자동화 사회 1: 알고리즘 인문학과 노동의 미래』, 김지현 외 옮김, 새물결, 2019.

베르나르 스티글레르· 아리엘 키루, 『고용은 끝났다, 일이여 오라!』, 권오룡 옮김, 문학과지성사, 2018.

자크 데리다· 베르나르 스티글레르, 『에코그라피: 텔레비전에 관하여』, 김재희·진태원 옮김, 민음사, 2002(2014).

Derrida, J., *La Dissémination*, Éditions du Seuil, 1972.

Stiegler, B., *La technique et le temps. Tome 1, La faute d'Epiméthée*, 1994. (*Technics and Time, 1: The Fault of Epimetheus*, Stanford University Press, 1998.)

Stiegler, B., *Passer à l'acte*, 2003. (*Acting Out*, Stanford University Press, 2009.)

Stiegler, B., *De la misère symbolique. Tome 1, L'époque hyperindustrielle*, 2004. (*Symbolic Misery, Volume 1: The Hyper-Industrial Epoch*, Polity Press, 2014.)

Stiegler, B., *Pour une nouvelle critique de l'économie politique*, 2009. (*For a New Critique of Political Economy*, Polity Press, 2010.)

Stiegler, B., "What is called caring? beyond the anthropocene", *Techné: Research in Philosophy and Technology* 21: 2-3, 2017.

아르스 앵뒤스트리알리스 사이트: https://arsindustrialis.org/les-pages-de-bernard-stiegler.

김선희

이화여대 철학과 교수. 이화여대를 졸업하고 동 대학원에서 석박사 학위를 받았다. 주로 동서비교철학과 한국철학의 주제들을 연구하면서 다양한 범위와 주제로 연구 영역을 확장하고 있다. 『마테오 리치와 주희 그리고 정약용』『서학, 조선 유학이 만난 낯선 거울』『숙종 시대 문명의 도전과 지식의 전환』 등의 연구서를 썼고, 『8개의 철학지도』『나를 공부할 시간』 같은 교양서를 썼다.

김재희

을지대 교양학부 교수. 이화여대 철학과를 졸업하고 서울대 철학과에서 석사 및 박사 학위를 받았다. 현대 프랑스철학, 기술철학, 정보철학, 포스트휴머니즘 등을 연구하고 있다. 주요 저서로 『베르그손의 잠재적 무의식』『시몽동의 기술철학』『현대 프랑스 철학사』(공저) 『포스트휴먼이 몰려온다』(공저) 『포스트휴먼으로 살아가기』(공저) 『디지털 포스트휴먼의 조건』(공저) 등이 있고, 번역서로 『도덕과 종교의 두 원천』『기술적 대상들의 존재양식에 대하여』『에코그라피』(공역) 『포스트휴먼 지식』(공역) 등이 있다.

박충식

유원대 AI소프트웨어학과 석좌교수. 한양대 전자공학과를 졸업하고 연세대 대학원에서 인공지능으로 공학 석사와 공학 박사를 받았다. 유원대(구. 영동대) 교수로 30년을 지내고 현재 석좌교수로 재직 중이다. 인공지능 연구와 관련 인문융합 연구를 한다. 주요 공저서로는 『유교적 마음모델과 예교육』『논어와 로봇』『인공지능의 존재론』『인공지능의 이론과 실제』『인공지능의 윤리학』『인공지능의 인간학』『미래는 AI의 것일까?』『내가 만난 루만』『인문코딩』 등이 있다.

석기용

성신여대 창의융합교양대학 교수. 서강대 철학과를 졸업하고 동 대학원에서 로버트 브랜덤의 추론주의 의미 이론을 연구하여 박사 학위를 받았다. '인포스피어 휴머니티를 위한 정보철학' 연구단에 공동연구원으로 참여했다. 여러 권의 철학 전문서 및 인문 교양서적을 우리말로 옮겼다. 옮긴 책으로 『AI 윤리의 모든 것』 『정보철학 입문』 『낭만주의의 뿌리』 『비트겐슈타인과 세기말 빈』 『난파된 정신』 『로마 황제처럼 생각하는 법』 『분노란 무엇인가』 『편견』 『좌절의 기술』 『그리고 나는 스토아주의자가 되었다』 『우주의 끝에서 철학하기』 등이 있고, 저서로는 『비판적 사고와 토론』(공저)이 있다.

송은주

이화여대 이화인문과학원 학술연구교수. 이화여대에서 영문학으로 박사 학위를 받았다. 저서로 『당신은 왜 인간입니까』 『인류세 시나리오』 등이 있으며, 번역서로 『나의 어머니는 컴퓨터였다』 『포스트휴먼 지식』(공역) 등이 있다.

신상규

이화여대 이화인문과학원 교수. 포스트휴먼 융합인문학 협동과정 주임교수. 서강대에서 경영학과 철학을 전공하고 미국 텍사스대학교(오스틴)에서 철학 박사 학위를 받았다. 주요 관심 분야는 심리철학, 인공지능의 철학, 정보철학, 트랜스휴머니즘, 포스트휴머니즘 등이다. 저서로 『호모사피엔스의 미래: 포스트휴먼과 트랜스휴머니즘』 『푸른 요정을 찾아서: 인공지능과 미래 인간의 조건』 『포스트휴먼이 몰려온다』(공저) 『포스트휴먼으로 살아가기』(공저) 등이 있다.

이상욱

한양대 철학과 교수. 서울대 물리학과를 졸업하고 동 대학원에서 석사 학위를 받았으며, 영국 런던정경대학(LSE)에서 철학 박사 학위를 받았다. 현재 유네스코과학기술위원회 위원으로 활동하고 있다. 단독 저서로 『과학은 이것을 상상력이라고 한다』 등이 있으며, 공저서로 『과학으로 생각한다』 『욕망하는 테크놀로지』 『과학기술의 철학적 이해』 『과학은 논쟁이다』 『인공지능의 존재론』 『인공지능의 윤리학』 『인공지능 시대의 인간학』 『포스트휴먼으로 살아가기』 등이 있다.

정성훈

인천대 인천학연구원 학술연구교수. 서울대 철학과 졸업 후 동 대학원에서 니클라스 루만의 사회적 체계이론에 관한 연구로 철학 박사 학위를 받았다. 고려대 법학연구원, 서울시립대 도시인문학연구소 등에서 연구교수로 근무했고, 서울대, 서울과학기술대, 경찰대 등에서 학생들을 가르치면서 인권, 도시 공동체, 인공 소통, 인공지능의 편향성 등을 주제로 여러 연구성과들을 발표하였다. 최근에는 생활도시, 돌봄윤리, 가상인격 등을 주제로 연구하고 있다. 단독 저서로는 『도시 인간 인권』 『괴물과 함께 살기: 아리스토텔레스에서 루만까지 한 권으로 읽는 사회철학』 『가족과 국가 이후의 공동체』, 공저서로는 『초연결의 철학』 『인공지능의 편향과 챗봇의 일탈』 등이 있다.